汽车安全驾驶

168问

吴定才　吴珂民　编著

中国电力出版社

CHINA ELECTRIC POWER PRESS

内 容 提 要

本书根据专业人才培养目标及职业岗位群需要的基本专业知识和基本技能进行编写,旨在帮助读者熟悉汽车安全驾驶常识、汽车基础驾驶要领、汽车应用驾驶诀窍、汽车复杂道路驾驶技巧、汽车特殊条件驾驶技巧、汽车紧急避险要诀、汽车节油秘诀、电控汽车驾驶技巧、汽车养护技巧等安全驾驶内容及方法与技巧。全书注重实用性与可操作性,对汽车安全驾驶的知识与技术以问答的形式进行编排,语言通俗易懂。

本书既可以作为汽车驾驶员、汽车爱好者安全驾驶及自己动手做养护的指导用书,也可以作为汽车驾驶员的初、中级和高等职业学校的参考书。

图书在版编目(CIP)数据

汽车安全驾驶 168 问/吴定才,吴珂民编著. —北京:中国电力出版社,2014.9(2020.6 重印)

ISBN 978-7-5123-5766-2

Ⅰ.①汽… Ⅱ.①吴…②吴… Ⅲ.①汽车驾驶-安全技术-问题解答 Ⅳ.①U471.15-44

中国版本图书馆 CIP 数据核字(2014)第 075470 号

中国电力出版社出版、发行

(北京市东城区北京站西街 19 号 100005 http://www.cepp.sgcc.com.cn)

北京天宇星印刷厂印刷

各地新华书店经售

*

2014 年 9 月第一版 2020 年 6 月北京第四次印刷

850 毫米×1168 毫米 32 开本 11.125 印张 290 千字

印数 7501—9000 册 定价 **28.00** 元

前言

随着汽车技术的不断发展，汽车娱乐、汽车旅行、驾车探险、赛车等运动及休闲活动早已步入寻常百姓家，其中汽车安全驾驶这一话题更是热血沸腾的汽车文化。

自第一辆汽车诞生以来，汽车在人类文明发展史中有着不容置疑的贡献，它不仅是一种灵活机动的交通工具，更给人们的生产、生活带来了极大地便利，并为人们赢得了宝贵的时间，丰富了人们的业余文化生活。随着人们的生活水准日益提高，汽车已进入了千家万户，成为人们工作、学习和日常生活的得力"助手"。

拥有一辆称心如意的爱车和拥有一套结构合理、功能齐全、装修美观、入住舒适的住房一样，成为人们的目标之一。但是，很多私家车拥有者并没有揭开汽车安全驾驶的神秘面纱，对安全驾驶的知识知之甚少，缺乏汽车安全驾驶的常识、要领和诀窍，更谈不上掌握其方法与技巧，自己动手给车做养护，让爱车平安、延长其使用寿命，发挥其应有尽有的使用效能和经济效益。

此时此刻，将本书奉献给读者，希望它能成为读者最得力的助手、最好的参谋，让大家掌握汽车安全驾驶的常识、汽车基础驾驶要领、汽车应用驾驶诀窍 、汽车复杂道路驾驶技巧、汽车特殊条件驾驶技巧 、汽车紧急避险要诀、汽车节油秘诀、电控汽车驾驶技巧、汽车养护技巧等安全驾驶的内容、方法与技巧。不管是汽车拥有者、汽车驾驶员、汽车维修技工，还是广大汽车爱好者，定会喜欢它。

本书所介绍的是关于汽车安全驾驶这门学问的所有知识，它由浅入深，循序渐进，通俗易懂，系统全面，论述翔实，注重实用，将汽车安全驾驶知识以问答的形式、用通俗易懂的语言、最简明的讲解，采用便于查找的编排形式，可以迅速地找到大家所需要的知识，使读者在阅读中赏心悦目、轻松愉快，又能读有所获。

本书具有新颖性、技术性、实用性、操作性和指导性，是汽车驾驶员、汽车维修技工和广大汽车爱好者的必备读物，也是广大车主与爱好者自己动手做养护的指导用书，还可以作为初、中级和高等职业学校的入门和提高教程。愿本书能成为一条"小路"，引导大家步入汽车安全驾驶的殿堂。

本书由吴定才、吴珂民编著。初稿完成后，得到张廷海、周华龙、张伟民、谭昌权、李洪德、安强、朱毅、刘波、徐炜、朱存领、施猛、唐朝虎、卢军、周小雄的帮助与支持，由王艳勇、肖卫东、唐军仓、易继强、丁照灵、吴的安、王勇、易金成审稿。作者修改后经成都军区科技成果鉴定委员会审定定稿。

本书参阅了一些资料，在此向相关作者表示诚挚地谢意！编写过程中还得到了许多领导和同志的指导、关心与支持，在此一并致以衷心地感谢！

限于水平，书中不妥和疏漏之处在所难免，期待同行和广大读者提出宝贵意见，在此深表谢意。

作　者

2014 年 7 月

汽车安全驾驶 *168* 问

目 录

第 3 篇 汽车应用驾驶诀窍 …… 84

4

第**1**篇

汽车安全驾驶常识

1　车辆驾驶员有何要求？

答：（1）讲究交通公德和职业道德，文明驾驶，礼貌行车，遵守交通法规，不得违章行车，服从交通警察的指挥。

（2）驾驶车辆时，要随身携带驾驶证、行驶证及其他相关证件。

（3）不得转借、涂改或伪造驾驶证。不得驾驶与准驾车种不符的车辆，严禁将车辆交给非驾驶员驾驶。未按规定审验或审验不合格的，不得继续驾驶车辆。驾驶室内超员，车门未关好不得行驶；驾驶车辆时，不得饮食、闲谈、戏闹；不得穿拖鞋驾驶车辆。

（4）驾驶车辆时，要精力集中，谨慎驾驶，不超速行驶，不强行超车，不闯禁行线，严禁疲劳驾驶、酒后开车；要安全礼让礼宾车队，严禁穿插。

（5）熟练驾驶操作，能正确判断和处理各项复杂情况；行经人行横道，电、汽车站或车多人多的繁华地段，要减速慢行，注意避让行人，保证行车安全。

（6）遇有大型集会活动时，进出停车场要听从交通警察指挥，按指定路线和顺序行驶，依次停放，不要随意离开车辆，严禁在停车场内吸烟。

（7）行车中一旦发生交通事故要保护现场，积极抢救伤者，并及时报告交通警察及上级组织。

（8）停放车辆要遵守规定，严禁乱停乱放，停放时要关闭电源，拉紧驻车制动器，锁好车门。

（9）坚持对车辆进行经常性检查，精心爱护车辆，及时进行检修、保养，保持全车整洁，紧定牢固、调整适当、润滑良好、操纵轻便、制动可靠，使车辆经常处于良好的技术状态；安全设备齐全有效，保持车容整洁，不得驾驶机件失灵、违章乘/载的车辆。

（10）机动车学习驾驶员和教练员，除遵守上述规定外，还必须遵守下列规定：

1）学习驾驶员和教练员，应分别持有车辆管理机关核发的学习驾驶证和教练员证。

2）在教练员随车指导下，按指定的时间、路线学习驾驶，车上不得乘坐与教练无关的人员。

3）学习驾驶员违反《道路交通管理条例》的行为或造成交通事故的，教练员应负一半或全部责任。

2 道路有何交通标志?

答：交通标志是利用图形符号、文字向驾驶员及行人传递交通信息，用以管制、疏导交通的安全设施。

（1）警告标志。作用：警告车辆、行人注意危险地点。

形状：等边三角形，顶角朝上，黄底、黑边、黑图案。

（2）禁令标志。作用：根据道路和交通情况，对车辆行为加以禁止或限制。

形状：圆形，白色底，红圈红杠，黑色图案。

（3）指示标志。作用：指示车辆和行人按规定的方向、地点行进。

形状：圆形或矩形，蓝底，白图案。

（4）指路标志。作用：指示市、镇、村的境界和方向、距离，高速公路的出入口、服务区及著名地点等。形状为矩形。

一般道路指路标志：颜色为蓝底、白字。

高速公路指路标志：颜色为绿底、白字。

（5）旅游区标志。作用：指示通往旅游区的方向、距离和旅游项目的类别。

（6）道路施工安全标志。用以阻挡车辆和行人通过或指示改道。

（7）辅助标志。附设于主标志下起辅助说明作用。矩形，白底、黑字（黑图案）、黑边框。

3　道路有何交通标线?

答：道路交通标线分为指示标线、禁止标线和警告标线三类。

（1）指示标线。作用：指示车行道、行车方向、路面边缘、人行道等。

1）双向两车道路面中心线：黄色虚线，用于分隔对向行驶的交通流。

2）车行道分界线：白色虚线，用来分隔同向行驶的交通流。

3）车行道边缘线：白色实线，用来指示机动车道的边缘，或划分机动车道与非机动车道。在机动车需要跨越边缘线的地方除有紧急停车带的路段外画白色虚线。

4）左转弯待转区线：白色虚线，指示左转弯车辆在直行时段进入待转区，等待转弯。

5）左转弯导向线：表示左转弯的机动车与非机动车之间的分界。

6）人行横道线：白色平行粗实线，表示准许行人横穿车行道的标线。

7）人行横道预告标示：白色菱形图案，表示前方接近人行横道，须注意行人横过马路。

8）高速公路车距确认标线：白色平行粗实线，为保持行车安全距离提供参考。

9）停车位标线：白色，表示车辆停放位置。

10）港湾式停靠站：白色，表示公共客车通向专门的分离道和停靠位置。

11）最高速度限制标记：表示限制车辆行驶的最高速度；限速用数字的颜色为黄色。

12）大、小型机动车及超车道标记：大型机动车道标记用于大型机动车道内；小型机动车道标记用于小型机动车道内；超车道标记用于超车道内。

（2）禁令标线。

1）中心黄色双实线：表示严格禁止车辆越线超车或压线行驶。

2）中心黄色虚实线：为一条实线和一条与其平行的虚线组成的标线，实线一侧禁止车辆越线超车或向左转弯，虚线一侧准许车辆越线超车或向左转弯。

3）中心单实线：不准车辆越线超车或压线行驶。

4）禁止变换车道线：白色实线，禁止车辆变换车道和借道超车。

5）禁止路边停放车辆线：指示禁止路边长时停放车辆的路段，在道路缘石正面及顶面画黄色虚线。禁止路边临时或长时停放车辆线：用以指示禁止路边临时或长时停放车辆的路段，在道路缘石正面及顶面画黄色实线。

6）停止线：表示车辆等候放行信号的停车位置。

7）让行线：停车让行线表示车辆在此路口必须停车让干道车辆先行。减速让行线表示车辆在此路口必须减速让干道车辆先行。

8）非机动车禁驶区标线：黄色虚线，用以告示骑车人在路口内禁止驶入的范围。

9）导流线：白色实线，车辆不得压线或越线行驶。

10）中心圈：白色实线，用以区分车辆大、小转弯，及交叉路口车辆左右转弯的指示，车辆不得压线行驶。

11）网状线：黄色实线，禁止在设置本标线的交叉路口（或其他出入路口）临时停车，防止交通阻塞。

12）车种专用车道线：由黄色虚线及文字组成，指示仅限某车种行驶的专用车道，其他车种及行人不得进入。

13）禁止掉头标记：黄线，表示禁止车辆掉头的路口和区间。

（3）警告标线。

1）车行道宽度渐变标线：表示路宽缩减或车道数减少，并禁止超车。

2）接近障碍物标线：指示前方路面有障碍物。

3）减速标线：警告驾驶员前方应减速慢行。

4　道路有何交通信号？

答：（1）指挥灯信号。

1）绿灯亮时：准许车辆、行人通行，但转弯的车辆不准妨碍直行的车辆和被放行的行人通行。

2）黄灯亮时：不准车辆、行人通行，但已越过停车线的车辆和已进入人行横道的行人，可以继续通行。

3）红灯亮时：不准车辆、行人通行。

4）绿色箭头灯亮时：准许车辆按箭头所示方向通行。

5）黄灯闪烁：车辆、行人须在确保安全的原则下通行。

右转弯的车辆和 T 形路口右边无横道的直行车辆，在不妨碍被放行车辆和行人通行的情况下，可以通行。

（2）车道灯信号。

1）绿色箭头灯亮时：本车道准许车辆通行。

2）红色叉形灯亮时：本车道不准车辆通行。

（3）人行横道灯信号。

1）绿灯亮时：准许行人通过人行横道。

2）绿灯闪烁时：不准行人进入人行横道，但已进入人行横道的可以继续通行。

3）红灯亮时：不准行人通过人行横道。

（4）手势信号。交通警察手势信号分为直行信号、直行辅助信号、左转弯信号、左转弯辅助信号、停车信号、停车辅助信号、右转弯信号、减速慢行信号、前车避让后车信号、示意违章车辆靠边停车信号等。

1）直行信号：右臂（左臂）向右（向左）平伸，手掌向前，准许左右两方直行的车辆通行；各方右转弯车辆在不妨碍被放行车辆通行的情况下，可以通行。

2）直行辅助信号（直行快速通行信号）：左臂向左平伸，手掌向前；右臂向右平伸，手掌向前，向左摆动，指挥右方直行的车辆快速通行；各方右转弯车辆在不妨碍被放行车辆通行的情况下，可以通行。

3）左转弯信号。左大转弯信号：右臂向前平伸，手掌向前，准许左方的左转弯和直行车辆通行；各方右转弯车辆和T形路口右边无横道的直行车辆，在不妨碍被放行车辆通行的情况下，可以通行。

左小转弯信号：右臂向前平伸，手掌向前；准许左方左转弯和直行的车辆通行；左臂同时向右前方摆动时，准许车辆左小转弯；各方右转弯车辆和T形路口右边无横道的直行车辆，在不妨碍被放行车辆通行的情况下，可以通行。

4）左转弯辅助信号（左转弯待转信号）：左臂向左下方平伸，手掌向下，上下摇动，准许左方的左转弯车辆进入路口，沿左转弯行驶方向靠近岗台或者路口中心，等候左转弯信号，直行车辆准许通行；各方右转弯车辆和T形路口右边无横道的直行车辆，在不妨碍被放行车辆通行的情况下，可以通行。

5）停止信号：左臂向上直伸，手掌向前，不准前方车辆通行。

6）停止辅助信号（靠边停车信号）：左臂向上直伸，手掌向前，不准前方车辆通行；右臂同时向左前方摆动时，车辆须靠边停车。

7）右转弯信号：左臂向前平伸，手掌向前，右臂同时向左前方摆动时，准许右方的车辆右转弯，其他方右转弯和左方直行、左转弯车辆可以通行。

8）减速慢行信号：右臂向右前方平伸，手掌向下，上下摆动，右方车辆应减速慢行。

9）前车避让信号：左臂向前平伸，手掌向左，右臂向前屈臂，手掌向后，并向后摆动，前方车辆应当向右避让，后方车辆通行。

10）示意违章车辆靠边停车信号：右臂向右平伸，手掌向左，向左前方摆动，违章车辆须靠边停车。

5　车辆有何行驶规定？

答：为了加强交通管理，维护交通秩序，提高运输效率，保障行人和车辆的安全，参与交通行为的每个公民都应严格遵守人、车各行其道的原则。

（1）各种车辆必须严格遵守分道行驶规定。

1）在划分机动车道和非机动车道的道路上，机动车在机动车道行驶，轻便摩托车在机动车道内靠右行驶。

2）在没有中心线和未划分车道的道路上，机动车在中间行驶，非机动车靠右行驶。

3）在划分小型机动车道和大型机动车道的道路上，小型客车在小型机动车道行驶，其他机动车在大型机动车道行驶。

4）在大型机动车道行驶的车辆，在不妨碍小型机动车道的车辆正常行驶时，可以借道超车；小型机动车的车辆低速行驶或遇后车超越时，须改在大型机动车道行驶。

（2）车辆行经人行横道，且交通信号允许行人通过时，必须停车或减速让行；通过没有信号控制的人行横道时，须注意避让来往行人。

（3）车辆通过交叉路口时，机动车须在距路口适当的距离减速慢行，转弯车辆须打开转向灯表示行进方向；夜间应将远光灯改用近光灯；在画有导向车道的路口，须按行进方向分道行驶；向左转弯时，通常须紧靠路口中心点小转弯。遇停止信号时，应依次停在停止线外；无停止线的停在路口以外。

（4）机动车在市区行驶，严禁使用高音、怪音喇叭；在非禁止鸣笛的区域或地段使用喇叭时，音量必须控制在105dB以内，且每次按鸣不得超过0.5s，连续按鸣不得超过三次；不得用喇叭唤人。警备车、消防车、工程救险车、救护车安装警报器和标志灯具，须经公安机关核准，并只能在执行任务时按规定使用。

（5）各种车辆上坡不得曲线行驶；下坡不得熄火或空挡滑行。机动车行驶中，供油系统发生故障时，不得使用人工直接供油。

（6）机动车途中发生故障不能行驶时，须立即报告附近的交通警察，或自行将车移至不妨碍交通的地点，必要时设置明显标志；制动器、转向器、灯光发生故障时，须修复后方准行驶。

（7）汽车牵引损坏的机动车，每次只准牵引一辆；被牵引的车辆，必须转向有效，夜间有照明设备，由正式驾驶员操作，并不得载人或拖带挂车。用软连接牵引装置时，与牵引车必须保持必要的安全距离；被牵引车制动失效时，须用硬连接装置牵引。起重车、轮式专用机械车，不得拖带挂车或牵引车辆；两轮摩托车、轻便摩托车不得牵引车辆或被其他车辆牵引。

（8）机动车在铁道路口、人行横道、弯路、窄路、桥梁、陡坡、隧道或容易发生危险的路段，不得调头。铁道路口、交叉路口、单行道、弯路、窄路、桥梁、陡坡、隧道和交通繁华地段，不得倒车。

6 车辆行驶速度有何规定？

答：（1）在道路宽阔、空闲、视线良好，又无限速标志的地段，在保证安全的原则下，最高时速规定如下：

1）小型客车在设有中心双实线、中心分隔带、机动车道与非机动车道分离的道路上，城市街道时速为70km，公路为80km；其他道路上，城市街道时速为60km，公路为70km。

2）大型客车、货运汽车在设有中心双实线、中心分隔带、机动车道与非机动车道分离的道路上，城市街道时速为 60km，公路为 70km；在其他道路上，城市街道时速为 50km，公路为 60km。

3）两轮、侧三轮摩托车在城市街道时速为 50km，公路为 60km；载人的货运汽车、带挂车的汽车、后三轮摩托车在城市街道时速为 40km，公路为 50km；拖拉机、轻便摩托车时速为 30km；蓄电池车、小型拖拉机、轮式专用机械车时速为 15km。

（2）车辆在通过胡同（里巷）、铁道路口、急弯路、窄路、窄桥、隧道时，调头、转弯、下陡坡时，在冰雪、泥泞路上行驶时，遇风、雨、雾、雪天能见度在 30m 以内时，喇叭、刮水器发生故障时，牵引故障车或进出机动车道时，最高时速不得超过 20km；拖拉机不得超过 15km。

（3）警备车、消防车、工程救险车、救护车执行任务时，在确保安全的原则下，不受行驶速度的限制。

7　车辆让车、会车、超车与停放有何规定?

答：（1）让车规定。车辆通过没有交通信号或交通标志控制的交叉路口及较复杂的地段，各方同时来车时，必须遵守下列让车规定：

1）支路车让干路车先行。

2）支干路不分的，非机动车让机动车，其他车辆让电车和公共汽车先行，同类车让右边没有来车的先行。

3）相对方向同类车相遇，左转弯车让直行或右转弯车先行。

4）进入环形路口的车让已在路口的车先行。

5）各种车辆必须让执行任务的警备车、消防车、救护车、工程救险车及护卫车队先行。

6）空车让重车先行。

7）大型机动车让小型机动车；拖拉机让汽车；教练车让其他车先行。

上述让行车辆必须停车或减速瞭望，确认安全后，方准通行。

（2）会车规定。机动车会车时，必须遵守下列规定：

1）在没有画中心线的道路、窄路、窄桥上会车时，须减速靠右通过，并注意非机动车和行人的安全。会车有困难时，有让路条件的一方让对方先行。

2）在有障碍的路段会车时，有障碍的一方让对方先行。

3）在狭窄的坡道上会车时，下坡车让上坡车先行。但下坡车已行至中途而上坡车未上坡时，让下坡车先行。

4）夜间在没有路灯或照明不良的道路上，须距对面来车150m 以外关闭远光灯，改用近光灯；在窄路、窄桥与非机动车会车时，不得持续使用远光灯。

（3）超车规定。

1）超车前，须开左转向灯、鸣笛（禁止鸣笛的区域、路段除外，夜间改用变换远近光灯），待前车让路并确认安全后，从被超车的左边超越；在同被超车保持必要的安全距离后，开右转向灯，驶回原车道。不得强行超车，更不得超车后立即使用紧急制动或急剧转向驶入原车道，以免发生事故。

2）被超车示意左转弯、调头时，不得超车。

3）在超车过程中对面有来车，有会车可能时，不得超车。

4）不得超越正在超车的车辆。

5）行经交叉路口、急弯路、窄路、窄桥、隧道、陡坡、冰雪、泥泞道路以及下雨、雪、雾造成的视线不清或牵引故障车时，不得超车。

6）机动车遇后车发出超车信号时，在条件许可的情况下，须靠右让路，并开右转向灯、不得故意不让或加速行驶。

（4）车辆停放规定。

1）车辆停放，必须在停车场、院或准许停放车辆的地点依次停放。不得在车行道、人行道和其他妨碍交通的地点任意停放。机动车停放时，须关闭电路，拉紧驻车制动器，锁好车门。

2）车辆在停车场、院以外的其他地点临时停车，必须遵守下列规定：

a. 按顺行方向靠道路右边停留，驾驶员不得离开车辆，妨碍交通时须迅速驶离；

b. 车辆没有停稳前，不得开车门和上下人，开门时不得妨碍其他车辆和行人通行；

c. 在设有人行道护栏（绿篱）的路段，人行横道、施工地段（施工车辆除外），障碍物对面，不得停车；

d. 在距离交叉路口、铁路道口、弯路、窄路、桥梁、陡坡、隧道 20m 以内的路段，不得停车；

e. 在距离公共汽车站、电车站、急救站、加油站、消防栓或消防队（站）门前 30m 以内的路段，除使用上述设施的车辆外，其他车辆不得停车；

f. 机动车在夜间或遇风、雨、雪、雾天停车时，须开示宽灯、尾灯。

8　机动车装载有何规定？

答：机动车载人、载物，必须遵守下列规定：

（1）不得超过行驶证上核定的载重量。

（2）不得超过行驶证上核定的载人数。

（3）大型货运汽车载物、高度从地面起不得超过 4m，宽度不得超过车厢，长度前端不得超过车身，后端不得超出车厢 2m，超出部分不得触地，货物必须装载均衡平稳，捆扎牢固；若运载不可解体的物品，其体积超过规定时，须经公安机关批准后，按指定时间、路线、时速行驶，并须悬挂明显标志。

（4）载物长度未超出车厢后栏板时，不得将后栏板平放或放下；超出时，货物及后栏板不得遮挡号牌、转向灯、制动灯、尾灯。

（5）货运机动车不得人、货混载，机动车除驾驶室和车厢外，其他任何部位都不得乘人，货运汽车挂车、拖拉机挂车、半拖挂车、平板车、起重车、自动倾卸车、罐车除驾驶室外不得乘人。

(6) 货运汽车车厢载人超过 6 人时，车辆和驾驶员须经车辆管理机关核准，并按货运车乘人数量规定乘载。车厢栏板高度不足 1m 的，乘员不得站立车厢中。

(7) 大型货运汽车在短途运输时，车厢内可以附载押运或装卸人员 1~5 人，并须留有安全乘坐位置；载物高度超过车厢栏板时，货物上不得乘人。

9 车辆有何通行规定？

答：(1) 通过交叉路口。

1) 机动车通过交叉路口时，必须服从交通警察的指挥。如果指挥灯信号与交通警察的指挥不相符时，必须按交通警察的指挥决定行、止。

2) 如交叉路口系直行信号，直行车辆前面有左转弯车时，可视道路情况，若条件允许可从右侧绕行通过，否则，应待前车通过后再直向行驶。

(2) 通过广场。

1) 车辆通过广场时，应沿广场的右边绕行。若广场设有指示行车方向的标志时，应按标志的指示行驶。

2) 车辆进入环形广场时，不开转向灯，但离开广场时，必须开转向灯，以表明驶出方向。

3) 车辆行驶中，遇有交通警察出示停车示意牌时，任何车辆必须停车接受检查。

4) 车辆行经渡口，必须服从渡口人员指挥，按指定地点依次待渡。上下渡船时，须低速慢行。

5) 履带式车辆，需要在铺装路面上横穿或短距离行驶时，须经市政管理部门或公路管理部门同意，并按公安机关指定的时间、路线行驶。

第 **2** 篇

汽车基础驾驶要领

10 就车与下车有何动作要领?

答：（1）就车动作要领。学员跑步至驾驶室左侧，面向车门，伸左手握住门把，打开车门，随后将左手移至车门的窗框（或内把手）上并抓牢；左脚踏上脚踏板，伸右手拉住转向盘，同时利用左脚的蹬力侧身进入驾驶室；边就座边收回左脚的同时，左手关闭车门后移至转向盘左上方握牢。

（2）下车动作要领。左手打开门锁推开车门，迈出左脚踏在脚踏板上；身体向外移动，同时将右手移至转向盘左侧并拉住；向右侧身，右脚先着地，右手同时松开转向盘，随后左脚下地站稳，最后用左手握住车门外把手关上车门。

11 驾驶有何姿势?

答：正确的驾驶姿势：上车后，身体对正转向盘坐稳，后背靠于靠背椅上（座位不适应应调整），两眼前视，两手分别握住转向盘左右两侧。两肘自然下垂，左脚放在离合器踏板下方，右脚掌放在加速踏板上。

12 车辆仪表指示灯有何使用与维护要领?

答：汽车仪表系统一般包括车速里程表、发动机转速表及时钟、水温表、燃油表、机油压力表、轮胎气压表、水温过高报警灯、分动器锁止指示灯、牵引力电子控制系统（ETC）指示灯、汽车制动防抱死电子控制系统（ABS）指示灯、驻车制动指示灯、预热指示灯、机油压力过低报警灯、燃油油量报警灯、冷却液液面过低报警灯、转向信号灯、远光指示灯、安全带报警灯、前雾灯指示灯、后雾灯指示灯、充电故障报警灯、轮胎气压过低报警灯、发动机故障报警灯、节气门检测报警灯、制动液液面过低报警灯和充气泵工作指示灯等。

为正确使用维护汽车仪表与指示灯，延长其使用寿命，及时发现和排除汽车可能出现的故障，要正确使用与维护汽车仪表指示灯。东风 EQ2050 型猛士汽车仪表指示灯如图 2-1 所示。

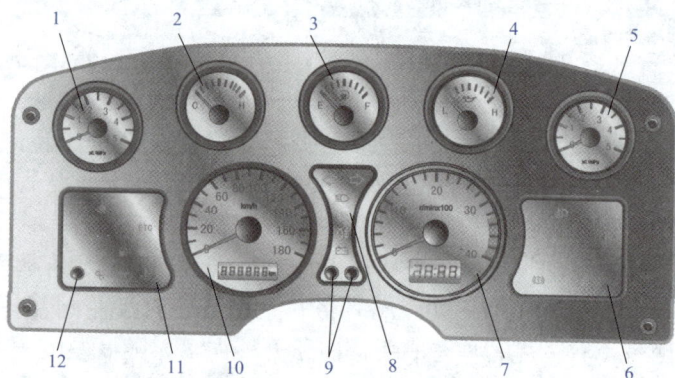

图 2-1　东风 EQ2050 型猛士汽车仪表指示灯

1—前轮气压表；2—水温表；3—燃油表；4—机油压力表；5—后轮气压表；
6—右侧指示灯；7—发动机转速表；8—中部指示灯；9—时钟调节钮；
10—车速里程表及时钟；11—左侧指示灯；12—累计、日计调节按钮

（1）汽车仪表与指示灯。

1）车速里程表。车速里程表包括车速表（单位为 km/h）和里程表（单位为 km），如图 2-2 所示。车速表用以指示车辆行驶速度。下方为数字里程表，显示车辆已运行的总里程数，按里程方便定期保养车辆。累计及日计通过按钮调节。当按钮按住时间小于 2s 时，转换累计、日计显示；在日计状态下，按钮按住时间大于 2s 时，日计清零。

2）发动机转速表及时钟。如图 2-3 所示，转速表用以指示发动机每分钟的转数。表盘下方数字为时钟。时钟调节方法：按

左调节按钮一次，小时显示值加 1；按右调节按钮一次，分钟显示值加 1。当按调节按钮持续时间大于 2s 时实现快调。

图 2-2 车速里程表

图 2-3 发动机转速表及时钟

3）水温表。如图 2-4 所示，用以指示发动机冷却液温度。指针正常情况下应指在中间位置。当钥匙开关位于 ON 位置时，该表就起作用。V8 发动机工作温度为 88～113℃。冷却液温度过高或过低时，应及时停车检查。如果指针指到红色区域或水温过高报警灯亮起时，应立即停车关闭发动机进行检查。

4）燃油表。如图 2-5 所示，用来指示燃油箱内燃油量的多少。当钥匙开关处于 ON 位置时，该表就起作用。当主副油箱转换开关位于主油箱位，燃油表指示主油箱油量，当主副油箱转换开关位于副油箱位置时，则指示副油箱油量。

图 2-4 水温表

图 2-5 燃油表

5）机油压力表。如图 2-6 所示，用以指示发动机润滑系统的油压。当润滑油温度比较低时，机油压力表显示的油压比正常温度下的油压要高。如果机油压力表的指针突然指到红色区域或机油压力报警灯亮起时，必须立即停车关闭发动机进行检查。

6）轮胎气压表。如图2-7所示，用以分别指示前轮和后轮的轮胎气压状况。左侧气压表指示前轮气压，右侧气压表指示后轮气压。

7）指示灯。组合仪表通电后，"燃油"、"水温"、"油压"、"安全带"报警灯自检，3s后指示灯熄灭。

(a)　　　　　　(b)

图2-6　机油压力表

图2-7　轮胎气压表
（a）前轮气压表；（b）后轮气压表

8）水温过高报警灯。如图2-8所示，用以指示发动机水温过高的情况。当发动机冷却液温度超过规定时，报警灯点亮。如果水温过高报警灯点亮，必须立即停车关闭发动机进行检查。

9）分动器锁止指示灯。如图2-9所示，用以指示分动器锁止状况。当分动器挡位换到HL挡（高挡锁止）或L挡（低挡）时，应等指示灯亮起后再进行下一步操作。

图2-8　水温过高报警灯

图2-9　分动器锁止指示灯

10）牵引力电子控制系统（ETC）指示灯。如图2-10所示，用以指示牵引力电子控制系统的工作情况。当牵引力电子控制系统（ETC）起作用时，该灯闪亮。电子牵引力控制系统通过监测车轮是否打滑，自动对打滑的轮胎施加制动力，以减小驱动力的损失，提高汽车的通过性能。当系统中出现故障时，该灯点亮。

11）汽车制动防抱死电子控制系统（ABS）指示灯。如图 2-11 所示，用以指示汽车制动防抱死系统的工作情况。当点火开锁转到 RUN 挡时，汽车制动防抱死电子控制系统（ABS）指示灯亮起直到车速大于 7km/h 后熄灭。如果 ABS 系统检测出有故障，指示灯将保持长亮。

图 2-10　ETC 指示灯　　　　　图 2-11　ABS 指示灯

12）驻车制动指示灯。如图 2-12 所示，用以指示汽车驻车制动工作情况。拉起驻车制动手柄时，该驻车灯点亮，表明车辆处于制动状态，驻车制动解除作用后指示灯熄灭。否则，应及时检查排除故障。

13）预热指示灯。如图 2-13 所示，用以指示发动机预热工作情况。在进行预热时，当预热塞完成预热后，该灯会自动熄灭。如果发动机刚刚运行过，则预热塞也许不工作，此时，指示灯也不会亮。但在汽车行驶期间，预热塞可能会定期循环工作以保持足够的运行温度，且指示灯也会相应地亮起。否则，应及时检查排除故障。

图 2-12　驻车指示灯　　　　　图 2-13　预热指示灯

14）机油压力过低报警灯。如图 2-14 所示，用以指示发动机机油压力过低的情况。将钥匙开关旋至 ON 位置，该灯点亮。当发动机正常运转后该灯熄灭。在发动机运转过程中，当机油压力异常下降时，该灯就点亮报警。当机油压力报警灯亮时，禁止继续行驶，应立即检查，排除故障。

15）燃油油量报警灯。如图 2-15 所示，用以指示发动机燃油油量最低的情况。当燃油箱油量接近最低点时，报警灯点亮，此时，油箱中的燃油剩余约 6L，应及时补充油量。

图 2-14　机油压力过低报警灯　　　图 2-15　燃油油量报警灯

16）冷却液液面过低报警灯。如图 2-16 所示，用以指示发动机冷却液液面过低的情况。当膨胀水箱中的冷却液液面低于传感器安装位置时，报警灯点亮。应及时补充冷却液，如果该灯频繁点亮，应及时查明缺少的原因。

17）发动机故障报警灯。如图 2-17 所示，用以指示发动机故障情况。在起动前，发动机、自动变速器会进行自检，该灯点亮，自检完成后熄灭。注意：应等待自检完成后再起动发动机。如果行驶中该灯亮起，应立即停车进行检查、修理。此时控制系统会使发动机处于低功率状态、自动变速器挡位置于 2 挡。报警灯亮起后，不能长距离行驶，应尽快进行检查修理。

图 2-16　冷却液液面过低报警灯　　　图 2-17　发动机故障报警灯

18）节气门检测报警灯。如图 2-18 所示，用以指示节气门故障情况。该灯亮起时，说明电控油门踏板的线束或传感器有故障。当灯亮起时，汽车将处于"高速空转"模式中并将消耗更多的燃油。应立即进行检查、修理。

19）转向信号灯。如图 2-19 所示，用以指示转向灯的工作情况。当打开报警开关时，左、右转向指示灯开始同时闪烁。如果该灯不亮，应及时检查排除故障。

图 2-18　节气门检测报警灯

图 2-19　转向信号灯

20）远光指示灯。如图 2-20 所示，用以指示远光灯的工作情况。当车辆前照灯使用远光时，该灯同时点亮；操作超车灯时，该灯也亮。如该灯不亮，应及时检查排除故障。

21）安全带报警灯。如图 2-21 所示，用以提示驾驶员安全带未系带情况。一般该灯点亮 3s 后即使未系安全带也会自动熄灭。

图 2-20　远光指示灯

图 2-21　安全带报警灯

22）前雾灯指示灯。如图 2-22 所示，用以指示前雾灯工作情况和前雾灯是否打开状况。

23）后雾灯指示灯。如图 2-23 所示，用以指示后雾灯工作情况。当后雾灯打开时，该灯点亮。

图 2-22　前雾灯指示灯

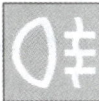

图 2-23　后雾灯指示灯

24）充电故障报警灯。如图 2-24 所示，用以指示充电故障情况。当车辆未起动，钥匙开关处于 ON 位置时，该报警灯点亮。发动机起动后发电机给蓄电池进行充电时，该灯应熄灭。如果行驶过程中充电系统（发电机、充电线路等）发生故障时，该灯即点亮。如果发动机起动后该灯点亮，则必须及时检查排除故障。

25）轮胎气压过低报警灯。如图 2-25 所示，用以指示轮胎气压过低状况。当前后轮胎充气管路气压低于 80～100kPa 时，包括人为操作放气轮胎或管路泄漏时，警报灯点亮。如该灯亮起，应及时停车，排除故障。

图 2-24　充电故障报警灯　　　图 2-25　轮胎气压过低报警灯

26）制动液液面过低报警灯。如图 2-26 所示，用以指示制动液液面过低状况。当制动总泵中的制动液不足时，该灯点亮。如果该灯亮起，应立即停车，检查管路有无泄漏，并添加制动液。

27）充气泵工作指示灯。如图 2-27 所示，用以指示中央充放气系统充气状况。当中央充放气系统的轮胎充气泵工作时，该指示灯点亮。如果该灯不亮，应及时检查与排除故障。

图 2-26　制动液液面过低报警灯　　　图 2-27　充气泵工作指示灯

（2）汽车仪表使用与寿命。

1）各仪表连线必须正确，特别是注意对电源极性有要求的仪表（如电流表、电磁式燃油表等）。若将仪表连线接错，这些仪表不仅显示出现错误，而且容易将仪表损坏。

2）在带有稳压器的仪表电路中，稳压器的稳压值并不相同，因车型而异，当稳压器损坏后，不能用其他车型稳压器代替。需要稳压器的仪表和不需要稳压器的仪表连线不能相互接错，否则不是仪表不能正常工作，就是将仪表烧坏。

3）汽车上使用的仪表工作中发生阻滞或不指示时，应查明原因予以排除。不能用敲打振动的方式，试图恢复其工作，若敲打振动，仪表不仅不会恢复工作，反而因受振造成指针脱落或其他机件损坏。

4）仪表电路必须受点火开关控制，即点火开关打开时，各仪表才进入工作状态，点火开关切断时，各仪表均停止工作。

5）电流表的正常车用寿命为（8～10）$\times 10^4$ km。

6）电热式机油压力指示表的正常车用寿命为（6～7）$\times 10^4$ km；传感器为（4～5）$\times 10^4$ km。

7）电热式水温指示表的正常车用寿命为（5～5.5）$\times 10^4$ km；传感器的正常车用寿命为（4～4.5）$\times 10^4$ km。

8）燃油指示表的正常车用寿命为（8～10）$\times 10^4$ km；传感器的正常车用寿命为（4～6）$\times 10^4$ km。

9）车速里程表的正常车用寿命为 10×10^4 km。

10）仪表板总成的正常使用寿命为 25×10^4 km。

（3）灯光总开关使用。灯光总开关有七个位置。

开关在"2"位置：灯全亮。

开关在"1"位置：除大灯的远、近光不亮外，其余灯全亮（包括大灯内的小灯）。

开关在"Tag"位置：通常位置。

开关在"0"位置：灯全不亮。

（4）起动按钮使用。起动按钮用来接通起动继电器线圈电路，从而接通起动机主电路以起动发动机。起动时，每次按下按钮的时间不得超过 5s，两次起动之间应至少停歇 10～15s。发动机起动后应立即放松起动按钮，并观察按钮是否归位。

13 车辆操作机件与翘板开关有何操作要领？

答：（1）汽车操作机件。汽车操作机件见表 2-1。

表 2-1   操 作 机 件

名 称	功 能
转向盘	用于操纵行驶方向
加速踏板	用于控制化油器节气门开度，调节进入发动机气缸的混合气成分和数量
离合器踏板	用于控制发动机与传动部分的连接与脱离，实现动力的传递与切断
变速器操纵杆	改变变速器各挡齿轮的结合状态，调节行驶速度，并可使汽车前进或后退
制动踏板（行车制动）	车轮制动器的操纵机件，用于减速或停车
驻车制动器操纵杆	主要用于停车后制动，辅助行车制动增强制动效能
油门拉钮（手油门）	控制化油器节气门开度
阻风门拉钮	控制化油器阻风门的开度
百叶窗操纵杆	用于调节通过散热器的空气量
刮水器开关	控制刮水器的开动与停止，调节运行速度
喇叭按钮	接通或切断喇叭的电（气）路
转向灯开关	开启和关闭转向灯

（2）翘板开关。车辆装有各种开关和指示灯。

1）危险信号警告灯开关及指示灯（KA2）：汽车因故障停驶时，按下危险信号警告灯开关，左、右转向信号灯闪亮以示警告。安装在危险信号警告灯开关内的指示灯也同时闪亮。

2）通风机开关及指示灯（KA3）：用于驾驶室内取暖和强制通风用的通风机的开闭。按下开关，通风机转动，此时，安装在通风机开关内的指示灯也同时闪亮。

3）前雾灯开关及指示灯（KA5）：用于雾天驾驶，安装在车前，按下开关，前雾闪亮，雾灯开关内的指示灯也同时闪亮。

4）后雾灯开关及指示灯（KA6）：用于雾天驾驶，安装在车后，按下开关，后雾灯亮，雾灯开关内的指示灯也同时闪亮。

5）取力器开关及指示灯（KA12）：用于取力器的接合与分离，按下开关，取力器结合；安装在取力器开关内的指示灯同时亮。

6）全轮驱动开关及指示灯（KA13）：用于锁止装于分动器上的轴间差速器。按下开关，轴间差速器锁止，差速器失去差速作用，分动器前、后输出轴将等速转动。当差速器锁止时，安装在开关内的指示灯闪亮。锁止差速器时，应分离离合器。

7）轴间差速锁开关及指示灯（KA14）：用于锁止装于中桥上的中、后桥轴间差速器。按下开关，差速锁将该轴间差速器锁止，使轴间差速器失去差速作用。当车辆处于停止状态或相当于步行速度时，才允许按下开关，并应首先分离离合器。当差速器锁止时，安装在开关内的指示灯闪亮。

8）轮间差速锁开关及指示灯（KA15）：用于锁止装于中、后桥上的轮间差速器。按下开关，差速锁将轮间差速器锁止，使轮间差速器失去差速作用。当车辆处于停止状态或相当于步行速度时，才允许按 F 开关，并应首先分离离合器。当差速器锁止时，安装在开关内的指示灯闪亮。

14　转向盘（方向盘）有何操作要领?

答：（1）正确位置（按时钟表面的位置）：左手在 9～10 时，右手在 3～4 时。操作时以左手为主，右手为辅，相互配合，如图 2-28 所示。

（2）正确握法：两手位于转向盘轮缘左、右两侧，拇指向上自然伸直，另四指由外向里握住轮缘。

（3）操作方法：

1）汽车在平路上行驶时，操纵转向盘要平稳，避免不必要的晃动。需

图 2-28　转向盘正确握法

要少量修正时，两手配合，一手拉动，一手推送。

2）急转弯时要快速转动转向盘，两手交替进行，称为交叉法。其操作方法是：向右转，左手向右推送，右手向下拉动，当两手交叉时，右手迅速松开至转向盘上方握紧，并向下拉动；左手迅速在原位置翻手，握紧并向上推动，如此反复进行。回方向或向左转时，动作相反。

（4）操作注意事项。

1）汽车在高低不平的道路上行驶时，应握稳转向盘，以免由于前轮受地面的冲击力影响，引起转向盘回转，使方向失控，同时还要防止击伤手指或手腕。

2）停车后不得原地转动转向盘，以免损伤转向机构的机件和加速轮胎磨损。

3）汽车行驶过程中，一手必须操作或调整其他装置时允许单手操纵转向盘，不得长时间单手操纵转向盘，更不能双手同时离开转向盘。

15 加速踏板、制动踏板、离合器踏板有何操作要领？

答：（1）加速踏板操纵技巧。

1）脚跟支点全脚踏。加速踏板又称油门踏板，操纵加速踏板时，用右脚掌轻放在踏板上，以靠在驾驶室底板上的右脚跟为支点，靠脚掌的力量踏下或放松。踏下时，发动机转速提高；放松时，转速降低。正常行驶中，操纵加速踏板要做到轻踏缓抬。

2）轻轻加油好雾化。无论是柴油车还是汽油车，快速踏下加速踏板，供油机构会迅速喷入大量浓燃油。由于空气是自然进入，无法满足此时的燃烧需要，使燃油雾化变差，燃烧不完全。这样既损害车辆，又浪费燃油。因此，操作加速踏板的动作要轻缓。

3）忽踏忽抬不可取。加速踏板使用得好与坏，主要体现在加速的"柔"和减速的"顺"上。踏加速踏板的轻重缓急应视道路和交通情况而定，踩踏板要"温柔"，用力均匀，平稳加速；车速要逐渐降低，非紧急情况千万不能一蹴而就，紧急制动。

4）放松踏板应缓慢。突然放松加速踏板，汽车猛然减速，重心猛烈前移，会造成汽车"点头"前冲现象，乘车人员猛烈前倾容易造成伤害，货物也易受损。同时，汽车强烈向前振动，还可能损坏汽车机件。

（2）制动踏板操纵技巧。

制动踏板又称脚制动，是汽车减速或停车的主要操纵机件。操纵制动踏板时，右脚跟靠在驾驶室底板上，并以此为支点，脚掌用力，踏下或放松踏板。踏下踏板可使汽车减速或停车，抬起时，则解除制动。踏下踏板的行程和用力程度应根据行车速度、需要降低车速的程度和停车距离而定，以达到平稳减速或停车的目的。常用的方法有：立即完全踏下（急踩）；先轻踏后重踏；先重踏后轻踏；随踏随放（点刹）等。

（3）离合器踏板操纵技巧。

操纵离合器踏板时，应以左脚掌踏在踏板上，用膝关节和踝关节的伸屈动作踏下或放松踏板。踏下时，离合器分离；松开踏板即结合。踏下踏板的动作要迅速，一次踏到底。起步或换挡时，松开离合器踏板要按"快停慢"的要领进行，即开始应快一些，当离合器开始结合（压盘与从动盘开始接触，即半联动）时，应稍作停顿，然后缓慢松抬，使离合器平稳结合。完全松开后，左脚离开踏板，放在踏板的左下方。

在踏下或松抬离合器踏板过程中，离合器从动盘与压盘及飞轮即将结合的瞬间，既传递扭力，又有滑转的现象，这一瞬间称为离合器的"半联动"。半联动只能在起步等情况下作短时间停顿，禁止长时间使用"半联动"。抬起离合器踏板时，不可过快，以免损坏离合器从动盘。

16　油门拉钮、阻风门、其他按钮与开关有何操作要领？

答：（1）油门拉钮操纵技巧。油门拉钮又称手油门，加速踏板的辅助装置，主要用于发动机起动后低速升温或不便使用加速踏板时使用，运用时可根据需要将拉钮固定在一定的位置。拉出拉钮，发动机转速升高；推入拉钮，发动机转速降低。

（2）阻风门拉钮操纵技巧。拉出时阻风门开度变小，进入发动机气缸内的空气量减少，混合气变浓。在冷车起动或发动机升温时，一般应适当拉出阻风门拉钮，以保证发动机获得较浓的混合气。发动机工作正常后，将阻风门拉钮推回原位。

（3）其他按钮和开关操纵技巧。

1）喇叭按钮：装在转向盘上，按下该按钮，喇叭发响。

2）刮水器开关：开动或停止刮水器工作，以保持雨、雪天时挡风玻璃的清晰。

3）百叶窗操纵柄：控制散热器百叶窗启闭程度，以调节发动机的工作温度，拉出或推入手柄，百叶窗即关闭或开启。

4）通风窗手柄：控制进入驾驶室内的空气量，调节驾驶室内的温度。手柄向前推，通风窗打开，向后拉通风窗关闭。

5）点火开关：断开、接通低压电路，将点火开关向顺时针方向旋转一定的角度，即可接通低压电路并起动发动机。

6）汽车上还有其他各种开关，开关上标有相应的文字或图案。

17　变速器与驻车制动器操纵杆有何操作要领？

答：（1）变速器操纵杆操作技巧。变速器操纵杆又称变速杆，操纵变速杆可将变速器内齿轮组合成不同接合关系的几个位置，称为换挡。

变速杆球头的握法：右手的掌心贴住球头，五指自然将球头握住，如图2-29所示。

操纵变速杆时，两眼注视前方，在踏下离合器踏板的同时，右手以手腕的力量，准确地推入或拉出挡位，切忌强拉硬推。变速杆移入空挡后，不得来回晃动；换挡过程中，不得低头下看。

前进挡与倒挡互换时，必须在汽车停止后进行。

　　装有同步器的变速器，换挡时也应采用两脚离合器。

　　（2）驻车制动器操纵杆操作技巧。驻车制动器操纵杆又称手制动。驻车制动操纵杆的操作方法：四指并拢，大拇指虚按在杆顶的按

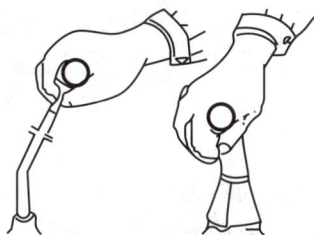

图 2-29　变速杆正确握法

钮上，将杆向后（上）拉紧，即起制动作用放松时，先将杆向后（上）拉，同时用拇指按下按钮后，再将杆向前（下）推到底，即解除制动作用。

18　牵引车操纵装置有何操作要领？

　　答：（1）主要操纵装置的操作方法。

　　1）加速踏板：控制喷油泵的供油量，改变发动机的转速和输出扭矩。

　　2）手油门旋钮：稳定发动机在一定转速下工作，并能使喷油泵停止供油使发动机熄火。

　　3）变速杆：位于驾驶员的右侧。

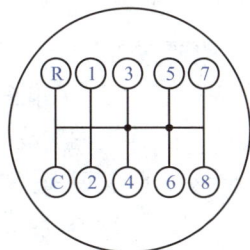

图 2-30　富勒变速器挡位
R—倒挡；C—爬行挡

　　延安 SX2190 牵引车装用的是富勒变速器，有 9 个前进挡（包括一个爬行挡 C）和一个倒挡 R，采用"双 H"换挡机构。挡位位置如图 2-30 所示。"双 H"换挡机构是一种用于组合变速器的换挡机构，有两个挡区：低挡区（1～4 挡、爬行挡、倒挡）和高挡区（5～8 挡）。有两个空挡位置，低挡区位于 3、4 挡空挡位置；

高挡区位于 5、6 挡空挡位置。当从低挡区换入高挡区时（或从高挡区换入低挡区时），应稍用力拍击变速杆，待变速杆越

过高、低挡阻力点后，立即放松变速杆，然后在相应的挡区内进行选挡或挂挡。当变速器在低挡区时，仪表板上的低挡指示灯发亮。

当变速器在两个挡区转换时，不要跳挡操纵，以免影响副变速器同步器的寿命，应从四挡换入五挡（低挡区换入高挡区时）或从五挡换入四挡（高挡区换入低挡区时）。

4）分动器操纵杆：分动器操纵杆布置在驾驶员座椅右侧，有两个挡位。在良好路面上行驶时选择位置 1，在较差路面上行驶时选择位置 2，只有当车辆处于停止状态或相当于步行速度行驶时，才能进行分动器换挡，换挡时必须先分离离合器。

5）分动器前桥驱动操纵杆：操纵前桥结合与分离。

6）分动器换挡操纵杆：操纵分动器高、低速挡工作。使用时应注意两点：一是分动器与前桥操纵杆是互锁的，前桥驱动与低速挡必须配合操作，即挂入低速挡前，必须先接合前桥，挂入高速挡前必须先分离前桥。二是上述操作必须在停车或车速相当于步行状态下进行，在良好道路上行驶不允许接合前桥驱动。

7）取力器操纵杆：一般位于发动机后罩内，用以接通绞盘驱动装置，控制绞盘钢丝绳的绞紧或放松。在不使用绞盘时，限位滑板必须将取力器操纵杆锁止在空挡位置。

8）组合手柄开关：在转向盘的立柱上装有一组合手柄开关，包括大灯变光开关与转向开关、刮水器开关、喇叭按钮。

大灯变光开关与转向开关：当灯光总开关在位置 2 时，组合手柄不动，为大灯近光；向上拨动手柄，大灯远、近光同时亮，松手后会自动回到原位，起变光作用，在超车或会车时使用；向下拨动手柄，大灯远光灯亮；向前拨动手柄，右转向灯亮；向后拨动手柄，左转向灯亮。

刮水器开关：有四个位置，位置 0 为刮水器关闭位置；位置 I 为刮水器慢挡；位置 II 为刮水器快挡；位置 J 为刮水器间歇挡。当压下刮水器开关时，挡风玻璃洗涤系统工作，此时，洗涤液从喷嘴射向挡风玻璃，同时接通刮水器电动机，刮水器刮水一次。有些车型刮水器由操纵阀控制，旋动阀钮，即可控制进入刮水器气缸内压缩空气的流量，从而改变刮水器动作的快慢。刮水器既可以利用压缩空气驱动，也可以手动。一般仅用来清除雨、雪，在挡风玻璃干燥时，不能用刮水器清除玻璃上的尘土。

喇叭按钮置于组合手柄的顶端。

9）散热器面罩开关手柄：在驾驶员一侧驾驶室前围板上。

开启：先将驾驶室前保护架落下，拉动手柄，即可听到散热器面罩从锁中脱开的声音，然后拉开散热器面罩，使其徐徐升起。

关闭：先拉下散热器面罩，使其落下再推动散热器面罩即可锁止，然后升起驾驶室保护架。有些车型是由百叶窗操纵手柄控制的，当手柄全部或部分推入时，百叶窗即全部或部分开启；将操纵手柄全部拉出，百叶窗即全部关闭。

10）驾驶室的翻转与回位。

a. 驾驶室的翻转操作步骤。

将驾驶室前保护架落下。

翻转前应将驾驶室内未固定的物品取出，将变速杆置于空挡位置，拉紧驻车制动器操纵杆。

将牵引销手柄压到底。

用车门钥匙打开车门手柄，将手柄拉出，沿逆时针方向转至垂直位置并保持在拉出位置。

将翻转油泵的转换手柄扳到"＋"位置。

将锁止手柄全部拉出，同时压动翻转油泵手柄使驾驶室翻转，当驾驶室翻转至快到上止点时，泵油的动作应减慢，以防驾驶室过上止点后出现快速翻转的现象。

翻转驾驶室时应注意：驾驶室翻转时不得有其他人员站在驾驶室前方较近的地方；翻转过程中或在翻转状态时严禁进入驾驶室；必须翻转到底即超过上止点后，才能进行驾驶室翻转后的作业。

b. 驾驶室翻回原位的操作步骤：

将翻转油泵的转换手柄扳到"＋"位置，同时压动翻转油泵手柄，使驾驶室完全回位。

当锁止机构锁止后，继续压动手柄，直到手柄上感到有明显压力增加时为止。

将锁止手柄扳到原来的锁止位置，并用车门钥匙锁上手柄，若驾驶室未锁住，仪表板上的驾驶室锁止指示灯即发亮。

将驾驶室前保护架复位。

11）暖风和通风系统。新型牵引车辆的暖风和通风系统一般分左右两套，设置于驾驶员和副驾驶员前方，可独立操作，其功能如下。

a. 快速除霜：关闭新鲜空气出口，打开暖风系统，把通风引向车窗，并接通通风机。

b. 取暖：关闭新鲜空气挡板，打开暖风系统（加热调节阀向左旋到底），把暖风引向车窗，或使滑键移动，把暖风引向脚部，并接通通风机。

c. 自然通风：关闭暖风系统（加热调节阀向右旋到底）。

d. 强制通风：关闭暖风系统，接通通风机将新鲜空气引向挡风玻璃和脚部。

（2）牵引车特殊装置的操纵方法。

1）差速锁。汽车通过泥泞路面或冰雪路段，车轮打滑无法前进时，可使用差速锁将差速器闭锁，以充分利用整车车轮的附着力，提高车辆的通过率。延安SX2190汽车装有两个轴间差速锁和两个轮间差速锁。

轴间差速锁：一个装于分动器，用于锁止分动器上的轴间差速器。锁止时，该差速器失去差速作用，分动器前、后输出轴等速转动；另一个装于中桥桥头，用于锁止装于中桥上的中、后桥轴间差速器，锁止时，使该轴间差速器失去差速作用。轮间差速锁用于锁止装于中、后桥上的轮间差速器，锁止时，使两轮间差速器失去差速作用。

差速锁通常在坏路面、泥泞或冰雪路面上，以及上、下陡坡时使用。

使用差速锁必须注意以下几点：

a. 车辆处于停止状态或相当于步行速度行驶时，才能操纵差速锁开关，在操纵前，必须先分离离合器。

b. 使用差速锁后，车辆只能以低速直线行驶。

c. 原则上应先接合轴间差速锁，再接合轮间差速锁。

d. 车辆在良好的硬路面上行驶时，禁止使用差速锁。

2）弹簧制动缸的使用。延安 SX2190 牵引车的中、后桥制动气室由行车制动使用的膜片制动气室和应急、驻车制动使用的弹簧制动缸组成，由驻车制动控制阀操纵手柄控制，使用情况如下：

a. 车辆保持停车状态时，可通过操纵驻车制动手柄将弹簧制动缸内的压缩空气排入大气，由弹簧的作用使车轮制动器产生制动作用。

b. 在使用行车制动时，若因车轮制动器的蹄片间隙增大后没有及时得到调整，膜片制动气室不足以使车轮制动器产生足够的制动力时，可利用弹簧制动缸活塞行程大的特点，使车轮制动器可靠地工作。出现这种情况后，应立即调整制动器蹄片间隙。

c. 在行车制动出现故障而失效时，可使用弹簧制动缸进行制动。使用时向前扳动驻车制动控制阀手柄，使弹簧制动缸内的空气排出而使弹簧制动起作用。欲解除驻车制动时，可向后扳动驻车制动控制阀手柄，使贮气筒内的压缩气进入弹簧制动缸，解除弹簧制动。解除驻车制动（弹簧制动）所需的气压为 0.55MPa。当气路发生故障，不能解除弹簧制动缸的制动时，可用机械应急解除装置解除弹簧制动。方法是：将弹簧制动缸上的制动解除螺栓完全拧出，即可将制动器松开。在松开弹簧制动之前，应先挂上一挡，在有坡度的路面上松开弹簧制动时，必须将车轮塞住，防止车辆溜动。待故障排除后，应起动发动机向全车充气，气压达 0.7MPa 后，将驻车制动手柄置于"制动"位置，此时，再将制动解除螺栓完全拧入，否则，弹簧制动将不起作用。

3）电动备胎架使用。电动备胎架由电动升降器、备胎固定架、翻转架、辅助锁紧板及控制开关等部分组成。控制开关与升降机构采用分离式结构，固定架下方斜支撑板内侧装有控制开关插座，控制开关作为随车工具之一放入工具箱内，使用时将控制开关插头插入插座内，放开开关引线可在较远距离内进行操作。开关盒上标有"上升"、"停止"、"下降"三个位置，水平位置为"停止"，向上为备胎"上升"，向下为备胎"下降"。

a. 卸下备胎：首先将固定于翻转架两侧的辅助锁紧板松开，轻轻放下，然后将控制开关旋钮顺时针由"停止"位置转至"下降"位置，使拉紧备胎活动架的钢丝绳放松，此时用手将翻转架稍稍向外拉出，备胎即会沿固定架斜面自行向下滚动，并靠滚动力推动翻转架继续向下翻转，当备胎架接触地面后即可将控制开关逆时针由"下降"位置转至"停止"位置，待电动机停止后将钢丝绳由备胎中间移到外侧，向外拉出备胎即可。

b. 安装备胎：先将备胎翻转架放到地面，将钢丝绳移向一侧然后将备胎推到翻转架中间，将钢丝绳移到备胎中央兜住备胎。操作控制开关旋钮，逆时针由"停止"转至"上升"位置，起动电动升降器，钢丝绳拉动翻转架连同备胎一起向上翻转，将备胎拉入固定架，待固定架与翻转架将备胎夹紧后，立即关掉开关，再将两侧辅助锁紧板拉起，用固定螺栓固定于翻转架上，使翻转架与固定架连成一体确保备胎固定可靠，最后拔下控制开关插头，收好控制开关。备胎到位后，若由于某种原因不能及时关掉电动机，机构电路有过载保护功能，过载后熔丝自动熔断，保证电动机及升降机构的安全，但此时应立即关闭电源检查熔丝。

c. 操作注意事项：操作时，为安全起见，操作者应尽量远离操作机构并随时注意升降过程中有无异常现象（如备胎与固定架卡住、钢丝绳安装不正等），如有异常立即关掉电源，排除故障后再操作。切记：操作者不可站在翻转架下方，以免发生意外。

由于电动机从转动到停止时存在惯性，在操作时不能从一个方向（上升或下降）到"停止"位置后立即反向起动，应待电动机停转后再反向起动，否则容易损坏电动机。

为保证电动机在发生故障或电源断电情况下仍能进行操作，升降器带有手动机构，可使用摇把，手动装卸备胎。

在翻转架与固定架接合处装有滑脂嘴，至少每年应加注锂基润滑脂 2～3 次。另外，每年还须给电动升降器传动部位加注锂基润滑脂一次。加注时，可打开升降器上方的保护罩，加注后再盖好。

4）绞盘装置的使用。各种牵引车通常都装有绞盘，是牵引车重要的特殊装置之一，主要用于汽车自救、互救或拖拽重物。

a. 延安 SX2190 型牵引车液压绞盘装置的使用。

使用方法如下。

出绳：根据目标确定好汽车位置，使钢丝绳与汽车中心线夹角在 150°范围以内。由于绞盘额定牵引力与铜丝绳层数有关，必要时可根据负载的大小，确定汽车与目标的距离。

放绳：将绞盘离合器操纵手柄向内推至靠近车架位置，并用锁止板固定，即脱开了离合器。手动拉出钢丝绳至所需长度，并捆扎牢固被牵物体。

接合离合器：接合绞盘离合器（离合器手柄在外侧位置为接合位置），将驾驶室内绞盘操纵手柄置于中间位置，使车尾部的控制阀手柄也置于中间位置（即自然状态），起动发动机，待气压正常后，使发动机转速保持在 1900～2100r/min。

绞盘工作：若进行自救作业，先接合取力器，然后将变速器挂四挡，分动器挂低位挡，最后将绞盘操纵气阀推至"绞绳"位置，使钢丝绳绞紧进行自救。若要进行互救作业，先使带绞盘的车辆处于驻车制动状态，变速器置于空挡，然后接合取力器，变速器挂四挡，最后将绞盘操纵气阀置于"绞绳"位置进行互救。在绞盘整个工作过程中，发动机转速始终要保持在 1900～2100r/min，变速器挡位保持在四挡。

制动：当需要制动绞盘时，只需松开手柄使其自动回到"中位"即可。绞盘不工作时制动器处于制动状态。

收绳：收绳时应加一定的负载，以保证钢丝绳缠绕整齐。

使用绞盘应注意的问题：

绞盘工作时，绝对不允许脱开绞盘离合器。

绞盘在常温、额定工况下连续工作不应超过两个循环（即收绳—放绳—收绳放绳）时间；在低温额定工况下连续工作不应超过三个工作循环时间，油温超过 80℃时，应停机冷却，以保证绞盘正常的工作效率。

绞盘工作时，钢丝绳两侧禁止站人，操作人员应在安全位置工作，以防发生危险。每次使用后要检查钢丝绳磨损情况。

油泵壳体外表面的箭头方向表示传动轴的旋转方向，而油泵进出口的油流方向由油泵两孔的大小决定，大孔为进油孔，小孔为出油孔。

冬季，当气温低于零下 30℃时，绞盘工作前油泵应先空载运行 10～15min。

为保证安全及钢丝绳的使用寿命，牵引的质量不能超过绞盘额定牵引力。

b. 红岩 CQ261 型牵引车绞盘装置的使用。

放绳方法及步骤：

将变速器操纵杆和分动器操纵杆置于空挡位置。起动发动机使其怠速运转。

打开发动机后盖板，移开绞盘取力器操纵杆限位滑板，将取力器操纵杆置于放松位置。

踏下离合器踏板，挂一挡，慢慢松开离合器，并用发动机的转速控制出绳速度（此时应有人在车后拉紧钢丝绳），逐渐放出钢丝绳。钢丝绳总长度为 50m，工作长度为 45m。

将变速器操纵杆置于空挡，拉紧驻车制动器，最后将取力器操纵杆拨至空挡位置。

收绳方法及步骤：

分动器换挡操纵杆仍在空挡位置。为防止绞紧时钢丝绳打卷或在滚筒上松乱，绞紧前，可将钢丝绳牢牢地钩挂在另一车辆或其他支撑处。

将取力器操纵杆置于绞紧位置。

踏下离合器踏板，变速器仍挂一挡，放松驻车制动器，慢慢放松离合器，利用绞盘的牵引力将车辆拖回，使钢丝绳缠绕在卷筒上。

踏下离合器踏板，变速器操纵杆置空挡，拉紧驻车制动器。

将绞盘取力器操纵杆用限位滑板锁止在空挡位置。

使用注意事项：

使用时，应使钢丝绳的牵引方向同汽车中心线在水平方向的夹角不超过 $150°$。

随时观察导绳器的工作情况。放松钢丝绳前应清除导向螺杆及上下滑杆上的杂物。并涂上润滑脂，保证导绳架能顺利移动。

操作前应检查导绳架上的滚轮及导向滚轮，应能转动自如，不应有卡死现象。绞紧时，若扭矩限制器产生打滑现象，应立即停止作业，查明原因，并予以排除，并及时清洁、检查、润滑钢丝绳。

19 汽油发动机起动、升温和熄火有何操作要领？

答：发动机正确地起动、升温和熄火，不仅可以减少燃料消耗，而且能延长发动机和相关机件的使用寿命。

（1）发动机起动顺序及方法：用手摇柄起动时，手摇柄分单手握柄和双手握柄两种，握法和姿势如图 2-31 所示。

在低温条件下起动发动机时，为了减少机件的磨损，延长发动机的使用寿命和便于起动，应采取"预热升温，冷摇慢转"的起动方法。

预热升温常采用以下三种方法。

1）蒸汽预热：将蒸汽用导管引入散热器加水口，打开放水

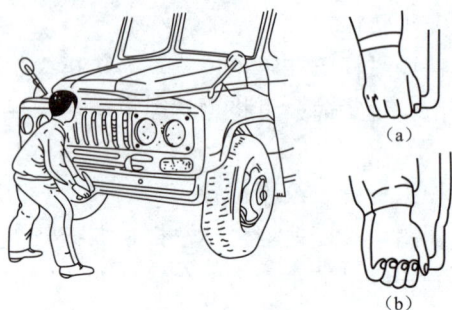

图 2-31　手摇柄握法及摇车姿势
（a）单手握法；（b）双手握法

开关，排出冷空气，并继续充气，直至发动机温度升高为止。

2）多次加、放热水预热：将热水加入散热器后稍停，打开放水开关，边加边放，当缸盖有温热感后，关闭放水开关。

3）烘烤预热：用木炭烘烤或用专用喷热装置给油底壳加温，使用时必须注意安全，防止火灾。

"冷摇慢转"是指发动机起动前，用手摇柄摇转曲轴 20～30 转，当摇转阻力明显减轻后，再起动发动机。摇车的目的是为了均匀提高发动机各部的温度，并将润滑油输送到各运动机件的摩擦表面，改善起动条件。

起动发动机的顺序及方法见表 2-2。

表 2-2　　　　　　起动发动机的顺序及方法

顺　　序			操作内容及方法
低温	常温	热机	
1			关好百叶窗及帘布，预热发动机（加热水），使温度达到 30～40℃
2	1	1	拉紧驻车制动操纵杆，变速杆置于空挡位置，检查机油及冷却水量
3	2		用手摇柄摇转发动机 15 转以上，感到轻松为止
4	3	2	视情况适度拉出阻风门按钮，打开点火开关
5	4	3	踏下离合器踏板，并轻踏加速踏板

续表

顺　序			操作内容及方法
低温	常温	热机	
6	5	4	用起动机起动时，每次使用不超过 5s，间隔时间不少于 10s
7	6	5	发动机起动后，及时调节阻风门拉钮，维持低速运转，并放松离合器踏板

（2）发动机起动后的升温。车辆冷车起动后，要使发动机以稍高于怠速的转速运转，使温度逐渐升高。严禁用高速（大油门）或急加速的方法急于给发动机升温，以免因润滑不良，致使发动机受到严重磨损。当发动机温度上升到起步温度即 50～60℃后，检查低、中、高各转速的运转情况，察听发动机有无异常响声，检视各仪表，检查有无漏水、漏气、漏油等情况，一切正常后，方可起步。否则，应立即停熄发动机，进行检查并予以排除。

（3）发动机熄火。发动机需要熄火时，关闭点火开关，切断电源总开关即可。切忌在关闭点火开关前，猛踏加速踏板轰空油，这样不仅浪费油料，而且会增加发动机的磨损。熄火前若发动机的温度过高，应使其以怠速运转数分钟，待温度下降后，再关闭点火开关。

20　牵引车起动、升温和熄火有何操作要领？

答：牵引车的起动与升温步骤和方法与汽油车有所区别，起动发动机时必须严格遵守操作规程，正确起动发动机。

（1）延安 SX2190 型牵引车起动步骤如下。

1）变速杆置于空挡，驻车制动操纵杆置于制动位置。

2）将电源钥匙开关转至"3"位置，并将手油门固定在适当位置。

3）踏下离合器踏板，按下"起动"按钮，起动发动机。若一次不能起动，应间歇 30s，连续 3 次不能起动，要查明原因，排除故障。

4）发动机起动后，应立即松开起动按钮，抬起油门踏板，检查机油压力是否正常，起动按钮是否回位，充电指示灯是否熄灭。否则，应停熄发动机，查明原因并排除故障。

5）检查正常后，慢慢抬起离合器踏板，调整手油门手柄，将发动机转速固定在 600～800r/min 使发动机升温。当水温未超过 60℃时，不得突然急加速。

延安 SX2190 型牵引车装有起动保护电路，变速杆不在空挡，不能起动发动机。

（2）红岩 CQ261 型牵引车起动步骤如下。

1）冷车起动前应首先检查各燃油开关手柄是否均指向所用油箱位置。

2）将电源总开关扳至后方位置，接通电路。

3）将变速杆置于空挡。

4）将手油门旋钮逆时针旋转到底至熄火位置。

5）如燃用汽油，应将油量调节拉钮拉出到"汽油"和起动最大油门位置；如燃用柴油，应将拉钮按到底。

6）按下"电动燃油泵"按钮，泵油 5s（也可用输油泵上的手油泵泵油）。

7）踏下加速踏板，同时按下"起动"按钮，起动发动机。每次按下"起动"按钮的时间不得超过 5～7s，一次不能起动，应停歇 10～15s；连续 3 次不能起动时，应查明原因。发动机起动后，立即放松起动按钮。

8）起动后应立即减少供油量，并按顺时针转动手油门旋钮，使发动机的转速维持在 600r/min 左右使发动机升温，切记不可猛轰油门。

9）起动时注意：热车起动时，若燃用汽油，起动步骤与冷车起动相同；若燃用柴油，则不需要使用电动燃油泵。

延安 SX2190 型牵引车停熄时，只需踏下排气制动踏钮，发动机即可停熄。发动机在大负荷运转后工作温度很高时，应在怠速状态下运转 1～2min 后再停熄。否则，增压器在惯性作用下仍然在高速旋转，会因润滑系统停止工作而烧坏增压器。

红岩 CQ261 型牵引车停熄时，逆时针转动手油门旋钮，即可使发动机停熄。若旋钮旋转到底，发动机仍未停熄时，可将油量调节拉钮全部拉出，使发动机停熄。

21　平路起步有何操作要领?

答：(1) 若为货车，在检查货物装载是否牢固后，根据气候状况，按照"发动机的起动顺序及方法"的动作要领，起动发动机，并进行适当的预热。察听发动机的运转情况，观察各仪表的指示状况，待运转平稳正常，水温、制动气压（指气压制动系统的车辆）均达到标准后，方可起步。特别要注意的是冬天汽车起动后不能马上行驶，应待发动机温度升至正常时方可行车。

(2) 起步前的检查。起步之前要检查车辆仪表、气压和车况，确保车辆完好，带齐必备的物品。起步前通常检查的内容有

1) 必要证件、零配件、装备品和随车工具。

2) 冷却液量、发动机机油量、制动液量、燃油量、蓄电池电解液量。

3) 刮水器、驻车制动、操纵装置情况。

4) 照明系统、仪表、轮胎。

5) 后视镜、制动踏板、安全带、座椅和头枕的检查与调整。

6) 发动机起步情况。

最后别忘了保持一个良好的心情，它可比其他任何物品都要重要。

(3) 汽车起步前，一定要观察周围的情况，检视车前、车后有无人、畜和障碍物，乘坐人员、货物是否均已就位。汽车前方情况可从前窗观察，一目了然；汽车侧方及后方情况可通过后视镜观察，或降下车窗玻璃将头伸出窗外观察。

(4) 起步时要保持正确的驾驶姿势，注视前方道路上的交通

情况，不得低头下看。上车起步莫急躁，不得低头向下看避免在行车中经常低头观察变速杆，精力不集中会引发交通事故或在遇到复杂路况时因过分紧张而挂错挡导致发动机熄火。另外，开车低头找东西、放东西、查发手机短信、换碟、回头与乘坐人员聊天等绝对是驾驶员安全行车的大忌。

（5）进入驾驶室后，不要立即进行起步操作，应静静坐下，全身放松，有片刻的思索时间，思考一下起步的程序。如果心情紧张，可做深呼吸，放松心情，然后再根据要求进行起步操作。

（6）起步要领。

1）左脚踏下离合器踏板，右手将变速杆挂低速挡。一般情况下，在平坦坚实的道路上空车起步，可用二挡，重车可视情况用一挡或二挡。

2）开左转向灯，鸣笛，观察周围情况，确认安全后，握稳转向盘，松开手制动杆。

3）左脚按"快—停—慢"的要领放松离合器踏板，同时缓慢踏下加速踏板，使车辆平稳起步，进入正常行驶路线后，关闭转向灯。正确的起步，应使车辆平稳而无前冲、抖动、熄火的现象。平稳起步的关键是离合器半联动时机的掌握与加速踏板的密切配合。在松抬离合器踏板的过程中，开始时稍快，当快抬至发动机声音有所变化（转速降低，声音沉重），车身稍有抖动时，应将离合器踏板在此位置稍停一下，同时徐徐踏下加速踏板，再慢慢抬起左脚，直至完全放松。如果在起步过程中感到动力不足，则发动机将要熄火应将离合器踏板再踏下一些，适当加大油门，重新起步。起步时离合器踏板与油门的配合要领可归纳为：左脚快抬听声音，音变车抖稍一停，右脚平稳踏油门，左脚慢抬车前进。

22 坡道起步有何操作要领？

答：（1）上坡起步要领。上坡起步的关键在于克服上坡阻力，防止车辆向后滑动，要求车辆起步平稳，无明显空油声，不前冲、不后溜、不熄火。操作要领：

1）踏下离合器踏板，挂低速挡，打开左转向灯，鸣笛，右手握紧驻车制动器操纵杆并按下压块（按钮），做好放松准备。

2）视坡度大小，适度踏下加速踏板，同时松抬离合器踏板至半联动。

3）当发动机声音有变化时，放松驻车制动器操纵杆，随之徐徐踏下加速踏板，并逐渐松开离合器踏板，使汽车起步。

4）平路起步是开车行驶的第一步，讲求一个"稳"字，即汽车起步时不抖动、不前冲、不熄火，操作正确，起步顺利，平稳行驶。

5）冰雪路面起步时，驱动轮容易滑转。在没有防滑链的情况下，可使用离合器半联动平稳起步；起步有困难时，可采取在驱动轮下及前方垫沙土、煤渣等物或刨一些横向沟槽的方法，提高轮胎与地面的附着力。

6）上坡起步操作注意事项。

a. 手动挡汽车加速踏板的踩踏量要比平路行驶时大一些，操作要迅速、协调；自动挡车辆不会向后溜动，只要注意控制好加速踏板即可。

b. 开车是对各操纵机件的协同操作，应严格遵循"离油对动、离变联动、制离分动和油制逆动"的原则，避免跳动和冲撞。

c. 松开驻车制动的时机要适当，松开过早，离合器半联动时机未到，会造成车辆后溜；松开过晚，则制动作用未及时解除，易使发动机熄火。

d. 起步过程中，如果因配合不当，出现后溜现象，应迅速踏下离合器踏板和制动踏板停车，按要领重新起步。不能用猛抬离合器踏板和加大油门的方法强行起步，也不能猛拉驻车制动器操纵杆停车，以免造成机件损坏。

e. 起步时若油门过小或离合器踏板抬得过快，感到动力不足，有熄火的可能时，不要松开驻车制动操纵杆，应踏下离合器踏板，重新按要领起步。

f. 起步时，车辆出现剧烈前冲时，应迅速踏下离合器踏板，重新起步。

（2）上坡起步技巧。

1）左手握稳转向盘，两眼注视前方，右手将驻车制动操纵杆向后拉，并按下锁止按钮，缓慢放松离合器踏板，听好发动机的声音变化。

2）当发动机声音变得沉闷，或车身稍有抖动时，离合器已抬至半联动位置，此时松抬离合器的脚应稍有停顿，以保一次平稳起步。

3）当离合器抬至半联动时，应迅速放下驻车制动操纵杆。如果驻车制动操纵杆松得过早，易出现车辆后溜；松得过晚，则车辆会熄火。

4）在放下驻车制动操纵杆的时候应及时踩加速踏板，提高发动机的转矩，防止车辆后溜，实现顺利起步。

5）若坡度较大，起步时就要适当加大节气门；若坡度较小，则可适当减小节气门。同时，还要考虑车辆的装载量情况。

6）车辆坡道平稳起步，要做到车辆起步平稳，不前冲；起步时车辆不后溜；不因操作原因而导致熄火。

（3）下坡起步要领。下坡起步操作要领与平路起步基本相同，但要注意以下几点：

1）坡度较大时，可用二挡或三挡起步，坡度转小时用空挡或熄火滑行。

2）放松驻车制动后要待汽车开始溜动再松抬离合器。

3）不得用高速挡起步，防止因操作不当损坏机件。

23　牵引车起步有何注意事项？

答：（1）延安 SX2190 型牵引车起步注意事项：

1）松开驻车制动手柄，只有当制动气压达 0.55MPa 以上，驻车制动指示灯熄灭后，弹簧制动才会完全解除，此时汽车方可起步。指示灯熄灭前不得起步。

2）驻车制动指示灯熄灭后，各操纵助力系统（如离合器助力缸、副变速器的气动换挡等）才能工作。起步前贮气筒气压必须达到 0.7MPa，以保证制动器起制动作用。

3）踏下离合器踏板，挂一挡起步。车辆起步后，逐渐放松离合器踏板。

4）富勒变速器装有离合器制动器，作用是实现快速、平稳的起步换挡操作。起步时，踏下离合器踏板，在克服了一个明显感觉到的压力点之后，继续将踏板踏到底，离合器制动器即起作用，此时便可方便地进行挂挡操作。

（2）红岩 CQ261 型牵引车起步注意事项：

1）汽车起步前的油压表指示压力不低于 0.2MPa，气压表指示贮气筒内压力大于 0.5MPa；差速锁控制阀手柄在向后位置；绞盘取力器操纵杆已被限位滑板锁止。

2）起步挂挡前，必须将分动器前桥驱动操纵杆置于脱开位置，分动器换挡操纵杆置于高挡位置。

3）发动机水温在 50℃以上。

24　直线行驶与停车有何操作要领?

答：（1）直线行驶要领。汽车起步后，即进入直线行驶状态，驾驶员要保持正确的驾驶姿势，并做到目视前方，看远顾近，照顾两旁。行驶中由于路面凹凸不平，前轮受到冲击振动而发生偏斜，引起转向盘的偏转，须及时加以修正。

看远顾近握正方向。在直线行驶时，驾驶员应随着车速的变化，调整目视前方的距离。车速较快，应看得远些；车速较慢，应适当看得近些；并用余光适时注意车辆周围的情况。

车头向左（右）偏斜，应向右（左）修正方向，车头接近回到正常行驶路面时，逐渐回正转向盘。修正方向时以左手为主，右手为辅，推拉配合，少打少回，以免出现"画龙"。

汽车在道路右侧行驶时，由于路面外侧较低，受转向盘游动间隙的影响，车头会自行向右偏斜，因此，要将转向盘向左转至无游动间隙为好。

匀速行驶保持直线。通常情况下，应坚持中速行驶，车速不得超过警戒线，既能保证行车安全，又能节油。

（2）停车要领。停车应选在道路宽阔、视线良好，不影响变通的地方。停车的操作要领：

1）松开加速踏板，打开右转向灯。

2）根据停车目标距离的远近，适当踏下制动踏板，当车速较慢时，踏下离合器踏板，使汽车平稳停下。

3）车辆停稳后，拉紧手制动杆，将变速杆移至空挡。

4）松开离合器踏板和制动踏板。

5）关闭转向灯，根据需要关闭点火开关。

6）牵引车停车的操作要领与运输车基本相同，但要注意严禁将应急制动作为驻车制动使用，以免因压缩空气泄漏失去制动作用。

7）平稳停车的关键是要根据车速的快慢，正确地运用制动。若停车距离较近，车速又较快时，制动踏板应踩得重一些，使车速能很快降低。汽车将要停住时，适当放松一下制动踏板，然后再稍加压力，增加制动力，平稳停车。

停车的操作顺序可归纳为：减速靠右车身正，适当制动把车停。拉紧制动放空挡，踏板松开再关灯。

25 换挡操作有何要领？

答：汽车的行驶速度随道路条件和交通情况的变化而改变，因此行驶中需要经常变换挡位，以适应交通情况的变化。

（1）挡位区分与运用。汽车变速器挡位的区分，一般中型以上汽车设5～7个挡，一、二挡为低速挡，三、四挡为中速挡，五挡以上为高速挡。小型汽车一般设4～5个挡，一挡为低速挡，二挡为中速挡，三挡以上为高速挡。汽车都设有一个倒挡，用于使汽车后倒。

换挡的实质是改变发动机与变速器输出轴的变速比。挡位越低，汽车驱动轮的转速也越低，行驶速度则慢，但获得的扭矩和牵引力大；挡位越高，则相反。因此，低速挡适用于汽车起步、爬坡、通过困难地段等行驶阻力大的路段；中速挡适用于汽车转弯、过桥、会车、一般坡道等；高速挡适用于汽车在较好路况下长距离行驶。

行驶中，应尽量使用高速挡，以节约燃料，充分发挥车辆的快速机动性。

（2）牵引车挡位区分与运用。牵引车的挡位分为低速、中速和高速挡。

低速挡：扭矩大，车速慢，适用于起步、爬坡、通过困难地段等行驶阻力大、情况复杂的场合。牵引车通过性能和参数远远大于其他车型，在平时训练和战时条件下，因环境、地域或路段等因素，需要在较长距离、时间内使用低速挡，以提高通过能力和越野性能。

中速挡：一般的牵引车，三挡为中速挡，但装用"双H"结构富勒变速器的牵引车，可在介于低挡区和高挡区之间选择合适的挡位作为中速挡（如三、四、五挡）。

高速挡：牵引车通常四、五挡为高速挡，延安SX2190型牵引车六、七、八挡为高速挡。

（3）换挡要求及注意事项。

1）换挡的技术要求。换挡技术要求可归纳为八个字："及时、正确、平稳、迅速"。

a. 及时：掌握合适换挡时机，即不应加挡过早，也不应减挡过晚。

b. 正确：离合器踏板、加速踏板、变速杆的配合要正确、协调，位置要准确。

c. 平稳：换入新的挡位后，放松离合器踏板要及时平稳。

d. 迅速：动作要迅速，以缩短换挡时间，减小汽车动能损失，降低燃料的消耗。

2）换挡注意事项。

a. 换挡时要始终保持正确的姿势，两眼注视前方，不要低头下看，以防发生事故。

b. 变速杆摘入空挡后，不得来回摆动，以免错过换挡时机和造成机件的磨损。

c. 换挡困难时，不得用力强行挂挡。以免损坏机件或造成同步器的早期损坏。

d. 上坡时，加挡冲车距离要适当加长，动作要快。减挡要特别注意发动机声音和车速的变化，做到及时、迅速、准确地减挡，避免因减挡过迟或动作太慢而造成连续减挡。

e. 在严寒季节，汽车初次起步后，要用低速挡缓慢行驶一定的距离，待传动系统备部机件得到充分润滑后，再逐级换至高挡，以免损坏机件。

（4）换挡操作要领。由低速挡换入高速挡的过程称为加挡；由高速挡换入低速挡的过程称为减挡。

1）加挡要领。

a. 加挡技巧：机件配合不能忘，动作迅速且流畅。左手握稳转向盘，右手掌心轻贴变速手柄顶面，五指自然握住手柄上端，在左脚踩下离合器踏板的同时，以右手腕和肘关节的力量为主，以肩关节为辅，按一定轨道推入或拉出，实现挡位变换。换挡时手法要正确，位置要准确，动作要流畅。

b. 汽车加挡前，应根据道路、交通情况，平稳地踏下加速踏板，逐渐提高车速，这一过程称为冲车。当车速适合换入高一级挡位时，立即抬起加速踏板，踏下离合器踏板，将变速杆移入空挡位置随即迅速抬起离合器踏板并立即再次踏下，同时将变速杆换入高一级挡位。然后边抬离合器踏板，边徐徐踏下加速踏板，使汽车继续平稳行驶。根据情况，用同样的方法换入更高一级的挡位。

c. 平顺加挡的关键在于冲车大小，冲车距离应根据所加挡位的高低而定，挡位越高，冲车距离越长。冲车时加速踏板要稳踏、快抬；中速以下挡位加挡时，在换入高一级挡位后，离合器踏板快抬至半联动位置，应稍停再慢慢抬起，使动力平稳传递，避免换挡后引起车辆前冲。

d. 加挡时机：汽车行驶过程中，只要道路条件和交通情况允许，就应及时换入高一级挡位。加挡前，必须先加速冲车，以保证加挡后有足够的动力，使汽车继续平稳行驶。冲车（车速）过小（低）会造成加挡后动力不足和抖动现象；冲车时间过长，发动机长时间高速运转，会加剧磨损，经济性下降。因此，冲车要适当，加挡要及时，加挡的时机应根据发动机声音、转速、动力的大小来确定，如果加挡后踏下加速踏板，发动机转速下降，动力不足，则说明加挡时机过早。

2）减挡要领。

a. 减挡技巧：放松加速踏板，迅速踏下离合器踏板，将变速杆移入空挡，随即放松离合器踏板，右脚快速踏一下加速踏板（加"空油"），再迅速踏下离合器踏板，将变速杆移至低一级挡位，按"快、停、慢"的要领放松离合器踏板，使汽车在新的挡位继续行驶。

b. 减挡时机：行驶中，当感到发动机动力不足，车速逐渐降低，说明原挡位已不能维持汽车正常行驶，应即时、迅速地换低一级挡位。若车速明显降低，可以越级减挡。

（5）限定距离换挡操作要领。限定距离换挡是在掌握正确换挡动作的基础上，为了进一步提高换挡动作的速度和准确性而进行的一种强化练习方法。为 70m 加挡、30m 减挡和 50m 加挡、20m 减挡等形式。

1）场地设置。在平直路段画出起始线、减挡线和终点线。

2）操作要求。①汽车在起始线停稳，保险杠与起始线平齐。②用一挡起步，在加挡区内逐级加到最高挡位，时速不低于 25km/h。③保险杠到达减挡线开始逐级减挡，到终点线前减至一挡。④操作中要做到动作迅速、准确、不拖挡。

3）操作要领。

a. 车辆起步后不冲车即可加二挡；再轻踏加速踏板，稍加冲车即可加三挡，用同样的方法加至最高挡。随着挡位的提高，冲车距离要逐渐增加。

b. 加至最高挡时速不低于 25km/h 时，应立即松开加速踏板，降低车速；到减挡线后，逐级减至最低挡。

（6）上坡转弯换挡操作要领。

1）场地设置要求。

a. 弯道夹角不大于 100°，内夹角距交点 1m 处修成弧形，并画两条与路边线垂直的标线，标出换挡区。

b. 坡道仰角不小于 6°。

c. 路宽为车宽加 2m（弯道左右均可）。

2）操作要求。

a. 保险杠进入换挡区后，方可打方向、换挡，动作要迅速、准确，不得有齿轮撞击声。保险杠未出换挡区前完成操作动作。

b. 换挡区内不得停车、熄火，不得压线。

3）操作要领。

a. 汽车驶进弯道时，应尽量靠道路外侧边线行驶。

b. 当左手操纵转向盘时，右手迅速将变速杆换入所需挡位。

c. 汽车内侧后轮驶至夹角处时，即可回正转向盘继续行驶。

（7）牵引车换挡注意事项。牵引车换挡除按上述要领进行外，还必须注意以下几点：

1）延安 SX2190 型牵引车从低挡区换入高挡区时（或从高挡区换入低挡区），应稍用力拍击变速杆，待变速杆越过高、低挡区阻力点后，立即放松变速杆，然后在相应的挡区选择挡位。在低区时，仪表板上的低挡指示灯应发亮。

2）换挡时，离合器应踏至压力点，使离合器彻底分离，避免变速器接合齿或同步器早期损坏，应经常检查离合器是否分离彻底，踏板自由行程是否符合要求。

3）必须在车辆处于停止状态下挂倒挡或爬行挡。车辆满载或牵引武器装备起步时，必须用一挡或爬行挡。爬行挡通常用于坡道、满载起步或在十分恶劣的路面行驶。

4）为使发动机经常处于 1400～2000r/min 最有力转速范围内运转，行驶中必须适时换挡。换挡时，要冲车合理、"空油"适当，油门、离合器及变速杆密切配合。

5）分动器只有在车辆处于停止状态或相当于步行速度时才能进行换挡，换挡时必须分离离合器。当汽车因故障被拖行时，尤其是在较长距离拖行时，应将分动器与各桥之间的传动轴拆下，以免变速器因润滑不良而烧损。

6）尽量使用两脚离合器换挡。由于牵引车是重型车辆，变速器较大，齿轮宽、厚，挡位间隙相应较大，即使有同步器，换挡过程中也必须持续施力，不可急于求成。

26　制动（刹车）有何操作要领？

答：汽车行驶中，由于道路交通情况的不断变化，常常需要及时减速或停车，这是通过操纵制动装置来实现的。

（1）制动方式与使用注意事项。

1）尽量利用发动机制动作用或排气制动，使车速降低，避免使用紧急制动。在冰雪、泥泞路面上行驶时，使用排气制动还可以减少侧滑的发生。

2）下长坡时一定要使用排气制动，不要长时间使用行车制动，以免制动器发热或制动气压过低使制动效能变坏。利用排气制动时，应挂上与坡度相适应的挡位，再松开离合器踏板。挡位越低，制动效能越强。车速很高时，不得强行挂入低速挡，防止"飞车"。

3）使用排气制动时，发动机转速不得高于 2000r/min；在空挡位置，排气制动将失去作用。

4）通过长而陡的坡道时，除适时使用排气制动外，还要及时使用行车制动。若使用行车制动时间过长，制动鼓发热，应停车休息降温，恢复制动效能。

（2）预见性制动操作要领。汽车在运行中，驾驶员对已发现的车辆、行人等交通情况及其变化，或预计到可能出现的复杂局面，提前有目的地使用制动，使汽车减速或停车，称为预见性制动。

操作方法：发现情况后，立即松开加速踏板，利用发动机的牵阻作用降低车速，然后根据交通情况适当使用制动，使汽车进一步减速。需要停车时，应在车速降到一定程度后踩下离合器踏板，再继续踏下制动踏板，使车辆停下，做到既不熄火，又能平稳地在预定地点停车。预见性制动不仅能保证安全，而且能使车辆始终保持一定的动力性和机动性，还可以节约燃料，避免发动机、传动系统机件和轮胎等受到损伤。因此，预见性制动是一种最常用的制动方法，要求在行车过程中必须不断根据实际情况灵活地操纵制动踏板，调节制动力来控制车速的变化，力求做到平稳、准确地减速或停车。

（3）制动操作要领。

1）汽车在行进中，驾驶员若发现前方道路条件或交通情况有变化，或预料可能出现复杂局面，应提前做好思想和技术上的准备，遇到情况早处理，及时采取减速或停车措施。

2）汽车转弯时由于车辆的重心产生偏移，要是同时使用制动，车辆的稳定性将会进一步下降，增大了翻车的可能性。因此，在转弯时要提前降低车速，使用制动要格外小心，杜绝使用紧急制动，避免边转弯边使用制动。

3）车辆超载车速快时，车辆的制动要克服较大的惯性，制动距离将会延长。因此，驾驶员处理情况时要做到早发现、早处理，并经常检查车辆的技术状况。

4）在冰、雪、有水以及易滑的路段使用制动，容易侧滑甩尾，使车辆失去控制。此种路面行车，车速不宜太快，尽量避免使用制动，制动要谨慎。

5）在易滑的路段使用制动，为了达到最好的制动效果，防止车轮抱死或车辆产生侧滑，应采用间歇制动法，反复操纵，力求在短时间内抱死车轮，使汽车停住。

6）抬起加速踏板降低车速时，利用发动机的牵阻力制动，可以减少制动摩擦片的磨损，适合长时间制动（如盘山公路），而且不会使车轮抱死。一般在紧急制动和迅速降低车速时采用，或在行驶中间歇制动和缓慢制动时，作为一种附加制动采用。

7）制动摩擦片磨损不均匀、制动摩擦片与制动蹄片之间的间隙不等、制动蹄片之间进水、制动分管故障等原因，会导致车辆在制动时，两侧制动轮的制动力不等，出现车辆刹偏方向跑偏。因此，在行车前要经常进行调理，确保车辆处于良好的技术状况。

8）车辆下长陡坡或长时间使用制动时，因制动系统使用频繁而使车轮制动器过热烧蚀或严重磨损，降低制动效能而刹不灵。车辆在这些路段行驶时，应注意脚制动的使用时间和频率控制，防止发生险情。

9）车辆紧急制动对汽车机件和轮胎有较大的损伤，并往往由于左、右轮制动力不一致，左、右轮附着系数有差异造成汽车摆头、掉头，失去方向控制或出现侧滑，车辆失去操纵，并会让驾驶员心情紧张，不仅增加了机件磨损和油耗，而且极易造成交通事故。因此，驾驶员行车时要保持匀速，紧急制动要少使用，使用紧急制动时应慎之又慎。

（4）发动机制动操作要领。以一定速度行驶的汽车，当放松加速踏板，不踩下离合器踏板，不放空挡，也不采用其他制动措施，仅仅依靠发动机的牵阻作用，使行驶速度逐步下降，这一方法称为发动机制动。

发动机制动是一种辅助制动方法，适用于在山区公路下坡行驶，以避免下长坡时，因制动系统使用频繁而使车轮制动器过热烧蚀或严重磨损，降低制动效能。发动机制动也常常用于预见性制动和车辆停车前的滑行。在泥泞、冰雪路等滑溜路面行驶时，也应尽量使用发动机制动，能有效地预防侧滑。

（5）紧急制动操作要领。车辆行驶中，遇到紧急情况时，需要发挥汽车的最大制动效能，在最短时间内减速并停车，避免事故的发生，这一制动方法称为紧急制动。

操作方法：发现紧急情况后，立即放松加速踏板，握稳转向盘，迅速、有力地踏下制动踏板（必要时同时拉紧驻车制动操纵杆），在即将停车时踏下离合器踏板。

紧急制动对汽车的传动装置，尤其是轮胎会造成很大的损伤，并且往往由于左、右车轮制动力不一致或路面的附着系数有差异，容易造成汽车跑偏或侧滑，使方向失控，发生交通事故。因此，紧急制动是在运行过程中处置某些突发情况而采用的应急措施，在紧急情况下使用。

汽车重载时，制动距离会加长，这不是汽车制动效能下降的结果，而是由于车辆装载后惯性大造成的。因此，重车行驶时，处理道路交通情况应提前，尽量用预见性制动，避免用紧急制动。

（6）制动换挡操作要领。汽车在行驶途中，若道路前方交通情况突变，如下坡途中，需要迅速降低车速，应采用制动减挡的方法换挡。其操作要领：迅速踏下制动踏板，使车速降到所需挡位的最低速度，立即踏下离合器踏板，将变速杆置入空挡并迅速换入所需挡位。制动减挡时，动作要迅速、及时、准确，不得低头下看。

（7）牵引车制动方式。大型牵引车通常有行车制动（主制动）、辅助制动（排气制动）、应急和驻车制动以及挂车制动共四套制动装置，运行中应根据实际情况正确地运用各种制动装置。

1）行车制动：为双回路制动系统，工作气压为 0.7MPa，气压调节组合阀工作压力为 0.81MPa。第一回路作用在中后桥车轮上，第二回路作用在前轮。如果其中某一回路中的贮气压力降至 0.55MPa 以下，则贮气筒压力警告灯变亮，应立即停车，查找原因，排除故障。

2）辅助制动：通过驾驶室驾驶员左脚后方底板上的排气制动踏钮操纵。踏下踏钮，封闭发动机排气管，同时也使喷油器断油。使用排气制动可以减少使用行车制动的次数，减少轮胎及车轮制动器的磨损与发热，延长其使用寿命，提高行车安全性。使用排气制动时应注意以下几点：

a. 下长坡时，可合理使用排气制动，不要长时间使用行车制动，以免制动器发热或制动气压过低使制动性能降低。

b. 在冰雪、泥泞路面上行驶时，使用排气制动可减少侧滑；在会车或通过较差路面时可用排气制动提前减速，预见性处理情况。

c. 使用排气制动时，发动机转速不得高于 2000r/min；变速器在空挡时，排气制动将失去作用；挡位越低，排气制动的效率越高。

3）应急和驻车制动：

a. 应急和驻车制动通过控制阀手柄操纵，经中、后桥的弹簧制动缸起作用。向前扳动手柄为制动位置，中、后桥制动器处于制动状态；向后扳动手柄为解除制动位置。当制动系统出现故障时，依靠弹簧制动，能自动实现应急制动。

b. 只有当制动系统气压达到 0.05MPa、驻车制动指示灯熄灭后，弹簧制动才能被真正解除。

4）挂车制动：挂车制动连接的制动管路选用单、双管路组合式。组合式挂车接头既可与单管路式挂车连接，也可与双管路式挂车连接。挂车接头（包括挂车电线插座）共 4 只，均布置在车架尾部的横板上。从左至右（从后向前看）的顺序是：双管路制动器接头、孔电线插座、双管路贮气筒接头、单管路接头。若挂车为单管路制动系统，则仅需连接单管路接头；若挂车为双管路制动系统，应连接双管路制动器接头和双管路贮气筒接头。带双管路制动系统的挂车在脱开主车前，必须严格按照顺序，先脱开双管路贮气筒接头，然后脱开双管路制动器接头，否则挂车制动器会解除制动。

27 弯道驾驶有何操作要领?

答:(1)转弯驾驶操作要领。汽车在行驶中,需要经常改变行驶方向,驾驶员必须根据汽车的行驶速度、交通情况适时地转动转向盘,并做到动作敏捷,转向平稳,平稳转向是实现安全行车的关键。

1)转弯要领:汽车转弯时,要根据路幅宽度、车速、弯道缓急等条件及车辆在道路上的位置来确定转向的时机和速度,做到平顺、安全。转动转向盘时,要做到一手拉动,一手推送,相互配合,快慢适当。通常遇到较缓的弯道应早转慢打,少打少回,慢打慢回;急弯则要快速转动转向盘,必要时用"交叉法",两手交替操作;当车头将要接近新的行驶方向时,及时回正转向盘。

2)当准备转弯时,提前打开车辆将要转向一侧的转向灯,鸣笛,用发动机牵制制动或脚制动降低车速,仔细观察周围情况,在确认安全的情况下,将车辆慢慢向指示灯指示一侧靠拢。

3)在夜间、雨雾、上坡、下坡等视线不良的情况下,更要提前降低车速,反复鸣笛。

4)变更车道应提前打开将要转向一侧的转向灯,并通过后视镜观察转向灯指示一侧的情况,查看有无车辆超越等,等条件成熟时再平缓转向,千万不可盲目操作。

5)向左转向时,逐渐向左转动转向盘,提前将车辆靠道路右侧行驶,在转弯处将车辆驶近道路中心线,并采取大转弯方法进行转弯。

6)向右转向时,提前将车辆靠近道路中心行驶,待车辆驶过弯道后,再将车辆逐渐驶向道路右侧。应注意的是,要把握回转转向盘的时机,防止车轮偏出道路或使车辆越过中心线而影响对面来车。

7)当车辆接近转弯处时,在条件充分许可的前提下,可细心慢速交会通过。如果道路较窄,切莫好胜赌气,强行转弯。不妨将车停下，让对方先转弯。这也是一个成熟驾驶员良好的职业道德表现，是安全行车的根本。

8）转弯时遇有障碍，要考虑到内轮差，留出较大的安全间距，防止车后轮碰压障碍，发生事故。

9）高速行驶遇有转弯处时，应首先使用制动降低车速，然后才能缓转转向盘，否则会因车速太快，转弯离心力过大，造成汽车侧滑而倾翻。

10）遇有急转弯时，因弯度较大，以致转弯困难、重心转移，行驶速度更需缓慢。转向时，转动转向盘的时机略迟于转直角弯，以防内侧后轮驶出路面或碰及障碍物。回转转向盘的时机，应在车头越过内拐角点时随即向左或向右转动转向盘。做到早打早回，快打快回，少打少回。

（2）转弯驾驶注意事项。

1）运输车转弯注意事项。

a. 行驶中遇到视线不良，无法看清道路前方情况时，应做到"减速、鸣笛、靠右行"。即汽车在接近弯道时，适当降低车速，鸣笛，靠道路的右侧行驶＋左转弯转大弯，留出对方行车车道；右转弯转小弯，留出非机动车车道。根据弯道情况确定转向时机和速度，并做好随时减速或停车的准备。

b. 转弯时，车速要慢，以免因离心力过大造成汽车侧滑或侧翻。若发生侧滑，应立即放松加速踏板，必要时将转向盘向后轮侧滑的一侧转动，待恢复正常行驶方向后，再回正方向继续行驶。

c. 转弯时，转动转向盘不能过快、过急，做到平稳转向。

d. 汽车转弯时，应尽量避免制动，特别是紧急制动。

e. 载物越高，车辆的重心就越高，在转弯时的离心力就越大，稍有不慎，便会导致翻车。因此，要注意握稳转向盘，转向时不能过猛过急，要适当加大转弯半径。会车、超车或躲避障碍物时，要提前采取措施，避免临近时猛打转向盘。

f. 驾驶超长车辆的驾驶员还要熟知自己车辆的最小转弯半

径及车身长度，防止后轮掉进沟里。超长车辆转弯时，在确认路基可靠的情况下，左转向车辆尽量使右前轮靠右行驶，右转向车辆尽量使左前轮靠左行驶。转弯时更要注意车尾的位置及运动趋向，防止与其他车辆发生刮碰。必要时，视情况找人指挥。

2) 牵引车转向注意事项。牵引车的转向要领与运输车基本相同，但由于牵引车经常在路况较差的路段或越野条件下行驶，转向操作时应根据动力转向系统的特点，注意以下问题：

a. 行驶过程中严禁空挡滑行，尤其严禁空挡熄火滑行。因为滑行会使动力转向系统失去作用，转动转向盘的作用力需增加 5～7 倍，造成转向困难甚至无法转向，导致事故的发生。行驶中还要时刻警惕动力转向系统失去助力作用，防止因情况处理不及时造成行车事故。

b. 车辆急转弯时，要提前降低车速，并及时换低挡，使发动机的转速高于 1200r/min，以保证动力转向系统工作良好，转向轻便、灵活、安全。

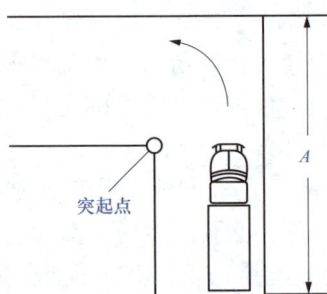

突起点

图 2-32　直角转弯

c. 转弯前，车辆应靠外侧行驶，特别在牵引武器装备时，车、炮一体纵向尺寸大大增加，必须充分考虑内轮差的影响，以保证车辆和武器装备安全通过弯道。

(3) 直角转弯驾驶要领。场地设置如图 2-32 所示。路宽：轴距＋0.5m（6×6 车型以前桥和中桥轴距为准）；画线标出道路边线，由外侧直角点起延伸的夹角线 A 不少于 1 车半长，内直角夹角线交会处设突起点。

1) 操作技巧。

a. 车辆进入考试科目区应尽量靠近外侧边线，外侧车轮与外侧边线保持约 0.10m 的间距，并保持平行前进。

b. 距直角 6～8m 处，减速并换低速挡。

c. 待前保险杠与突起点平齐时，迅速向左（右）转动转向盘至极限位置，直到后轮将要越过突起点时，再回正转向盘。一般转向角度大的车辆，转动转向盘的时机要晚些，转向角度小的车辆，应适当提前。

2）注意事项。

a. 操作时用低速挡通过。

b. 尽量靠近外侧边线行驶，转向要迅速。

c. 转弯后应注意及时回正方向。

3）驾驶要领。

a. 车辆在直角转弯之前，须先低挡车速慢，判断路幅宽度。当车行至距直角 5～6m 处时，降低车速，换入低速挡，鸣笛，注意避让其他车辆及行人，尽量靠近道路外侧行驶，做到左转弯转大弯，右转弯转小弯，并将车身摆正，缓慢行驶。

b. 当车身摆正，车速降低时，换入二挡，使车辆平顺地靠近道路外侧边缘线行驶，并控制好横向间距，以外侧车轮与外侧边缘线保持约 10cm 的间距为宜，并保持平行前进。

c. 待前保险杠与突起点平齐时，迅速向左（右）转动转向盘至极限位置。此时，要注意观察车身摆动情况及车轮的运动轨迹，采用怠速或轻踩节气门踏板前进，切忌猛踩节气门踏板。

d. 若是通过约 7m 宽道路的直角弯路时，向右转向应骑跨道路中心线行驶，待车头接近道路转弯拐点约 1m 处，迅速向右转动转向盘至极限位置；向左转向应先靠路的右侧行驶，待车头接近转弯拐点时开始转动转向盘，并至极限位置。

e. 对没有把握或把握不大的直角弯，可事先停车查看。在通过中，要沉着冷静，时刻注意车身的移动情况以及车轮的位置变化。如条件允许，可在他人的指挥下缓缓通过。

f. 待车头接近直角转弯拐点时，要及时回转转向盘；待车头转至新方向时，逐渐回正，使车辆正直前进。同时，也可以通过观察后视镜的方法，查看后轮的运动位置，即当后轮将要越过转弯拐点时，再回正转向盘。

（4）急转弯驾驶要领。

1）急转弯，对面来车看不见时，车速要尽可能慢。山区公路，地势起伏不平，坡陡弯急，临崖傍山，路幅狭窄，转弯半径小，有的地方视线盲区大，给安全行车带来不良影响。汽车在弯道上行驶，一旦发生事故，后果就比较严重。应采用预见性驾驶，减速低挡慢行，并适时鸣笛。

2）减速鸣笛发警告，严格控制车速，转弯时必须按照规定靠右侧前进，绝对禁止侵入来车线路。当必须占用来车线路时，应减速缓行，多鸣笛，随时提防对面来车，以免发生危险。通过连续转弯路时，要尽量看远一点，必须考虑到下一个弯路的情况。

（5）上坡转弯换挡操作要领。

1）车辆上坡转弯换挡时，应尽量选择靠近外侧行驶，但靠外侧行驶时莫出线。如果坡道较陡，车辆重载，应提前做好动作准备，也为顺利转弯留下充足的时间。如坡道平缓，车辆装载较轻，可相对轻松一些。

2）车辆在即将到达坡顶时出现动力不足，此时车辆既需要减挡又需要转弯。用左手把好转向盘，并根据情况进行推拉；左脚迅速踏下离合器，右手同时迅速将变速杆换低一级挡位。换挡后，应迅速将加速踏板适量踏下以保证汽车有足够的动力上坡行驶。减挡后，右手应迅速移至转向盘上，协助左手完成车辆的转向。

28 "8" 字形道路驾驶有何转向操作要领?

答：（1）"8" 字形转向操作要领。"8" 字形场地如图 2-33 所示。外径 $R=1.8\sim2$ 倍车长，路宽 $C=$ 车宽 $+1m$，两内圆距离 $L=$ 路宽 $+0.2m$，入口长 $A=1$ 倍车长，入口宽 $B=3$ 倍车宽。

1）驾驶操作要领。转向练习要注意体会回转的时机，可按

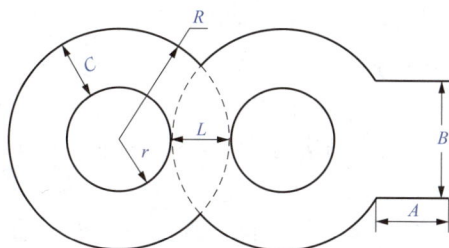

图 2-33　"8"字形场地

"由易到难、由慢到快、由缓弯到直角弯"的原则，采取先场地后公路，先自由后画线的方法进行。可按照单向转弯→双向转弯→"S"形练习→"8"字形练习→公路顺车掉头→转向换挡的次序安排实施。

　　a. 车速不宜太快，用中速挡为宜。运用加速踏板要平稳，行进中汽车随时都在转弯状态，前轮阻力较大，如加速踏板踏下不足，会使车辆行驶动力不足，甚至造成发动机熄火；若加速踏板踩得过度，油门较大，造成车速过快，则不利于方向的修正。

　　b. 汽车行进时，要使前外轮尽量靠近外圆线。

　　c. 汽车行至交叉点时，应迅速向相反方向转动转向盘。

　　d. 转向要快而适当，修正要及时少量。

　　2）驾驶操作注意事项。

　　a. 不得从两环交会处进入"场地"。

　　b. 汽车前后轮均不得越出桩位线。

　　c. 汽车行至交会处做一次加（减）挡动作。

　　d. 动作要规范，车速要平稳，不得熄火。

　　（2）通过"8"字形路驾驶技巧。

　　1）车辆在进入"8"字形场地前，应调整好车身，控制好车速，不得从两环交会处进入"场地"。进入的方法可以变换，以提高各种情况下使用转向盘的能力。

　　2）车辆左（右）前轮紧贴圆弧外圈行驶，用低速挡随圆弧外圈转动转向盘，留出足够的内轮差，保证内后轮不驶出路面。车辆行驶中应选择好目标，通常情况下，向左转应使发动机盖左起约 1/3 处对准外沿边线行驶；向右转应使发动机盖前沿中间对准外沿边线行驶。做到车辆前外轮和后内轮不压线、不越线，车辆进入两圆交叉处迅速向相反方向转动转向盘，对准目标行驶。行驶中要及时、少量地修正方向，保证车辆弧形前进。

3）当车辆行至两圆交叉处时，回正转向盘的时间要恰当，要两手交替，大幅度地转动转向盘，使车辆前轮尽量靠外圈一侧行驶，车头稍向圆弧内侧方向靠近，防止内后轮越线出界，并随圆弧及时修正方向，顺利进入第二个圆弧圈。

4）车辆在环形前进过程中，由于车辆随时都处于转弯状态，除掌握准确的转向时机外，必要时可以在稳住加速踏板的情况下进行加减挡操作，以实现车辆的平稳转向，也可锻炼驾驶员的反应能力和机件操作的协调能力。

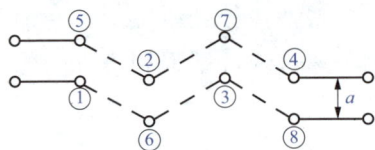

图 2-34 "S" 形路

（3）通过 "S" 形路驾驶要领。"S" 形场地设置如图 2-34 所示：①—②—③—④桩在一条直线上为主杆，间距为 2 倍车长，在主杆左或右侧平行设置副杆，桩宽 a 为车宽加 0.70m。

1）驾驶操作要领。

a. 进入 "S" 形路线前应将车身调正。

b. 行进时应尽量靠外侧桩杆。

c. 当前进到驾驶员过了杆时，迅速向左（右）转向并穿杆前进。当车头对准外侧桩杆时，迅速回转向盘。

2）驾驶操作注意事项。

a. 操作过程中，不得碰杆、刮杆、压杆。

b. 中途不得停车、熄火。

（4）通过 "S" 形路驾驶技巧。

1）车辆进入 "S" 形路段前，首先将车身摆正，使车辆进入时后轮或车厢翼子板不碰标杆、标线；其次要认真回想一下车辆行驶至"S"形路的各参照点时，打转向盘的时间和幅度，做到心中有数。

2）车辆刚进入时，应尽量沿路的外缘线进入，方向要少打；当车辆行至"S"形路弯道的顶处时，应根据车速情况适时多打转向盘，使车辆处引擎盖的前沿中间位置靠近"S"形路右边缘。

3）车辆行车速度不可太快，也不可太慢。太快将无法正常完成行驶，太慢将不利于转向盘的练习。一般情况下，以三、四挡为宜，随着技术的提高，可适当加速。在控制好速度的情况下，"S"形路顺利通过的关键就是选点。一般以引擎盖前沿中间点与路右边缘线作参照，并注意依据参照物随时修正方向。

29　后轮侧滑有何预防措施？

答： 汽车行驶过程中，因路面潮湿、泥泞等原因，使用制动尤其是紧急制动时会出现后轮侧滑的现象，引起汽车剧烈回转运动，严重时可使车辆就地调头，甚至发生翻车事故。为了预防和减轻侧滑现象，可采取以下措施：

（1）对没有防抱装置的车辆，调整制动时，应尽量使前、后轴的车轮能同时抱死；特别要防止后轮先于前轮抱死的情况发生。

（2）制动时，采用"间歇制动"的操作方法，使车轮尽可能地少抱死或不抱死。

（3）出现侧滑时，应立即停止制动，并把转向盘向侧滑一方转动。

（4）雨天行车，应降低车速，油门运用要平稳，尽量采用发动机制动，或使用预见性制动。

30　倒车与倒库有何驾驶操作要领？

答：（1）倒车观察方法。后倒前应观察车后及两侧的情况，防止发生意外，然后根据汽车的外廓、装载宽度、高度以及地面障碍物的高低等情况采取不同的观察方法。通常有以下几种：

1）后窗观察倒车：左手握住转向盘上缘，上身向右侧转，右臂依托在靠背上，向后转头，从后窗中部观察车后方目标。此方法适用于后方视线宽阔、道路较为空闲时的较远距离后倒。

2）侧方观察倒车：左手打开车门并扶于车门框上，上体左斜伸出驾驶室转头向后注视后方目标，右手握于转向盘的上缘。这种方法只能看见道路左侧的情况，因此倒车前要先了解道路的宽度，周围环境的大致情况，确认安全后方可进行。

3）注视后视镜倒车：通过后视镜间接地观察目标，判断车辆与道路的相对位置。由于视线受到限制，观察范围小，有时还模糊不清，所以这种方法适用于短距离后倒。

（2）倒车操作要领与技巧。汽车倒车时，应先观察好周围的环境，必要时应下车察看并选好倒车时的参照物，注意前、后行人、来车等，鸣笛，发出倒车信号，然后将变速杆挂入倒挡。根据实际情况选择合适的倒车观察方法。倒车时，加速踏板使用要平稳，车速一般不超过5km/h，不可忽快忽慢，防止熄火或因倒车过快而发生危险。

1）车辆在陌生地段倒车时，应先观察好周围的环境，选好倒车的参照物，并注意前后方的车辆、行人等。尽量避免在交通情况复杂、人员较多、铁道路口、交叉路口、人行横道、单行道、弯路、窄路、隧道、桥梁、陡坡或易发生危险的路段倒车，严禁在不准倒车的地点倒车。

2）倒车要选择视野相对开阔、地面平实、周围无障碍物的地点进行。特别在一些陌生的地段，应下车仔细检查路面情况，查看路基状况，以免车轮陷入软基。

3）车辆后倒前，应观察车后及两侧的情况，防止发生意外。观察时应根据汽车的装载宽度、高度、外廓，以及地面障碍物的高低等情况采取不同的观察方法。通常有后窗观察、侧方观察、后视镜观察倒车等方法。

4）车辆后倒时，可事先对周围物体进行细致地观察，在脑海中描绘一下车辆后倒的轨迹图，然后确定好参照物再进行倒车。

5）为便于在后倒中准确操纵转向盘，车辆后倒时，应将方向调整至直线位置，根据倒车目的想好第一次转动转向盘的方向和大小；方向偏移时要及时修正，要早打、缓打、少打和有打有回，根据偏斜程度灵活掌握。

6）左右转弯倒车时，由于内轮差的存在，外侧前轮轨迹的弯曲度大于后轮。因此，在照顾全车的前提下，还要特别注意外侧车轮及翼子板是否会碰到路旁物体或障碍物。内轮应尽量靠近桩位或障碍物而过，并及时修正方向避让障碍物。

7）转向倒车时，驾驶员除掌握上述基本技能外，还应掌握"慢行车，快转向"的操作方法。在倒车中，当因地形或转向盘的转向角限制，须反复前进或后倒时，应在每次后倒或前行接近停车前的一瞬间，迅速利用车辆的移动回转转向盘，为再次前进或后倒做好转向的准备。

8）在一些弯度大、路基差、路面窄以及较繁华的路段，尽量不要倒车。而在高速公路上，根据《道路交通安全法》的规定更是严禁倒车的。

9）难道较大的地段倒车时，切莫逞强爱面子，一定要找人指挥。作为指挥倒车的人员，应与驾驶员密切协作，保证安全。

10）练习倒车应按由易到难的顺序逐渐加深，先进行原地各种倒车姿势的练习，待熟悉各种姿势，掌握倒车的观察方法后，再进行车辆行进间的倒车；先进行直行后倒，然后进行转向倒车。

（3）倒车练习。

1）直线倒车。直线倒车时，应使前轮保持正直。转向盘的运用与前进时相同，若车尾向左（右）偏斜，应立即向右（左）进行适当地修正。修正时要少打少回，回方向的时机要稍提前，以保证车辆直线后倒。在倒车过程中应避免车辆熄火。

2）曲线倒车。曲线倒车，应先看清车后情况，在具备倒车条件的前提下方可倒车。倒车时，欲使车尾向左（右）转弯，转向盘也应向左（右）转动。

急转弯，转向盘应转得多且快；弯缓，转向应少而慢，要做到"慢行驶、快转向"。倒车转弯时，在照顾全车动向的前提下，还要特别注意前外侧车轮及翼子板是否会驶出路外或碰及障碍物。在倒车过程中，内后轮应尽量靠近桩位或障碍物，以便及时修正方向避让障碍物。

3）指挥倒车。汽车在复杂地形、危险地段倒车时需要有他人指挥，以保证安全。

a. 指挥员位置：指挥员指挥车辆后倒时，应面对车辆，位于中间稍偏左的位置，并能清楚地观察到车后及周围的情况，距离为5～6m，并随车辆的移动而随时调整。

b. 指挥手势：倒车前，指挥员要与驾驶员统一指挥手势，以下是常用的指挥手势。

前进：指挥员双手举起，略高于头，手背朝向驾驶员，做前后摆动。

后倒：指挥员双手举起，略高于头，掌心朝向驾驶员，做前后摆动。

向右（左）打方向：指挥者的左（右）手保持原姿势，右（左）手握拳，伸出食指，向车辆右（左）方摆动。

停车：停车手势有两种。一是将两手掌合抱在一起；二是左手五指平伸，掌心向下，右手食指顶在左手心上，成"T"字形。

4）注意事项。

a. 指挥员与驾驶员要密切配合，指挥要果断，手势要正确。车辆后倒过程中，指挥员要及时移动位置，观察车辆两侧及后方的情况，必要时，指挥员应俯身观察车下情况，确认安全后，再发出信号。

b. 在视线不良的环境下指挥倒车时，特别是在夜间，要用口令指挥，并做到口齿清楚，声音洪亮。

c. 驾驶员要保持正确的驾驶姿势，精力集中，由前挡风玻璃看清指挥员手势，起步要平稳，进退均应采用低速挡、小油门，转动转向盘要及时，并与指挥员手势的摆动频率相适应。

（4）"N"形路前进与后倒驾驶要领。

1）操作要求。三次前进、两次后倒通过，中途不熄火，不无故停车。

2）操作要领。

a. 前进用低速挡，当车前进到驾驶室刚过夹角顶端时，迅速向左转动转向盘，使车尾调至倒车方向，当左前轮距离左边线约 0.3m 时，立即向右回转方向并停车。

b. 后倒时，可打开左车门，采用侧方观察倒车方法。后倒起步后，迅速向右转动转向盘，使车尾倒入新路线。当左后轮刚过右侧夹角时，立即向左回方向继续后倒，当倒至驾驶室刚过右侧夹角顶端时，迅速向左转动转向盘，将车头调至新的前进路线方向，当后轮距边线约 0.3m 时，迅速向右回方向并立即停车。

c. 再用低速挡起步前进，按上述操作要领完成全科目。

（5）倒进车库驾驶要领。

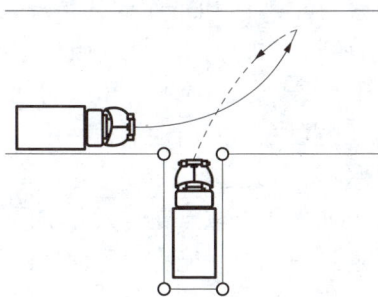

图 2-35　倒库示意图

1）场地设置。库长为车长加 0.6m，库宽为车宽加 0.6m，路宽为 1.5 倍车长，如图 2-35 所示。

2）操作要领。

a. 前进：使汽车紧靠车库一侧的边线前进，待转向盘与库门右（左）桩杆平齐时，迅速向左（右）将转向盘转至极限位置，当前进至前轮距边线约 1m 时，迅速回转转向盘 1～2 圈，同时立即停车。

b. 后倒：由后视窗中间观察，选好倒车目标，向左（右）

转动转向盘使车身靠近内侧库门桩杆进库，待车尾倒入车库约1/5 时，逐渐向右（左）转动转向盘，以保证车厢后挡板中心线对正车库两后桩杆中间后倒，待车尾与车库两后桩杆相距约20cm 时，立即停车。

3）操作要求。

a. 一进一退，倒入车库。

b. 不得中途停车，不得熄火。

c. 汽车进退过程中，不刮杆、碰杆、压杆。

d. 操作中，不准原地转动转向盘。

（6）倒进车库驾驶技巧。

1）可先练习后窗注视法，并在车库的后方正中位置树一标杆或设一标志，用"三点一线"的方法将车倒入车库；然后去掉中间的标杆（标志），通过观察车厢后左右将车倒入车库。当以上基础操作熟练后，可在练习场地绘制各种停车图示，倒入图示中的空位。

2）当夜间倒车光线不好，车库狭窄或库门不在驾驶员的良好视野范围内时，不得强行倒车，应找人指挥。指挥人员应站在既能看到车尾和库门，又能被驾驶员看到的地方。

3）夜间倒车前，应下车仔细察看车库前和车库内的情况，察看车辆的进退路线。然后关闭前照灯，打开倒车灯或照后灯（如果没有倒车灯或照后灯，要打开后尾灯；若看不清车库门柱时，可用手电或其他灯火照射示意，也可在车库门柱上扎一白布或贴上白纸），按正常倒车的操作要领将车倒进车库。

4）"人"和"目"字有差异，方向使用是重点在"人"字形停车位停车时，应尽量使车头向着通道。如果只能将车尾向外停放，倒车过程中要注意后面是否有车辆驶入，后倒时只要在反视镜中看到自己车辆的中部已过邻近车车尾，就应尽快将车转向盘转至极限位置。

"目"字形停车场的入位方法是先顺着要进入的车位前行，当车头超过车位时，将转向盘转向要入车位的方向，待车身全部倒入空位时，找准停车边线，将车调正，如图 2-36 所示。

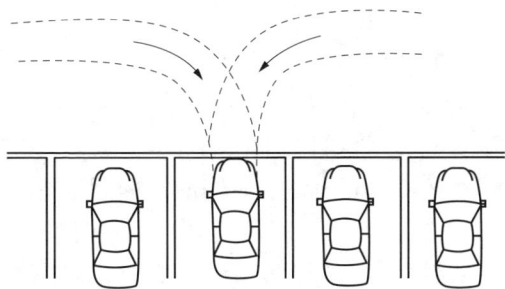

图 2-36　"目"字形停车场倒车入库

5）地下车场种类多，"非"字停车及时看在"非"字形停车场停车时，应将车头向着通道，以方便驶出车位。在倒车时不要将注意力都放在车后，应顾及车辆前部，避免刮伤左（或右）边的车辆。离开车位时应注意邻近车位中的车辆，防止发生撞车事故。

（7）倒车移位驾驶要领。

1）场地设置。倒车移位包括倒进车库和侧方移位两部分，由 A、B 库和回车场组成，各桩位位置和行驶路线如图 2-37 所示。尺寸如下：

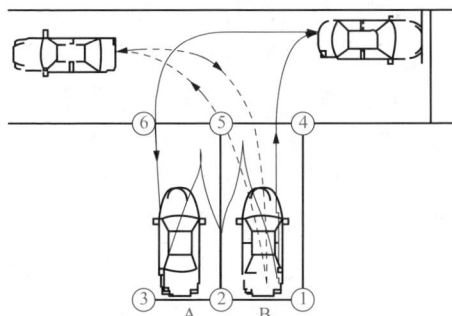

图 2-37　倒车移库

a. ①~④、③~⑥均为两倍车长。

b. ①~②、②~③和④~⑤、⑤~⑥均为车宽加 0.6m。

c. 回车场道宽为 1.5 倍车长。

2）操作要领。

a. 倒进 B 库。车辆在车道内起点位置时，应注意车身不可过于靠边，以免起步后倒打方向时，左翼子板或左前轮出线，通常左前轮距路边约 0.8m 为宜，后倒前，即调整好驾驶姿势。从后窗观察⑤、⑥杆。起步后逐渐将转向盘向右转足，并使车厢右后角朝向⑤杆后倒；离⑤杆保持 1m 左右时，向左稍回方向，使车厢右后角与⑤杆保持 15~20cm 的横向距离倒入 B 库。车尾进库后，从后挡风玻璃中间位置观察②、③杆，待后挡板左起约 35cm 处与③杆对正时，开始向左回正方向，使两车厢角（或后挡板中心）与②、③杆保持等距离后倒。后倒过程中，若发现车身偏斜，应及时修正，使车身保持正直后倒。当车尾距②、③杆约 20cm 时立即停车。

b. 从 B 库移至 A 库（侧方移位）。

第一次前进：起步后迅速将转向盘向右转足。当车前进到左翼子板对准⑤杆时，迅速将转向盘向左转足；当保险杠距④、⑤杆桩位线约 80cm 时，迅速向右回方向并停车。

第一次后倒：起步后迅速将转向盘向右转足，然后回头观察。待车厢左后角与②杆对正时，迅速回方向；待车厢后挡板距②杆约 80cm 时，立即回轮停车。

第二次前进：起步后迅速向右转动转向盘，使右前轮与①、④杆桩位线保持约 50cm 的距离前进。在距离前桩位线 3m 时，向左回两圈方向，使车身移入 A 库；等保险杠距桩位线 80cm 左右时，向右回方向并停车。

第二次后倒：此时，车身已基本移入 A 库，起步后应根据车辆所处的位置情况，适当向右转动转向盘，并从后窗观察，待后挡板右起 45cm 处对正①杆时，迅速适当向左回方向，使两车厢角（或后挡板中心）与①、②杆保持等距离后倒，若发现车身偏斜，应及时修正，当车尾距①、②杆约 20cm 时立即停车。

c. 斜穿出 B 库至车道选位停车。起步后，迅速向左打方向，使车朝向⑤、⑥杆之间前进，并稍靠近⑥杆约 20cm 的距离出库。等左厢板后起 1/3 处过⑥杆时，逐渐将转向盘向左打到底。出库后，应修正方向，使右前轮与外侧车道线保持约 80cm 的距离选位停车，此时停车的位置应基本与外侧车道线平行并保持约 80cm 的横向间距。

d. 倒入 A 库。后倒前先看清④、⑤杆的位置。起步后，逐渐向左转动转向盘，同时观察⑤杆，使左后车厢角与⑤杆保持约 15～20cm 的距离进入 A 库。车尾进库后，应迅速观察①、②杆，并及时修正方向，使两车厢角（或后挡板中心）与①、③杆保持等距离后倒；当两车厢角与①、②杆接近平齐时，立即停车，要求车正轮正。

e. 倒出 A 库。在 A 库后方停车后，再起步后倒，使车辆正直倒出 A 库；待保险杠退出①、②杆约 80cm 后，立即停车，完成整个科目。

（3）操作要求。

1）按规定的行驶路线完成操作，两进两倒完成侧方移位至 A 库后方停车时，要求车正轮正。

2）操作过程中车身任何部位不得碰、挂桩杆，不得越线。

3）每次进退中，不得中途停车，操作中不得熄火、不得使用半联动、不得将转向盘转到极限位置。

4）不得开门探视，每次起步前、停车后，车辆不得溜动。

31 公路调头有何驾驶操作要领？

答：（1）公路调头练习。

1）场地设置。在道路或场地上画线，标明道路边线，路宽为两倍轴距，如图 2-38 所示。

2) 操作要求。

a. 在调头过程中不得熄火，不得将转向盘转到极限位置，车轮不得接触边线。

b. 车辆停稳后不得转动转向盘。

c. 必须在规定时间内完成。

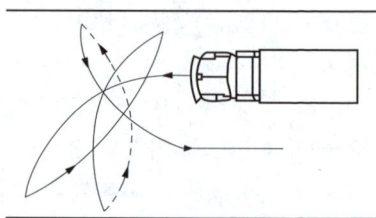

图 2-38　公路调头

3) 操作要领。汽车进入场地后，应紧靠道路右侧缓慢行驶，到达合适位置后停车，此时，车与道路右侧边线横向间距约为 0.10m。

第一次前进：打开左转向灯，挂低挡起步，待起步后迅速将转向盘向左转动到极限位置，使汽车慢慢驶向道路左侧边线。当左前轮距边线约 0.80m 时，迅速向右回方向停车。

第一次后倒：后倒时先观察车位情况，然后挂倒挡起步。起步后迅速将转向盘向右转到极限位置，使车缓慢后倒，同时正确判断车辆在道路上的相对位置。当驾驶员接近道路中心位置时（左后轮距路边约 1m），立即向左回方向停车。也可以借助倒车镜，观察后轮与边线的距离，以确定回方向时机。

第二次前进：起步后应迅速向左转动转向盘至极限位置使车辆缓慢前进，待右前轮接近左侧边线（约 0.80m）时，迅速向右回方向并立即停车。

第二次后倒：起步后迅速向右转足转向盘；当驾驶员越过道路中心位置时，立即向左回方向停车。

第三次前进：起步后适当向左转动转向盘，以确保左前轮不压边线；待车头接近驶入正常行驶路线后，回正转向盘，关闭转向灯，即完成汽车调头操作。若仍然不能完成调头，应再进行一次或多次后倒，直至完成调头。

4) 注意事项：

a. 调头时，由于各车轮与边线的距离不同，判断时应以先接近边线的车轮为准。

b. 在每次前进或后倒停车前，要尽可能多地回转转向盘，为下一次的后倒或前进做准备。

（2）公路调头驾驶要领。

1）调头地点选择。汽车调头时，必须遵守《道路交通管理条例》的有关规定，在保证安全的前提下，尽量选择便于调头的地点，如交叉路口、广场和平坦、宽阔、土质坚硬的路段。避免在坡道、窄路或交通复杂地段进行调头。禁止在桥梁、隧道、涵洞或铁路交叉道口等处调头。

2）公路调头操作方法。汽车公路调头，常见的有以下几种方法：

a. 一次顺车调头。顺车调头是指在调头过程中一次性完成，不需要进行倒车。在较宽的道路，应尽量运用一次顺车调头，这样既方便、迅速，又能保证安全，不影响交通。操作方法是：当汽车行驶到距离调头地点适当距离（50～100m）处，降低车速，换入合适的挡位（中、低速挡），使车辆靠道路右侧行驶，打开左转向灯，同时注意观察前、后交通情况，到达合适的调头地点，确认无妨碍调头的情况后，迅速向左转动转向盘，一次性顺车完成调头。

b. 前进与后倒结合公路调头。在实际行车中，由于路幅宽度受到限制，很多情况下无法一次完成调头，需要进行一次或多次后倒才能完成调头，操作方法如下：

a）车辆驶近调头地点后，提前降低车速，换入低速挡，靠道路右侧行驶，开左转向灯，同时注意观察交通情况。当车辆到达预定调头地点后，迅速向左转足转向盘，等前轮接近路边时，迅速回方向停车。

b）后倒时先看清车后的情况，必要时下车观察，然后鸣笛起步。起步后迅速向右转动转向盘，待后轮将要接近路边或车尾接近障碍物时，迅速回转转向盘，并立即停车。经过一次后倒后若能完成调头，起步后迅速向左转动转向盘，完成调头。

如果经过一次后倒还不能完成调头，可按上述方法进行多次操作。在前进、后倒过程中，尽量多前进、少后倒。在危险地点调头时，车头应朝向危险的一边，以保证安全。每次停车后要拉紧驻车制动杆，防止车辆前、后溜动。

（3）公路调头驾驶技巧。

1）汽车进入场地后，应紧靠道路右侧缓慢行驶，方向急转过中心，距线 1m 回方向，切记车轮莫过线。此时，车与道路右侧边线横向间距约为 10cm。

2）打开左转向灯，挂入低挡起步；当汽车稍有起步后迅速将转向盘向左转到极限位置，使汽车慢慢驶向道路左侧边线。当左前轮距边线约 80cm 时，迅速向右回方向停车脱挡。此时，回方向的速度应逐渐加快，并尽量多回，以便于下一步的操作。

3）汽车停稳后应及时拉紧驻车制动杆，以免由于道路的倾斜而导致汽车溜滑，越出边线或出现其他事故。倒车时应注意观察车身情况，以及前轮的摆向和位置，也可以借助后视镜，确定回方向的时机。

4）起步后应迅速向左转动转向盘至极限位置，使汽车缓慢前进；待右前轮接近左侧边线 1m 左右时，迅速向右回方向并立即停车，切莫使右前轮接触边缘线。使用转向盘时，将方向打到极限位置即可，不可猛打硬拽，以免损伤汽车机件。

5）公路掉头的关键就在于转向盘使用的灵活程度，制动使用的时机，以及对整车的把握。运用半联动和使汽车熄火都不是好的操作方法。

32 停车有何要领?

答：（1）停车操作要领。停车减速不要着急，打开右转向灯，徐徐向道路右侧或停车地点停靠，合理运用离合器、加速踏板、驻车制动器和转向盘，使汽车平稳而正直地停在预定的地点。当车辆停稳后，拉紧驻车制动器操纵杆，把变速杆移入空挡，然后抬起离合器踏板和制动踏板，关闭点火开关。

（2）停车要求与注意事项。

1）要严格遵守《道路交通管理条例》中有关停车的规定。停车时要考虑到哪些路面不能停：繁华路段和弯道，交叉路口和死角，窄路陡坡和桥梁，单位门前和隧道，上述地点要注意，30m 外再停；交叉路口、铁路道口、急弯路、宽度不足 4m 的窄路、桥梁、陡坡、隧道以及距离上述地点 20m 以内的路段，不得停车。公共汽车站、急救站、加油站、消防栓或者消防队（站）门前以及距离上述地点 30m 以内的路段，除要使用上述设施以外，不得停车。

2）要选择平坦、坚实、视距较长和不影响与其他车辆交会的地点（路段），以防汽车误陷，无法正常起步。若是在坡道、冰雪、泥泞等复杂路段停车，要提前选好相对平整、干燥的地点停车，以防起步打滑和车轮下陷。

3）车辆停稳前不得开车门和上下人员，开关车门不得妨碍其他车辆和行人通行。如果在坡道上停车，还应挂入与前进方向相反的挡位，并用三角木或石块塞住车轮，以防因驻车制动失效导致车辆溜移而发生事故。

4）车辆在行驶过程中，因故障需要临时停车检修时，必须提前开启右转向灯驶离行车道，停在紧急停车带内或者右侧路肩上，车上人员尽量不要下车走动。

5）行驶途中，因发生故障而停车时，应设法将车辆移至道路右侧，以免妨碍交通或发生事故。若无法移至路边，要在车前后各 30m 处设置明显标志，以引起其他车辆的注意，确保道路安全、畅通。

6）车辆在市区内停放，应按规定停放在专设的停车场或允许停放车辆的道路右侧，依次停放，保持停车间距，保证随时可以驶出。避免逆向停车。禁止与他车在道路两侧并列停车。

7）尽量避免在高速公路上停车，随意停车危险多。在风、沙、雨、雪、雾等视线不良的状况下，须开示宽灯和尾灯，并在停车地点以外的适当距离内设立警示标记，以防被其他车辆碰撞或追尾。

8）装载易燃、易爆或其他危险品的车辆，应选择空旷、安全、远离建筑物的地点停放；不得在市区或人烟稠密的地方靠近其他车辆停放。停车时间必须派人看守，以防发生意外情况。

（3）市区道路车辆停放形式。常用停车方式有平行停车、斜向停车、垂直停车等。

1）平行停车。提前减速行驶，接近停车位时打开右转向灯，换入低速挡，适当靠右缓慢前进，将车正直地停放在停车位标线内，如图 2-39 所示。

图 2-39　平行停车

2）斜向停车。

a. 提前减速，接近停车位时，打开右转向灯，换入低速挡，缓慢前进，车身越过停车位后立即停车，如图 2-40 所示。

b. 挂倒挡起步，起步后逐渐向右转动转向盘，车身即将摆正时，逐渐向左回正方向。车头进入停车线后立即停车。

3）垂直停车。提前减慢车速，接近停车位时，打开右转向灯，换入低速挡，缓慢前进，车头接近停车位时，向左转动转向盘，按倒进车库的操作方法将车倒入停车位。停车后要求车正轮正，如图 2-41 所示。

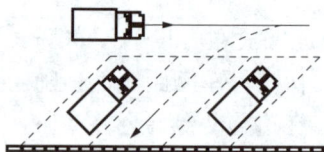

图 2-40　斜向停车

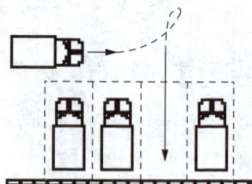

图 2-41　垂直停车

若停车位的前后有其他车辆，应采用侧方移位的方法将车停入停车位标线。

（4）定位停车要领。

1）场地设置。定位停车科目应设置在平坦的路段上，在道路的右侧设立停车标志杆，在道路上以标志杆为准画出停车线和20m地段标线，并画出距停车线±20cm和±40cm标线。

2）操作要领。

a. 当汽车行驶至接近科目时，应靠道路右侧停车。车辆靠右应采用"三把方向"的方法，即先向右打转向盘，使车辆靠右行驶；再适时向左回转向盘，使车身也靠右；最后适当向右回转向盘，使车辆保持正直前进，并注意观察停车标志杆。

b. 当车辆驶入20m标线后，采取制动措施降低车速，并根据情况踩下离合器踏板。在接近停车标志杆约10cm处，应轻踩制动器踏板，使车辆缓慢行驶。当右侧倒车镜杆接近对正标志杆（CA1091型汽车）时，再用力踏下制动踏板，平稳地将车停住。

c. 目测目标时，应以停车标志杆、挡风玻璃的某一处或发动机引擎盖某一点作目标。

由于驾驶员身高的不同，各人的目测点选择会有差异，应根据各人的具体情况灵活掌握。

3）操作要求。进行定位停车练习时，进入科目区的车速不得低于30km/h，中途不停车、不熄火；停车后车身与停车标志杆之间的横向距离应不少于0.8m，不得出现两次以上放气声。

（5）定位停车技巧。

1）汽车以较快的速度（一般不低于30km/h）行驶至接近目标时，转动转向盘使汽车靠向道路右侧。采用"三把方向"的方法，当汽车驶入20m标线后，稍用力踩下制动踏板，降低车速，并踩下离合器踏板。

2）车辆在停靠过程中，制动必须很好地配合。一般来说，向右缓慢转动转向盘切入时，做制动要轻，然后逐渐加重，但必须有适当的余速。向左转动转向盘，直至最后向右摆正前轮时，制动由重到轻，在接近停车标志杆约 10m 处，继续踩下制动踏板，使汽车缓慢行驶。当挡风玻璃右起约 1/3 处接近对正标志杆时，再用力踏下制动踏板，平稳地将车停住。

3）使用"三点一线"（眼睛、车辆的某部位和标志杆成一线）的方法靠道路右边定位目标将车停住。当然，由于每个驾驶员的身高不同，车型不同，目标的选择与判断也有所差异，应灵活掌握，认真体会。停车后，要求车正轮正（车身要正，车轮要正），前保险杆不得超过停车线 0.2m。

4）定点停车后，驾驶员可下车观察汽车前保险杆与停车线之间的横向距离，察看车身右侧与标志杆的横向距离，此距离要求不得少于 0.8m，更不得出现刮杆出线的情况。

（6）坡道停车操作要领。坡道上一般禁止停放车辆，有特殊情况必须停车时，一定要做到停位得当，安全可靠，其操作要领及注意事项如下：

1）上坡途中停车。选好停车点，先踏下离合器踏板，待车将要停止时，踏下制动踏板将车停住，拉紧驻车制动杆，关闭点火开关，将变速杆挂入前进挡。

2）下坡途中停车。先选好停车地点，然后制动减速，待车速减到很慢时，踏下离合器踏板，继续踏下制动踏板使车停住，拉紧驻车制动杆，关闭点火开关，将变速杆挂入倒挡。

3）在坡道停车，驾驶员须离开驾驶室时，应在汽车驱动轮下垫三角木或石块。

33　通过单双轨桥有何驾驶要领？

答：（1）双轨桥、右单边桥和高架桥的设置。双轨桥的单轨宽度等于轮胎胎面宽加 0.10m，桥高 0.25m；桥长不少于车辆轴距加 1m；左右两桥板平行。距桥前 10m 设置车宽加 1m 的 130°～150°的弧形弯道，以增加通过难度。右单轨桥的设置，除不设左侧桥板和弯道外，其余与双轨桥相同。

（2）通过双轨桥驾驶要领。通过前，应降低车速，提前换入低速挡，靠弯道外侧缓慢行驶，使车身对正桥面。操作时要坐姿端正，目视前方，并根据身材的高低选择标定点和参照点。

通过双轨桥（如解放 CA1091 和东风 EQ1090E 型汽车）的要领：坐姿端正，使车辆左侧翼子板中间位置对正桥面，低速平稳前进通过双轨桥。

汽车平稳、顺利通过双轨桥的关键在于，上桥前必须提前使两前轮对正各自的桥面，上桥后握稳转向盘，若发现偏斜，应及时修正方向，但要少打少回。视线进入盲区（看不到桥面）后，要以桥面的延长线为参照物，使车辆依然沿着延长线正直前进。

（3）通过右单轨桥驾驶要领。通过右单轨桥时，车身会向左倾斜，方向容易偏斜。因此，要握紧转向盘，并向右稍修正方向，选好参照点，使右前轮对正桥面，低速平稳通过。

中途不得使用制动、变速和停车；不得将头伸出车门外探视。

通过双轨桥和右单轨桥的要领可归纳为上桥之前要对正，选好目标头不动；视线随车向前移，方向偏斜稍修正；提前选好延长线，驶入盲区则直行。

（4）通过右单轨桥驾驶技巧。

1）通过右单轨桥前，应降低车速，提前换入低速挡，修正方向，使车身与桥面平行。操作时要坐姿端正，目视前方，并根据身材的高低选择参照点的位置，使车右前轮对正桥面。一般而言，可选择汽车引擎盖上右侧的那条竖向凸起的"筋"作为参考。

2）当车辆的右前轮上桥后，车头上抬，视线进入盲区，原有的参照点已失去意义。此时，应立刻向右打半圈方向，以桥面的延长线为参照物，进行小幅修正方向，直至车头摆正，使车辆依然沿着延长线正直前进。

3）车辆在右单轨桥行驶时，车身会向左倾斜，方向容易偏斜。因此，要紧握转向盘，在向右克服转向盘游动间隙的情况下向右稍修正方向，选好参照点，使右前轮对正桥面，以低速平稳通过。当前轮下桥后，把握方向，切莫加油，让车辆利用原有动力缓慢向前溜行。

4）车辆通过右单轨桥要求低速上桥，不可在桥上制动减速。因为在右单轨桥上，车辆右侧车轮接触桥面的面积比左侧车轮接触地面的面积少得多，制动时左右侧制动力不均匀，易使车身发生偏斜。

34 通过凹凸路有何驾驶要领？

答：（1）通过凹凸路驾驶方法。凹凸路分为单凸、单凹和连续凹凸路等形式。通过方法：

1）通过凸形路时，应先制动减速，接近凸形路时换入低速挡，使两前轮同时接触凹凸障碍物。当前轮接触凸形障碍物时，及时加油，前轮刚越过凸顶，立即抬起加速踏板，让前轮自然溜下；然后用同样的方法使后轮通过。

2）通过凹形路时，应先放松加速踏板，运用间歇制动的方法降低车速，换低速挡，使汽车凭惯性缓慢前进，前轮接近进入沟底时加油，以便前轮通过。前轮通过后立即放松加速踏板，使后轮慢慢下沟，后轮即将进入沟底时加油，如图 2-42 所示。

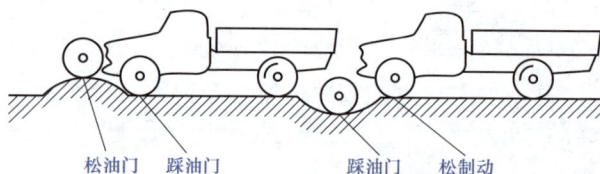

松油门 踩油门   踩油门 松制动

图 2-42 通过凹凸路

3）通过连续凹凸路，按照上述方法依次通过。

（2）通过凹凸路驾驶技巧。

1）通过凹、凸路时，要保持正确的驾驶姿势，上身稍贴后靠背坐稳，两手握紧转向盘，防止由于身体随车跌落而跳动失去控制汽车的能力。同时调整车辆，车身正对凹、凸路，并及时降低车速，缓慢前行。

2）通过凸路时，当汽车前轮触及凸形障碍物时应及时加油。当前轮到达凸形障碍物最高点时要抬起加速踏板，使前轮溜下凸形地；然后，用同样的方法使后轮通过。

3）通过凹路时，在汽车的惯性作用下使车辆两前轮溜下凹坑沟底，并迅速加油上沟。然后稍加油，使车辆缓慢前行，待后轮到凹形沟边时，抬起加油踏板，使后轮溜下沟底，再加油使后轮驶出凹形地。

35　通过高架桥时有何驾驶要领？

答：（1）高架桥设置。高架桥的桥面尺寸及技术要求与双边桥相同，桥的前方不设弯道，如图 2-43 所示。引桥斜面长 $a=1\sim1.5$ 倍车长；平面长 $b_1=6m$，$b_2=4m$；宽 $c=$ 车宽$+1m$；桥面高 $h=1m$；用工字钢或钢轨铺设，桥面两侧低 0.15m 处各设一根保护钢轨，与平面引桥圆弧连接。

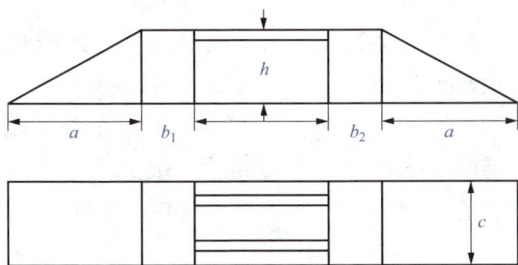

图 2-43　高架桥

（2）通过高架桥驾驶要领。通过高架桥必须保持稳定的心态，做到沉着冷静，胆大心细，通过要领与双轨桥基本相同，但车辆驶上引桥后盲区变大，此时应握稳转向盘，保持正直前进。进入引桥后加速踏板要适当大一些，加油要平稳，后轮即将上桥时，逐渐放松加速踏板，在桥上不得大幅度修正方向，不得停车。

36　通过横断路有何驾驶要领?

答：(1) 横断路设置。在平直的路段上设置横向断沟，沟深 20cm，底宽 35cm，上底宽为车轮直径加 60cm，下底宽为 35cm，路口与路面圆弧连接，沟沿前画出 1m 和 20m 地段标线。

(2) 通过横断路的方法。车辆进入 20m 地段标线后，采取制动措施。一般使用点刹制动，开始时制动踏板应踩得重一些，使车速能很快降低，然后把车速控制在使车辆能够溜动为宜。当前轮距沟沿约 1m 时，踏下离合器踏板，进入低速挡。前轮接近到达沟底时，适当加油，使车辆有足够的动力平稳驶出，随后放松加速踏板，当后轮将要进入沟底时，再加油使后轮驶出。

(3) 通过横断路的技巧。

1) 车辆到达减速区前，车速必须不低于 35km/h，并使车身对正横断沟。当保证与减速杆（置在距离横断沟前 20m 处）平齐时，采取制动，平稳降低车速，使车辆缓慢向前溜行。

2) 当车辆缓慢溜至横断沟前 1m 位置时，迅速踏下离合器踏板，将变速杆置入低速挡。待汽车两前轮溜进横断沟底时，再松离合器，加速上沟。

3) 在车辆进入 20m 的第一次制动时，制动的使用要由轻到重，视车速逐渐踩下踏板。不可制动过快，以免车速降低过快不能前溜，或者造成制动停车。在横断沟前 1m 处的制动应视车速而定。

4) 在整个练习过程中，应根据车辆不同的车速及各区域行驶要求来确定制动、节气门和挡位。总之，应做到：上、下沟不颠簸，中途制动不停车熄火。

(4) 通过横断路的要求与注意事项。

1) 车辆进入 20m 标线时，时速应不低于 35km。

2) 进入 20m 标线后才能运用制动减速，操作过程中只允许听到两次放气声。

3) 沟前 1m 应进入低速挡，通过时车辆不得剧烈跳动。

4）操作过程中，不得熄火，不得中途停车。

横断路科目主要是为了训练制动、换挡和油门的有机配合。练习时要做到：使用制动踏板轻重适宜，换挡动作迅速准确，运用油门合理平稳，一次平稳通过。

37　通过错位小巷有何驾驶要领?

答：(1) 错位小巷场地设置。巷长为 15 倍车长，巷宽为车宽＋0.6m，墙厚 0.22m，墙高 1.5m，两巷间距离为 2.5 倍车长，巷外侧到路边距离为 0.5m。

(2) 通过错位小巷要求及注意事项。

1）通过时，车辆任何部位不得碰挂墙体。

2）中途不得停车。

3）碰挂墙体，应立即停车。

(3) 通过错位小巷方法。进入小巷前，应将车身调正，沿小巷中间通过。当后轮驶出小巷时，先慢后快地向左转动转向盘，当前轮距左侧边线约 1m 时，向右回方向，使车从另一小巷中间通过。

38　通过铁路道口有何驾驶要领?

答：(1) 汽车通过公路与铁路的平面交叉道口时，要提前降低车速，密切注意铁路两边有无火车驶来，通过有人看守的道口时，要听从道口管理人员的指挥。

(2) 通过无人看守的铁路道口时，要做到"一停、二看、三通过"，严禁与火车抢行。若在道口等待放行时，应尾随前车依此纵列停放，不可超越前车而造成交通阻塞。

(3) 穿越铁路时，应视情况提前减速，换入适当挡位，一气通过，不得在铁道区内换挡、制动，以防熄火。

(4) 通过时发生故障，应设法立即离开，不得长时间停留。

39　通过障碍物有何驾驶要领?

答：(1) 遇有障碍物时，应及时降低车速，同时注意观察其形状和位置，确定通过方法。连续通过障碍路段时，要提高对车轮行驶轨迹和内轮差位置的判断能力。

（2）当障碍物位于路中间，其两侧均可通过汽车时，应选择较安全的一侧通过，一般是沿右侧通过。如果障碍物在路中间，则高低于车辆最小离地间距，其宽度又小于轮距时，可使车辆左右轮居于障碍物两侧缓慢通过。

（3）当障碍物的最高点超过最小离地间距，且宽于轮距，其质又较坚硬时，应换入低速挡，使一侧车辆压在障碍物较低的一面上，另一侧车辆压在平路上，缓慢通过。

40　通过盲区时有何驾驶要领?

答：（1）车辆都有观察盲区，一般车前 2～3m 距离及车下、车后方和左右侧均有观察不到的地方，要靠判断来保证车辆安全。驾驶员可根据自己的身高调整座椅，以缩小盲区。其次要熟练通过后视镜交通画面，判断车辆侧后方的情况。要特别注意将后视镜角度调整适当、固定牢靠，以扩大视野范围。

（2）车辆行驶在弯道上，如路边有树丛或其他障碍物，会造成对弯道对面观察的盲区。在右转弯时，适当靠道路中心行驶，则盲区相对减小；向左转弯时，适当靠道路右侧边缘行驶，盲区会相对减小。

（3）跟车距离近，后车对前方观察盲区增大；跟车距离远，后方对前方观察的盲区相对减小。因此，行车中应严格按照《道路交通安全法》的规定，掌握适当的跟车距离。一般道路上行车时，跟车距离与行驶速度的指数基本相符，即车速为 50km/h时，跟车距离以 50m 为宜。

（4）闹市十字路口高楼矗立，车辆行驶在十字路口，盲区较多。为保证车辆行驶安全，必须做到：①减慢车速，谨慎驾驶；②服从指挥，依次通过；③在无交通信号指挥的路口，应自觉遵守《道路交通安全法》规定的让行次序让行；④注意观察，预防突变。不能只根据第一眼观察到的情况来决定自己的操作，要小心交通情况的瞬间变化。

　　（5）车辆超车或会车均是一个运动过程，特别是超车过程的运动更加复杂。无论是超越正在行驶的车辆或是停驶的车辆，后车驾驶员对前方情况均会存在观察盲区，其车辆安全行驶的措施：①鸣笛警告；②超车时尽量拉开与被超车的横向间距；③连续超车时，更应注意盲区内可能出现的动向；④在夜间行车时，遇到前方有行人、骑车人时，除减速外，还应变换一下灯光。如前方有来车要提前变光告诉对方自己所在的位置，同时双方都能在变光中看清对方来车的情况。

第**3**篇

汽车应用驾驶诀窍

41 行人动态情况判断与处理有何诀窍?

答:我国的公路交通现状以混合交通为主,道路情况复杂多变。驾驶员在行车中要通过视觉、听觉观察汽车前后、左右、上下、远近的情况及变化,掌握其特点,找出其规律,才能及时地对情况做出判断,准确地采取有效措施,保证行车安全。

行人是道路交通中的主要情况之一,不同的人有不同的心理,所表现出来的行为也是多种多样的。驾驶员在行车中一定要密切注意行人的动向,提高警惕,根据具体情况采取相应的措施,以防万一,确保安全。

(1) 正常行走的人:在公路上正常行走的人,交通安全意识较强,对机动车的安全行驶影响不大,当看到汽车或听到汽车行驶声、鸣笛声时,能主动避让,靠边行走。遇此情况,一般在距行人 20m 左右鸣笛(不要鸣笛不止),与行人保持一定的横向间距,正常行驶即可。

(2) 安全过于敏感的行人:有的行人看到汽车驶来或听到汽车行驶声,就急忙避让;汽车驶近时则惊慌、犹豫,甚至会突然跑向路的另一边。若同行的人多,路两侧都有同伴,会难以确定避让方向,更易发生危险。在此情况下,应提前(20m 以外)鸣笛并减速,密切注意行人的动向,预计可能发生的危险,握稳转向盘,随时做好制动停车准备,谨慎通过。切不可在临近行人时突然鸣笛,更不可冒险高速通过。

(3) 顾前不顾后的行人:有一种人,发现后面有汽车,会向路边避让，但汽车一通过就回到路中间来，而不注意后面的随行车辆，有的甚至把后一辆车的鸣笛声误以为是前车发出的，不加理会，往往容易发生事故。还有已横穿公路至中间的人，看到对面来车，立即后退避让或惊慌回跑，却不顾后面来车，极易发生事故，这种人在郊区和闹市区较常见，应多加提防。

赶着牲口的人，当汽车驶近牲畜骚动或受惊时，会不顾自身的危险而冲到路中间来驱赶牲畜。

有些挑担的人，听到汽车行驶声，虽已避让，但担子横出肩外，或在汽车临近时突然换肩，造成汽车碰挂担子而伤人。

行人中顾此失彼者很常见，驾驶员要及时发现，提前做好准备，注意判断行人的动向，减速慢行，随时准备停车，切实做到防患于未然。

（4）麻痹大意的行人：这种人的安全意识和交通法规观念较为淡薄，麻痹大意，总认为汽车不会也不敢撞人。所以，即使知道有汽车驶来，甚至车已临近，驾驶员尾随鸣笛催促，还不肯快速避让，慢慢吞吞地不予理会，甚至故意往道路中间走或边走边回头，这种类型的行人青少年居多，市区较为常见。

对此情况，驾驶员要有耐心，多鸣笛，降低车速，设法避让通过。不可粗暴急躁，更不可意气用事，与行人赌气，贸然加速通过，以防恶性事故的发生。

（5）儿童：活泼好动，观察力、判断力不高，不懂交通规则和汽车性能；尤其是对汽车的行驶速度无从判断，因而不知危险，常会随意地或只往一方车辆突然横穿公路，有物件掉落在路中间，也会不顾一切地回头拾取。成群的小孩会在马路上追逐玩耍，或在汽车临近时突然横穿公路寻找同伴。这些情况一般出现在学校附近、上学途中、城市近郊，尤其是放学后的学生，成群结队，要特别注意。小孩和大人分开在路两侧时，小孩会在汽车驶近时，因害怕而突然横穿公路跑向大人一侧，或跑至中间又返回。因此，发现上述情况后，要谨慎小心，提前减速鸣笛，缓行通过，并随时准备停车。不能只打转向盘避让，而不踩制动减速,心存侥幸,冒险行驶。

(6)老年人:年老体弱,感觉不灵敏,行动迟缓,反应迟钝,不能及时发现汽车,或者虽已发现,但不能准确判断人、车、路之间的距离关系,一时确定不了避让的方向,犹豫不决,有的欲避让,但心有余而力不足,甚至在避让汽车时倒地。对此,不可只顾鸣笛催促,要礼貌行车,减慢车速,主动避让,等老人走开后,再从容通过。

(7)沉思中的行人:有的人因思考某个问题,或有不顺心的事,单独行走,陷入沉思,精神不振,垂头缓行或始终注视某一方向,仅仅是双腿在做本能地移动,对外界的事物置若罔闻,听不到汽车行驶声、鸣笛声。发现这一情况,应提前鸣笛,务必减速慢行,保持尽可能大的安全距离绕过,并随时做好停车的准备,以免车辆临近时行人被"惊醒",而突然横穿公路,造成事故。

(8)残疾人:行车中遇到聋、哑、盲等残疾人是经常的。

聋哑人听不到外界声音,汽车鸣笛后仍毫无反应,遇到这种情况,必须尽快减速,从较宽一侧保持较大的安全距离绕过,必要时要停车让行。

盲人看不到景物,听觉较灵敏,听到鸣笛声会急忙避让,但一时无法判断避让方向,有的欲避让,又不敢迈步,故站在道路中间不动。遇此情况,只要路面允许通过,就减速绕行,并做好随时停车准备,不可鸣笛催促,以免行人受惊,无所适从,发生危险。

(9)躲避灰尘和泥水溅身的人:有些行人事先没注意风向、水洼,一旦发现身处下风或在水洼旁,为躲避灰尘或溅起的泥水,会突然横穿公路,跑向上风或没有水洼的一侧,而且常常是在汽车临近行人时出现。因此行车中应注意风向,预计行人可能的动向,随时准备应付行人动态的突然变化。在有水洼的路面,应减速行驶.尽量不要溅起泥水。

(10)气候、季节对行人动态的影响:雨天,行人撑雨伞、穿雨衣，视线不清，听觉不灵，不能及时感知汽车驶来；突然遇到暴风骤雨，秩序混乱，行人为赶路避雨而乱闯乱跑；在寒冷的冬季，尤其是风雪天，行人穿着棉衣、大衣，行动不便；戴着帽子，护住了耳朵，影响听觉和视线；刮风时，有些行人往往手蒙着眼睛，行走无规律，加之风大，不易听到来车声音。遇到这些情况，一定要多鸣笛、早减速，谨慎通过，绝不可与行人争道抢行。

42 非机动车动态情况判断与处理有何诀窍?

答:（1）自行车：灵活、轻便，是人们普遍使用的交通工具。然而自行车骑行不稳定、安全性差，给安全带来了极不利的影响。所以，必须了解骑车人的心理及其动态规律，并正确地加以处理，以保证行车安全。

自行车常见情况有以下几种：

1）正常骑车者：技术熟练，骑行稳定，听见鸣笛声能及时、正确避让。因此，不要鸣笛不止，保持适当的横向距离，平稳通过即可。

2）违章骑车者：有些人（年轻人较多）自认为技术熟练，不遵守交通规则，我行我素，交通意识差，与汽车竞驶或争道抢行，占道/任意地调头猛拐。对这种人应早鸣笛，主动减速避让，谨慎行驶，不可急躁赌气，与其抢行。

3）骑车不熟练者（包括妇女）：技术不熟练，遇事慌张，骑行路线不稳定。听到鸣笛声，特别是发现汽车临近，会惊慌失措，摇摆不定，极易摔倒，而且常常是倒向来车的一方，危险性极大。遇此骑车人，应减速行驶，主动避让，保持较宽的横向间距，不可过于靠近也不要连续不断地鸣笛，并随时做好停车的准备。

4）载物、带人的自行车：遇有障碍、不平路面，或所带的人突然跳车等情况，会意外失重翻倒。行车时发现有载物带人的自行车后，要提前鸣笛，与其保持较大的横向间距，减速通过。

另外，前文所述行人动态的几种表现，骑车者同样也有，驾驶员一定要注意观察自行车的动向，准确地进行判断，提前处理，做好预见性减速和防患准备，绝不可麻痹大意，自认为驾驶技术高超，争道抢行或超越后赌气停车。

（2）人力车：行进缓慢，避让不及时，在载重、上坡、路面坑洼不平时更是费力难行，即使知道有来车，也不能迅速让路，有的还会为避开坑洼、障碍而抢路占道，对鸣笛催促毫不理会。因此，要提前鸣笛减速，无法超越时，耐心跟进，等人力车让路后再平稳通过，遇到装有长料物件的人力车时，要防备车辕转向路边的同时，车尾部（超出车身的货物）会扫向路中央。总之，人力车的机动性差，拉车人费力难行，驾驶员要有良好的职业道德，为他人着想，礼让行车，保证安全。

（3）兽力车速度慢，难以控制，牲畜听到异响会受惊乱跑，极易发生危险。因此，遇到兽力车，要在较远处（30m 左右）鸣笛，警告驭手稳住牲畜，做好准备，以免汽车临近时牲畜乱跑，切不可在临近时使用高音喇叭。若发现牲畜犹豫不走，车子乱摆等异常现象，须立即减速，随时准备停车。

43　道路常见情况判断与处理有何诀窍？

答：（1）道路常见情况判断与处理要求。处理情况是指驾驶员根据道路上的交通情况对行车的影响，正确、灵活地运用五大机件（制动、油门、离合器、转向、变速器），有效地控制车辆的转向及行驶速度，避免发生交通事故，保证汽车行驶安全所采取的操作。处理道路动态情况的一般要求有以下几点。

1）处理情况要有预见性。及时发现情况：发现情况是处理情况的前提，行车时要看远顾近，兼顾各方，以便及早发现情况，特别是要及早发现对行车安全有较大影响的情况。并且，车速越快，看得要越远，只有及时发现情况，才能有充分的时间进行分析判断，从容采取措施。

预见性的分析判断：发现情况后，要迅速地加以分析，做出正确判断。交通情况是错综复杂、瞬息万变的，分析判断一定要透过现象，抓住本质，预测情况的变化和发展，千万不可麻痹大意。

提前采取措施：采取措施就是进行五大机件的操作，其中最主要的是改变行驶速度和行驶方向。提前采取措施，尽量避免迫不得已时再去踩制动踏板、打转向盘。

2）处理情况要有针对性和灵活性。道路情况复杂多变，各不相同，处理情况的方法也不相同。处理情况时，必须根据不同的情况、地点和条件，采取不同的方法，不可死板教条。

3）处理情况注意连续性。交通情况常常是连续出现，接踵而来的。如果只顾前一个情况，处理后思想松懈，麻痹大意，就会错过处理后续情况的有利时机，造成事故。因此，必须注意不断地发现新情况、判断新情况，及时处理好后续情况。

（2）常见情况判断与处理诀窍。

1）运用机件要灵活。处理情况时，应根据当时的距离、车速、环境等，运用转向盘、制动装置、加速踏板、喇叭灵活处理。有的情况只需要鸣笛即可；有的只需使用转向盘或制动踏板即可避开；还有的情况只要松开加速踏板，利用发动机制动减速即可处理；有时也要综合运用各机件，做到随机应变。

2）先近后远。交通情况的出现虽然具有连续性，但出现时一般是有先后的，要首先处理近处的情况，防止出现顾远顾近的现象。

3）先制动、掌握方向后挡位。车速越快，危险性越大，处理情况的难度也越大。因此，一旦发现对行车安全有影响的情况时，就先要放松加速踏板，适当运用制动减慢车速，同时掌握好方向，需要绕行时，应提前转动转向盘。当情况允许继续行驶时再变换合适的挡位，避免只顾换挡，不顾制动、掌握方向。

4）先动态后静态。动态情况的速度、位置是在不断改变的，有时甚至难以预料其改变的趋势，而静态情况是固定不动的，容易做出正确的判断。因此要集中精力，密切注意动态情况的状态及其趋势，及时对其加以判断和处理。

5）先人后物。行人和自行车是交通弱者，防护能力差，容易受到伤害，处理情况时要把行人和骑车人的安全放在首位，应首先避开行人和自行车，然后再处理其他情况。

44　行驶路面选择有何诀窍？

答：（1）行驶路线对行车安全、轮胎和钢板弹簧等机件的使用寿命，燃料消耗以及驾驶员的疲劳强度有很大关系。在行车中正确选择行驶路面，尽量避免颠簸、偏重，可以延长车辆的使用寿命，提高经济性、舒适性，保证行车安全。

（2）在平坦的道路行车，无会车和超车的情况下，应尽可能选择中间路面行驶。这是因为路面一般是中间高，两边低，且中间较为平整、坚实，行车阻力小。不能长时间靠道路右侧行驶，以免加重右侧轮胎、钢板弹簧、车架等机构的负荷，造成不均衡磨损和损坏；也不可过于偏左行驶。

（3）遇到凹凸不平的路面，尽量避开凹坑、凸起物、尖石、异物等，视有无来车、坑、物的大小等情况，采取绕行、骑行、低速单轮下坑、低速双轮下坑等方法平顺通过。不能车到坑前突然转动转向盘避让，以防发生侧滑、侧翻和对其他车辆造成危险。应提前减速，避免在下坑时使用紧急制动，防止载荷前移，损坏机件。通过连续凹凸不平路面或"搓板"路时，要适当降低车速，稳住加速踏板，匀速行驶。

45　安全车速控制有何诀窍？

答：行驶速度直接关系到行车的安全性、经济性和机件使用寿命，行车过程中必须合理选择和控制。

（1）速度选择要根据车型、环境、交通和气候条件，以及驾驶员的技术水平、生理、心理等因素来确定。一般，只要道路条件、车辆状况和环境条件允许，在不违反《道路交通管理条例》规定的情况下，应尽可能选用高速挡，以充分发挥车辆的机动性。

（2）在不同的道路上行车，速度应与当时的环境、交通状况相适应，必须灵活、合理地加以控制。"十次事故九次快"，不合时宜地开快车，危险性是显而易见的。车速过快，一是汽车的稳定性降低，容易引起侧滑、翻车，驾驶失控；二是驾驶员的注意力集中点（视距）加长，视野窄，能看清的范围、距离减小，潜在的危险性就大；三是制动距离成倍增加，一旦遇有情况会来不及减速停车，就导致交通事故的发生；四是加剧了驾驶员的疲劳。

（3）初学驾驶的学员，即使在良好的路面，由于驾驶水平有限，车速一般不超过 45km/h，以保证安全。

46 安全车距控制有何诀窍?

答：（1）同向行驶的两车之间的纵向距离称为行车间距或跟车距离。车距的大小主要取决于车速，车速越快，两车之间的距离应越大；车速慢时，距离可适当减小。

（2）判断跟车距离是否合适的方法有两种。一是在通常情况下，当时车速的千米数就相当于最小跟车距离，如以 40km/h 行驶，车距至少应保持 40m。二是"三秒钟"法：在前方路边选一个静止物，如标志牌、停止的汽车等；当前车达到这一位置时，后车驾驶员开始默念"一秒钟、两秒钟、三秒钟"，如果念完时自己的车刚好到达（或尚未到达）这一位置，说明与前车之间的距离是合适的；如果未念完车就驶过了这一位置，那就是跟车太近了，应减慢车速，加大车距。

注意，以上方法都是在车况良好，道路条件、驾驶员的心理、生理条件良好的状况下运用。雨、雪天路面湿滑，雾天、夜间视线不良，车况差、制动不灵，人疲劳、反应能力下降等情况下，跟车距离应适当加大，变为"四秒钟"或"五秒钟"法，以确保合适的安全距离。

47 安全会车有何驾驶诀窍?

答:(1)侧向间距。会车或超车时的侧向间距与车速有关,车速越快,所需的间距越大。侧向间距是受到路幅限制的,在条件允许时,会车应尽量保持较大的侧向间距。

(2)会车方法。在视线良好、侧向安全距离足够的道路上会车,视交通情况可不必降低车速。

在较窄(6~7m)的路面上会车时,要提前选好交会地点,尽可能选择宽阔地段;同时根据来车的速度、与交会点间的距离等,将车速控制在 35km/h 以下。这类公路的路基,土质较松软,注意不要因过于靠边出现侧滑而造成翻车。在窄于 5m 的道路上会车,车速要控制在 15km/h 以下。

雨天及泥泞路、冰雪路会车,路面湿滑,必须提前减速,选择宽阔地点,必要时停车交会。靠边让路时切不可驶进路基。土质路基被雨水浸湿后,既滑又软,轻则引起车轮打滑下陷;重则滑出路面或压塌路基造成翻车。交会瞬间还应注意不可使用紧急制动,以防发生侧滑,引起碰撞。

尽量避免在窄而陡的坡道上会车。无法避免时,靠坡一侧的车辆应让另一侧车辆先行。

遇有障碍物,车辆交会应遵守右侧通行原则:右侧有障碍物一方车辆让右侧无障碍物一方车辆先行。

避免在窄桥、窄路、隧道、急弯等地点会车。若在这些地段遇有来车,应视来车速度、车型、距离及道路条件等情况,正确地控制车速,若预计对方先到危险地段,则应提前减速或停车,让对方先通过;反之,可提前加速,通过危险地点后,再与来车交会。

(3)会车要诀。在会车时千万不要争道抢行,遇到难以判明的情况,要"宁停三分,不抢一秒"。在道路条件不能很好地满足会车要求时,应仔细观察,放慢车速,特别是与大车交会时,要主动给对方留有安全的行车道路。

两车交会，应"礼让三先"（先让、先慢、先停），靠右通过。两车交会时，务必要多加小心，在道路幅宽可满足两车交会时保持足够安全的侧向距离，避免"三点一线"。

三车交会，由于车辆的方向使用受到极大限制，因此要避免。夜间会车，要降低车速，灵活使用灯光，同时要注意路旁非机动车和行人的动向，以防发生事故。

土质路基经雨浸湿后，既滑又软，如果车辆驶入这些路面，则容易侧滑发生翻车事故。另外，交会瞬间还应注意不可使用紧急制动。

在弯道、陡坡、狭窄的山路等特殊路段会车，视线盲区多，不要占据对方车辆行驶的车道，防止发生意外事故。在较窄的路段应让不靠山体的一方先行。

靠边让路时切不可驶进路基，防止路肩土质松软引起车轮打滑下陷，滑出路面或压塌路基造成翻车。

尽量避免在简易公路的小桥上会车。这些桥梁不仅质量差，很难承受大的压力；而且桥面窄，容易出现车辆刮擦。遇有窄桥时，离狭窄处距离近、车速快的一方先行，距离远、车速慢的一方应主动让行，不可盲目抢行。

乡村道路路幅较窄，会车时一般容易使出路肩。驾驶员要仔细观察路肩外的情况，以免车辆下陷。在繁华道路上会车时，要注意对面车辆后方的行人、车辆，以防突然横穿。

在弯道上会车时，转向盘使用要轻缓，不可过急，要提前降低车速，不可在转向时使用紧急制动，以免发生侧滑引起事故。汽车行驶路线应以道路中心线为界，保持一定的横向间距，两车均紧靠道路右侧低速行驶。

雨天及冰雪路、泥泞路会车，因路面湿滑，必须提前减速，选择宽阔地点交会，必要时停车交会。

会车过程中，要遵守职业道德，文明安全行驶，在不妨碍自己车辆正常行驶的情况下，要让道给对方车辆，保持道路通畅。

48　安全超车有何驾驶诀窍?

答:（1）超车方法。应选择道路宽阔、视线良好的地段超车，并在《道路交通管理条例》有关规定所允许的情况下进行。

欲超车时，首先要接近被超车，同时鸣笛（夜间用断续灯光）示意；当被超车听（看）到信号并让路后，打开左转向灯，向左稍打转向盘，与被超车保持足够的侧向安全间距，从左侧加速超越；超过后，与被超车保持适当的安全距离，再驶入正常的行驶路线。严禁超越后立即向右变更车道。

超车时不仅要正确估计自己及前车的速度，若对面有来车，更要准确判断来车的速度，有会车可能时，严禁超车。

必须在具备超越条件，绝对保证安全的前提下，方可进行超车。不可意气用事，急躁冒险，不分时机和场合地强行超越。过近跟车时，要密切注意前车动态，随时做好减速停车的准备。

有时，前车靠右不是为后车让路，而是为躲避路中间的障碍或坑洼，或者是要与对面来车交会，这时若冒险超车，就会发生危险。

超越停放的车辆，应减速鸣笛，防止其突然起步驶入行车道或突然打开车门。停着的车前也常常会骤然出现横穿公路的行人，特别是靠站客车，对此，驾驶员必须有所准备。

为确保行车安全，必须严格遵守《道路交通管理条例》中有关禁止超车的规定。

（2）超车要诀。观察超越地段道路的宽度和状况，根据自己车辆的加速能力，判断对方的车速、所需的时间和距离，正确判断能否超车。当可以超车时，距前车约50m处，开左转向灯，鸣笛，向前车左侧靠近，夜间须变换远、近光示意。

超车发出的信号，不仅是为了提醒前车注意避让，还是为了告诉后车，以免后车加速超车，出现抢挤。同时要提防前车虽然靠右行驶，但并非让车，而是在选择路面行驶。

驾驶员发出超车信号后，被超车辆若无让超表示，要区别对待，有些属于让车条件不佳而不让，应等待时机。对于让车条件良好而故意不让的，更应心平气和地对待，开得了"和气车"，才能开"安全车"。

前车不让时，驾驶员一定要保持好心情，如无视前车情况，一意鸣笛要求让路，是不安全也不礼貌的。万一前车突然出现状况，采取紧急制动，超车者就会措手不及，撞上前车。在前车已经让出车道，但车速依然很快的情况下，不可盲目赶超，因为延长超车距离和时间是十分危险的。

应观察好被超车前是否有足够的安全距离，保证超越后能安全地驶回正常行驶路线，没有十足的把握，千万不能超车。有些驾驶员行路心急，左边没有条件超越，见右边有机可乘，便抱侥幸心理超越，这是十分危险的。

若在路滑的地段必须超车时，应选择路幅较宽的地方进行，并适当加大两车之间的横向距离。转向盘的使用要轻缓，以免车辆发生侧滑。

冰、雨、雪、雾路面附着力小，车辆易侧滑，应尽量少超车或不超车。超越前车后，应继续快速沿超车道加速行驶，不能过早地驶入原来的行驶路线，然后再打开右转向灯，逐渐驶回原车道。

车辆在转弯、过桥等特殊路段行驶时，应避免超车。如果遇到他人超车，则应主动降低车速避让。

安全超越后，从后视镜观察与被超车的纵向距离，在不妨碍被超车正常行驶的情况下，打开右转向指示灯，同被超车保持必要的安全距离，逐渐驶回正常行驶路线，并关闭转向指示灯。

在超越停驶在路边的车辆时，既要防止该车辆突然起步驶入行车道，也要防止其车门突然打开。同时还要注意被超车遮蔽处可能突然出现横穿公路的行人，特别在超越出租车或停站的客车时，更应该注意这一点。

不能尾随前车一起超越车辆，因前方道路视线被遮住，不能及时发现前方的障碍及来车情况，两辆车同时超越易发生意外事故。超越车队时距离与实践均较长，应保持较大的横向间距，加速连续超越；若遇对向车辆应见机插入车队。

夜间超车困难更大，视线只能局限于灯光之内，常常由于观察不够、识辨不清、判断不准，造成超越前方障碍时出现失误。因此在超车时要倍加谨慎，看清道路、看清车辆、看清情况。

49　安全让车有何驾驶诀窍？

答：（1）让车方法。行驶中，发现有车辆尾随并发出了超车信号时，应根据道路及交通情况确定是否让路，若条件允许，应主动打开右转向灯，减速靠右，让后车超越。严禁故意不让，让路不让速或让速不让路，甚至在超越时故意加速等恶劣行为。

（2）让车要诀。让超车时要做到礼让"三先"，即让速、让路、让到底。让速，让到既尽量缩短超车距离，又不影响后方车辆的正常行驶；让路，让到既不危及本车和右边车辆、行人的安全，又可使超越车辆超得顺利。切不可让速不让路，或让路不让速，更不可超车后报复。

若被超车辆前方有障碍物或不具备让超条件，而后车因视线受阻未能及时发现，要求超车时，不要勉强让超，超越车和被超越车驾驶员应相互关照、相互配合。

驾驶员在开车时除了听清鸣笛声，还要经常注意看后视镜，及时发现后边的超越车辆。发现有超越车时，应主动减速、靠右行驶，并开右转向灯；或者是发出让车手势，示意后车超越，给对方超越创造条件。

让车后，若后车在超越过程中显得动力不足，两车并行时间稍长，或是他车前方突然出现情况，应主动减速，给对方超车创造条件，让其先行。发现后车超越时，前车不得故意不让或让路不让速。

50　安全跟车有何驾驶诀窍？

答：（1）安全跟车驾驶要领与注意事项。驾驶汽车时，跟车是十分常见的，尤其是军车驾驶员，经常跟随车队执行任务，因此，必须掌握跟车行驶的要领和注意事项。

1) 保持必要的安全距离。跟随车队行驶时，必须保持一定的安全距离，而且要根据车速、环境的变化及时加以调整。在城市街道上驾驶汽车，车速较慢时，跟车距离可小一些，在高等级公路、高速公路上行驶，车速快，跟车距离必须增大。

2) 控制好车速。跟随车队或车流行驶，行驶速度必须与前车相适应。尤其是随车队执勤，通常以加速踏板控制为主，加速踏板使用要平稳，发现车距过近，稍松一点加速踏板，车距过大稍踩下加速踏板即可，要逐渐改变车距，避免出现车速忽快忽慢的现象。

3) 观察情况要全面。跟车行驶时，视线被前车所阻挡，视距缩短，视野变窄，视点容易集中在前车的尾部，对其他的交通情况难以及时发现，影响行车安全。因此，行驶中观察情况要灵活，既要掌握前车的动态，也要注意及时发现前车之前的交通情况，以增加处理交通情况的主动性。

随时准备减速或停车。每一辆车都要与车队或车流保持一致，跟车时前车随时都有减速或停车的可能，尾随车辆必须提高警惕，随时准备减速或停车。前车的制动灯突然闪亮时，后车必须及时松开加速踏板，并根据前车的情况适当运用制动。

当前车因处理交通情况停车时，尾随车辆要依次停放，不得随意超越，以免造成交通堵塞。如果前车是因故障或其他原因靠边停车，可提前开左转向灯，鸣笛超越前车。

跟车行驶由于注意力集中，容易造成驾驶疲劳，途中要适时休息，恢复精力。

(2) 安全跟车驾驶诀窍。尾随行车不要与前车对跟进，应适当将车身向左错开，以能看到前车前方的交通情况为宜。行驶中，车速越快，车辆的间距应越大。

跟车最重要的是把握好一个"适"字，与前车的距离不能太远也不能过近，必须保持当前车突然紧急制动时，后车随之制动而不与前车相撞的停车距离。

在跟车过程中，思想要保持高度警惕，给自己留有处理突发情况所需的足够安全空间，使自己所驾车辆在任何情况下需要停车时，都能及时停下来，即使出现意外情况也能应付自如。

跟车时间较长，感觉自身疲劳、反应较慢或操作技术不熟练时，一定要给自己留出更长的车间距离，以便有足够的反应时间处理情况。

若在跟车过程中遇到前车紧急制动、突然转向等意外情况，应沉着应对，在紧急制动的情况下，根据实际情况使用转向盘，但转动转向盘时不可过猛，以免发生侧滑或侧翻。

当所驾车辆制动效果不佳、装载较重、载运液体物资或运送大件物品时，一定要拉大车间距离，留有足够的安全空间。

51 安全牵引有何驾驶诀窍?

答：牵引车辆或其他装备时，由于行驶阻力、惯性力和内轮差相应增大，必须正确选择路面，准确判断情况，熟练地控制车速和方向；既要考虑主车的安全，也要考虑被牵引火炮或装备能否顺利通过。

（1）操作要领。起步、停车、运用制动要平稳，换挡迅速、敏捷，加挡时，冲车距离要适当加大，减挡时机适当提前，以免换挡后行驶困难。

由于牵引火炮后车辆总长度大大增加，因此，行驶中要严格控制车速，选择良好路面，适当增加跟车距离。提前处理情况，正确选择制动方式，尽量避免紧急制动，以免损坏牵引装置，防止被牵引的装备产生侧滑；通过凸凹不平路面时，应提前降低车速，稳住加速踏板通过，以免引起车辆与火炮的剧烈颠簸与振动。

下坡转弯或路面湿滑时，要提前降低并控制好车速，减小离心力。通过急弯时，要正确判断前、后（火炮）车轮的内轮差，主车尽量靠弯道外侧行驶，保证被牵引的火炮或装备能顺利通过弯道。

通过阻力较大的路段时，可结合前桥或使用分动器低速挡行驶。

有些车型的挂车制动是单管路制动系统，行车前应检查牵引钩接合的可靠性，插好锁销，接好火炮制动管路接头和电线接头。

（2）行车注意事项。除在冰雪路面或阻力较大的路段外，不得结合前桥或使用分动器低速挡。

行驶中应注意观察仪表，察听发动机和车辆的运行声音，发现下列情况之一，应立即停车检查：

1）气压表指示气压低于厂家规定数值，或气压报警指示灯发亮。

2）机油压力突然下降，低于厂家规定数值。

3）出现不充电现象：有不正常响声或异常气味；发动机水温超过 $95℃$。

行车途中应适时停车检查轮毂、制动鼓、变速器、分动器和主减速器壳体的温度是否过高，检查传动轴、钢板弹簧、轮胎等处螺母是否松动，以及火炮的制动性能是否正常。

52 夜间行车有何驾驶诀窍？

答：夜间的行车条件和环境与白天相比差别很大，且有其自身的特点和规律。驾驶员必须掌握夜间行车的规律、特点，以保证安全行车。

（1）夜间行车特点。

1）开灯行车特点。

a. 视野变窄、视距变短。夜间行车的最大特点是照明条件差，光线不好，视线不良，驾驶 150m 看清被灯光照亮的景物。而汽车的远光灯照射距离一般是 150m 左右，近光灯为 30m 左右，照射范围一般不超出路面，在此距离和范围以外的景物无法看清。因此，夜间行车时的视野变得十分狭窄，视线距离大大缩短，难以发现来自两边暗处和较远处（灯光明射距离以外）的交通情况，预见性处理情况的可能性变小，处理情况常常手忙脚乱。

另外，晃眼的远光会造成观察力下降，特别是刺眼的强光，会使人在 7s 内看不见物体；如果这时的车速是 80km/h，就等于闭着眼开出去 150m。

由此可见，由于行车时照明条件不好，看不清或者看不见路上的情况是影响安全的主要因素。黄昏时分，交通情况多，光线差，对情况容易产生错觉，造成判断失误，这时是一天中事故的频发期。

b. 驾驶员容易疲劳。夜间行车，驾驶员精力要集中，以求看清前方的情况。长时间行车，眼睛紧盯着远方，非常容易疲劳。再加上茫茫黑夜，旷野寂静，能看到的只有路面，道路两旁的景物隐于黑暗之中；听见的也只有发动机声音，单调乏味，时间一长驾驶员就会感到倦怠、昏昏欲睡。特别是黎明前后，经过一夜的行车，精力下降，更容易打瞌睡。

c. 容易盲目开快车。夜间行车，特别是长途行车，交通情况（行人、非机动车）少，交会车辆也少，思想容易麻痹而开快车。另外，夜色茫茫，单车行驶，判断车速没有参照物，驾驶员往往又急于赶路，在不知不觉中就会提高行车速度，越开越快。

2) 灯火管制时行车特点。战时，夜间通常要进行灯火管制，给行车带来极大困难，这就要求驾驶员在出车前要熟悉地形，了解路况；行车中要集中精力，谨慎操作，如发现车辆有剧烈跳动，应立即停车。对路面的判断，则主要以颜色来区分，通常是：①无月光的夜晚，路面为深灰色，路外为黑色。②有月光，路面为灰白色，有积水的地方为白色，路外为灰褐色。③雨天的夜晚，路面为灰黑色，坑洼或泥泞地为黑色，积水处为白色。④雪天的夜晚，车辙呈灰白色，但通过较多的车辆后变为灰黑色。

（2）夜间行车前准备。根据夜间行车特点，出车前驾驶员必须做好各方面的充分准备，做到有备无患，以防止或应付途中可能出现的意外情况。

适当休息。出车前要做适当休息，尤其是夜间长途行车前，必须保证充足的睡眠和充沛的精力，以减轻夜间行车时的疲劳程度。

做好出车前的准备。夜间行车前，必须对全车的灯光、电气设备进行认真地检查、调整和必要的维护，使其保持良好的性能。检查并补充油、水、轮胎气压等，保持正常的标准。检查货物捆绑、装载情况还必须检查传动、转向、制动等影响行车安全的各部机件是否牢固可靠，若有故障或影响安全的因素，应及时排除，消除隐患，保证车辆有良好的技术状况。

带好随车物品。夜间行车，尤其是执行长途任务，要携带必要的随车工具、铁锹、夜间工作灯或手电筒等夜间照明用具，以及易损的常用零配件。

（3）夜间驾驶对道路与地形判断。行驶中，若感到车速自动减慢、发动机声音变得沉闷时，说明行驶阻力增大，汽车正在上坡行驶或进入难行路段。若感到车速自动增快、发动机声音变得轻松时，说明行驶阻力减小，汽车正在下坡行驶中。

如果发现行驶时汽车灯光的照射距离在由远变近，表示汽车正在驶近上坡路段、急弯或将要到达起伏路的低谷地段。

如果发现行驶时灯光的照射距离在由近变远，表示汽车正在由弯道进入直线路线、或是下坡道已由陡坡进入缓弯。

若行驶中发现灯光离开了路面，应注意前方可能是急弯或大坑，也可能是上坡车正驶上坡顶。

当灯光由路中间移向路侧，表明前方将进入弯道。若灯光从路面的一侧移到另一侧，前方必定是出现了连续弯道。

当前方出现黑影，驶近时又突然消失，表示路面上有小坑洼；若黑影不消失，表示路面有深洼大坑。

（4）夜间开灯驾驶灯光使用要领。要遵守《道路交通管理条例》中的有关规定，并根据交通情况灵活使用。一般地，起步前应开小灯，起步时打开近光灯；途中临时停车应开小灯、尾灯或闪光警告灯。

　　在有路灯照明的路段上或行驶速度在 30km/h 以下时，使用近光灯或小灯；在无路灯照明的路段上，行驶速度在 30km/h 以上时，使用远光灯。

　　在平坦、宽直、视线良好的道路上行驶时，使用远光灯。若路面不平或遇到交叉路口、转弯、窄桥等复杂道路情况，应使用近光灯，并减速慢行。

　　夜间通过城市繁华街道（有路灯），由于霓虹灯和其他各种颜色光线的交错反射，以及夜间下雨通过柏油路，其光线的反射很强。特别是在夜间雨中行车，汽车的远光会受到雨点的散射，大大降低照明效能。遇到这些情况，就应降低车速，改用近光灯，细心观察，谨慎驾驶。

　　通过交叉路口，应在距路口 30～100m 处将远光灯改用近光灯，并根据需要使用转向灯。

　　（5）夜间开灯驾驶会车要领。夜间交会车辆，应在距对面来车 150m 以外互相关闭远光灯，改用近光灯，同时降低车速（一般用中速挡），靠道路右侧（不可太靠近）保持直线行驶，选择宽阔、平直的地段进行交会，当两车交会将要处于平齐（相错而过）时，即可打开远光灯。

　　遇到对方来车未能及时关闭远光灯时，应连续明、灭前照灯示意，同时主动靠边停车避让，不要采取报复行为，抢行开灯对射或勉强行车。

　　在较窄的路面会车，当两车相距 50m 左右时，若近光灯仍使人感到眩目，则应关闭近光灯，改用小灯，以保证安全。在改用近光灯或关闭近光灯后，如果路面情况不清，需观察远处的情况，可断续地开启近光或远光灯，但开启的时间不能太长（一闪即可），以免使对面车辆的驾驶员眩目。在窄路、窄桥上与非机动车交会，不得持续使用远光灯，以防骑车人眩目，交会时发生意外。

　　夜间会车一定要看清前方的道路和交通情况，情况不明时，切不可凭侥幸心理，冒险高速行驶进行交会。必要时应及早停车，等来车通过后，开灯看清情况再继续行驶。遇到车队，与其交会时，最好停车让路。

（6）夜间开灯驾驶车速、车距控制。夜间要根据道路和交通的实际情况，选择合适的行驶速度。

在平坦、宽阔、视线良好的道路上，使用远光灯时，车速可适当加快。遇有会车、路面不平、转弯、桥梁（窄桥）、窄路、交叉路口等复杂情况，应减速慢行，一般将车速控制在 40km/h 以下，并随时做好停车准备。

夜间行车速度过快，甚至高速行驶进行会车，是极危险的。这是因为：汽车灯光的照射距离是有限的（远光灯为 150m 左右），在这个距离以外的物体就无法看见。特别是在会车时，只能用近光灯，照射距离只有 30m 左右。而根据试验，夜间以 55km/h 的速度行驶时，发现情况后立即踩制动踏板，停车距离为 30m。也就是说，夜间以这样的速度会车，当近光灯的照射范围内发现情况并立即停车，车辆与物体之间就没有间隙了。这是在车况、路况、驾驶员反应均良好的情况下进行的试验。那么，在高于这一速度，车况不良，路面有沙子或潮湿打滑，驾驶员疲劳、反应能力下降等情况下，就更不可能在 30m 的距离内将车停下，撞上物体是不可避免的。还有，如果迎面而来的是行人或自行车等活动情况，危险程度更大。

所以，夜间驾驶车辆，车速一定不能过快，以便能够在灯光有限的照射范围内发现情况，并在这个距离内安全地减速停车。可以认为，谨慎而正确地选择行驶速度，是夜间安全行车的根本保证。

夜间跟车行驶时，车距必须加大，通常应保持在 100m 以上，或者是同样条件下，白天行车距离的两倍以上。车速较快时，更应保持较大的纵向行车间距，以防止前车突然减速或停车，避免因距离太近，制动距离不够而撞上前车。

（7）夜间开灯驾驶超车要领。夜间驾驶车辆应尽量避免超车。若必须超车时，要选择平直、宽阔、视线良好的路段，并用断续灯光示意前车，等前车让路后再进行超越。

如果道路前方有弯道、窄桥、窄路、交叉路口、陡坡等复杂道路，严禁超车。

发现对面有来车，只有在确认无会车可能，对超车确无影响时，方可进行超车。但应尽快完成超车，并要做好超车失败的思想准备，以防一旦无法完成超车而手足无措发生危险。若对来车的大小、速度、距离等情况无法准确判断时，绝不能凭侥幸心理，冒险超车。

（8）夜间开灯驾驶注意事项。夜间行车容易疲劳，尤其是在凌晨三、四点钟时，最容易打瞌睡。此时，切勿勉强驾车，应就地休息，等精力得到适当恢复后，再继续行车。此外，夜间长途驾车3小时左右也会感到疲劳，要适时停车，稍作活动休息，以恢复精力。

行驶中遇到复杂地段或道路状况不明等情况，不可冒险通过，应停车查明情况再走。需要倒车、调头时，必须先下车看清周围地形，上下、左右有无障碍。进退过程中要多留余地，必要时，由其他人协助指挥进行操作。

夏季夜间行车，要关闭挡风玻璃，以防止趋光的昆虫飞进驾驶室伤及眼睛。在村镇及郊区的路边、桥头附近，往往有人乘凉或露宿，途经这些地点，要特别谨慎、小心。

黄昏时分，光线若明还暗，容易产生视觉误差，应尽早打开小灯，以便被人及早发现、看清。夜间会车时，若来车未及时关闭远光灯，应立即减速，同时用断续灯光示意对方，不能用强烈的灯光对射，以防发生事故。

行驶中若大灯突然不亮，要沉着冷静，稳住转向盘，迅速减慢车速，同时可打开防雾灯，停车后查明原因，修复大灯再行驶。行车中还应注意观察仪表，注意发动机、底盘有无异常响动，以及驾驶室内有无异味，若异常应立即停车检查，排除后再上路行驶，不能带故障行车。

夜间行驶或停车时，尽量避免驶入路边的草地或土质路基，要谨防暗沟、暗坑或因路基松软而发生陷车事故。在路边短时间停车时，应打开小灯；若停车时间较长，还应在车前、后 30m 以上的地方设置危险警告标志（专用标志或石块等），以防意外。

（9）夜间闭灯驾驶操作要领。在一般路面上闭灯驾驶，一定要掌握好转向盘，防止串轮，尽量使车辆保持在道路中间行驶，根据"泥黑、水白、路灰白"的规律，走"灰"不走"白"，遇"黑"停下来。

在单行路面上闭灯驾驶，车辆一定要沿道路的中间行驶。在拱形路面上，可以根据车辆的倾斜程度，运用平衡感觉进行判断；也可以利用驾驶员左侧路缘线、路外树木或建筑物等作为参照物，把握车辆的位置和行驶路线。

在多车道路面上闭灯行驶，切忌不可随意变更车道。

严格控制车速，不能过快。通常在路面宽阔、平整，车辆较少的道路上，车速不超过 15km/h；遇有窄路、窄桥、坡道、交叉路口、阴暗地段，路况不易辨清时，速度控制在 5km/h 左右，并随时准备停车。

在开、闭灯的瞬间，视觉有一段明、暗适应过程，此时应将车辆稍停片刻，然后再继续行驶。

有月光时可借月光观察道路情况。

无月光时，为了提高驾驶员视觉辨别能力可以使用防空灯；可以把头伸出车门窗外；可以打开挡风玻璃，或在前车车尾处悬挂醒目标志，如白毛巾等；也可以请两人顺着车辙在车前带路。

车队闭灯行驶时，要在保证行车安全的前提下，尽量缩短行车间距。因为前车所处的位置、状态以及行车路线，能够为后车的跟进提供重要的参考信息，既便于联络防止掉队，又可保证行车安全。

切忌在情况不明时靠边停车。

若遇到雷鸣闪电时，可利用闪电的一刹那进行远距离的观察，注意前方是否有行人、车辆或其他静态、动态障碍物，准确把握自己的行进路线,以弥补闪电过后,由于暗适应而形成的行车视觉障碍。

有条件时,应充分利用各种夜视器材。

闭灯驾驶注意事项。由于夜间闭灯行车能见度极差,驾驶员难以看到道路情况,合理控制车速,是保证安全行车的关键;注意休息,始终保持充沛的精力。

(10)夜间闭灯驾驶诀窍。闭灯驾驶的特点是视线不佳,道路边缘模糊不清,难以清楚判断路况。夜间行驶驾驶员容易疲劳,因此应高度集中精力,谨慎驾驶,并随时做好停车准备。

闭灯或无灯驾驶时视线不佳,须严格控制车速;同时要注意观察周围情况,尽量使汽车在道路中间行驶。可打开风窗玻璃,适当减缓车速;若路旁有行道树,可作为控制方向的目标;有副驾驶员的可让其从门窗外帮助观察。同时,根据发动机的情况来判断路况。

在闭灯情况下,一般路为灰白色,坑洼、泥泞为黑色,积水处为白色。无月夜路面为深灰色,路外为黑色;月夜路面为灰白色,有水的地方为白色;雨后路面为灰白色。因此应做到走灰不走白,遇黑停下来。

若视线太差,无法正常行驶时,应尽量停车,待天亮再行驶。切忌不可冒险行车,要知道"心急吃不了热豆腐"。

夜间驾驶,特别是在长途汽车或有连续行车任务时,驾驶员应利用行车的间隙,间或有一个高质量的小憩,养足精神,这样才能留有精力,防止意外事故的发生。

53 长途驾驶有何诀窍?

答:(1)长途驾驶的特点。长途驾驶行车距离远、时间长,地理条件的差异大,运行途中会遇到各种复杂地段和不同的交通环境。需要通过城市集镇、村庄,穿越铁路、隧道;可能途经简易公路、乡间小路,甚至要翻山、涉水、夜间行车等。途中还可能遇到雨雾、冰雪、泥泞道路等恶劣气候。驾车的距离成倍增加，车速明显加快，对驾驶员心理、生理素质要求高。

（2）出车前准备。

1）认真检查车辆，尤其是转向、制动、照明等部件，确保车辆技术性能良好。

2）检查随车工具附件，准备好备胎、篷布、捆绑绳等。

3）办妥运输手续和有关单据材料，了解运行路线。

4）领取行车执照和行驶卡片，并按规定填写有关内容。

5）添加油料（燃油、润滑油），带好个人用品。

（3）长途行车注意事项。

1）出车要做到军容严整，举止端正，牌证齐全，车容整洁。

2）文明驾驶，礼貌行车，遵守车辆停放规定，不乱停乱放。

3）遵守交通法规和行车纪律，关心载运人员，爱护所载运的物资。

4）按照车辆途中检查规定，及时认真检查车辆，确保车辆技术性能良好和行车安全。

5）途中遇到军车检查人员检查时，要态度谦虚，积极配合，服从检查，如违反纪律时要听从处理。

6）运载危险物品要包装牢固、可靠、严密，不得与其他货物混装，不得载运与货物无关的其他人员。押运人员和驾驶员在货物未卸完之前，不得离开现场。

7）行车中发生交通事故，要保护现场，积极抢救伤者，并及时报告交警和上级领导。

54　载重驾驶有何诀窍？

答：（1）载重驾驶前的准备。装载前应对车辆进行认真全面地检查，尤其是转向、制动、轮胎气压等影响安全的部位，要确保其工作性能良好。

（2）载重驾驶的操作要领。

1）起步：重车起步时，为了动力传递平稳，使汽车顺利起步，在操纵离合器过程中，半联动松抬时间（抬起过程）要比空车稍长一些，加速踏板也应适当加大力度。

2）换挡：车辆载重时，加挡冲车距离要比空车长，减挡时机要提前，动作应更迅速、准确。下坡减挡时，车速应降至低一级挡位的最低速度，且动作要敏捷、快速。

3）转向：重车驾驶时，通常会感到转向盘"发飘"，这是由于车辆装载物资后重心后移造成的。因而在操纵转向盘时要平稳转向，少打少回，切不可猛打猛回。装载物资的重心偏高时，更要稳打稳回，以防重心偏移造成事故。

4）制动运用：在相同的行驶速度下，重车的制动距离要比空车长，这是惯性大造成的。所以，处理交通情况、制动减速的时机应适当提前。

（3）载重驾驶注意事项。

1）物资的装载要适当，捆扎要牢固，行车时应尽量避免使用紧急制动，以防物资移位和倾翻，甚至损坏车辆。

2）绝不能为赶时间、赶任务而超速行驶。行车中应做到思想集中，不急不躁，坚持中速行驶，杜绝开快车，开英雄车。

3）下坡时禁止空挡滑行。

4）加强对车辆和装载物资的途中检查，发现问题及时处理。

（4）载人驾驶注意事项。汽车运载人员时，对驾驶员的操作要求较高，必须集中精力，谨慎驾驶，并注意以下几点：

1）起步应用头挡，起步前鸣笛预告乘员，当离合器踏板松至半联动位置时，稍停一下，同时缓缓踩下加速踏板，缓慢地放松离合器踏板，使汽车平稳起步。

2）起步后掌握好冲车速度，加速踏板应逐渐平稳踏下，使车速逐渐提高；当车速适合换入高一挡位时，轻抬加速踏板，换入高一级挡位，边抬离合器踏板，边平稳踏下加速踏板；用同样的方法换入更高一级挡位。切忌急踏急冲，避免乘员前趴后仰。

3）行驶中转弯应小心谨慎，进入弯道前，先放松加速踏板，利用发动机制动减速，并根据弯道情况和车速适当间断地轻踏制动踏板，使汽车进一步降低速度，然后换入相应挡位慢行，以减小转弯时的离心力。转弯时根据弯度大小，逐渐转动转向盘，沿规定路线缓慢、平稳通过。不可高速转弯或转弯同时制动。

4）通过坡道时，若路面较宽而且平坦，两侧又没有危险，可适当利用惯性冲坡；将行至坡顶时，应适当减慢车速、鸣笛警告对方车辆和行人，并根据坡下道路情况，选用合适挡位控制车速。用中速挡下坡，运用挡位辅助行车制动联合控制车速。

5）停车时，通常使用预见性制动，除紧急情况外，不可使用紧急制动停车。停车方法是：确定停车位置后，先放松加速踏板，利用发动机制动降低车速；待车速降低后，逐渐靠向道路右侧，同时轻踏制动踏板，使汽车平稳停住。

总之，载人驾驶时，转向盘、制动器运用要平缓，处理情况要提前，保证加速、减速、转弯以及停车时的平稳。

第4篇

汽车复杂道路驾驶技巧

55 城市有何驾驶技巧?

答:(1)城市道路交通特点。

1)行人多。城市的人口密度高,尤其在上、下班的交通高峰时段,道路上的行人十分拥挤。特别是个别人的交通安全意识差,交通法规观念淡薄,违章行走,抢占机动车道;在无安全防护设施的路段和无指挥信号的交叉路口处,经常会有行人随意地横穿公路或在车道上行走。这种人、车混行的交通混乱现象,严重地影响行车安全。

2)车辆多。由于经济的迅速发展,城市的各种车辆与日俱增。出租车、小公共汽车数量多,尤其是个别驾车者交通意识差,运行无规律,争道抢行,任意停车,妨碍其他车辆行驶;摩托车快速、灵活、任意穿行、超车;自行车数量庞大,骑行灵活,常常占道行驶。这种交通状况,致使机动车辆行驶速度减慢,道路通行能力降低,易造成交通堵塞,甚至发生交通事故。

3)道路少。道路是城市建设的基础设施,虽然各城市对道路进行了大量的维修改造,但由于各种原因,城市的道路状况远远不能适应现代交通的需要。路少车多始终是现代城市交通发展的一大矛盾,一定程度上制约了经济发展的速度。另外,道路网络布局不合理,违章建筑和占道摆摊设点,降低了现有道路的利用率,使原有的矛盾更为突出。

4)交通设施完善,管理严格。城市的交通安全管理设施较为完善,提高了道路通行能力,特别是立交桥的出现,缓解了城市交通不堪重负的局面。城市交通管理人员多,管理严格,维护了良好的交通秩序。

（2）不同城市交通特点。我国的城市有大、中、小（城镇）等不同规模，除了具有上述特点外，城市的规模不一，交通状况也不尽相同，以下是不同城市的交通特点：

大城市：作为地区的文化、政治和经济中心，人挤车多，街道密布，交通情况错综复杂。但交通管理设施完善，组织严密，管理人员多，人们有遵守交通秩序的良好习惯和较强的交通安全意识，人车各行其道，秩序良好。

中等城市：行人、车辆较多，有相应的交通设施，少数人遵守交通规则的习惯较差，除城市干道外，交通秩序较为混乱，会给行车安全带来不利的影响。

小城市（城镇）：街道狭窄，管理设施不完善，管理人员缺乏，管理组织不严密。人们缺乏交通安全意识和常识，人、畜、车辆混杂而行。非机动车违规占道，乱停乱放，若遇集市，人车十分集中拥挤，秩序紊乱，常会造成交通堵塞。

（3）城市交通特殊情况判断与处理。上、下班时间是城市交通的高峰期，部分行人为赶乘交通车辆，行走匆忙，只顾抢时间而忽视来往车辆，常常抢道过街。自行车川流不息形成车流，对机动车往往置之不理，不愿让路。此时应谨慎驾驶，遵守行车规则，兼顾左右，随时做好停车准备，不可与行人、自行车抢道。

经过公共汽车、电车站或其他停驶车辆时，常有人从汽车前后突然冲出，去赶乘其他车而横穿公路。小公共汽车、各类出租车行驶无常，有的则见空就钻，急停猛拐，常使尾随车辆措手不及。此时应谨慎驾驶，在允许鸣笛的地段注意鸣笛，兼顾左右，并随时做好停车准备，礼貌行车。

影剧院、商场和其他公共活动场所附近的街道，常有人群聚集，人声嘈杂，对交通情况不注意，难以听到汽车鸣笛声，人们随意地横穿马路，或在机动车道上行走、站立，容易发生伤人事故。驾驶员应集中精力，提高警惕，谨慎驾驶，减速慢行。

城市的孩子喜欢在巷道内游戏，特别是学校附近，放学时，成群的学生拥入街道路口，有的在道路旁追逐玩耍，甚至会突然闯入机动车道而发生危险。此时驾驶员应集中精力，注意道路两旁的动态，减速行驶，随时做好停车的准备。

城市的摩托车数量众多，这种交通工具骑行灵活、转弯快，一有机会就抢道、乱钻、对机动车毫不在意，且稳定性差，易摔倒，与机动车之间发生的事故率较高，且为交通弱者，一旦发生事故，很容易造成骑车人伤亡。此时驾驶员应礼貌行车，做到不争、不抢、不赌气。

总之，城市行车可能遇到的特殊情况还远不止这几种，行车时一定要集中思想，耐心谨慎地控制好车速，仔细全面地观察行人、自行车和其他车辆动态，迅速、准确地做出判断，及时正确地采取措施。切不可心存侥幸，更不可争道抢行，确保行车安全。

（4）城市驾驶要领。要严格按照规定的行驶路线行车，服从交通管理人员的指挥。

注意观察道路交通情况，集中精力，严格控制车速、保持适当车距，随时做好停车准备。

通过转弯、桥梁、路窄人多的地方，须缓慢行驶，注意鸣笛。在交叉路口、繁华地段等人车集中地段，更要谨慎小心。

停车要在指定的地点按顺序停放，自觉遵守有关规定，不得随意地乱停、乱放，妨碍交通。

调头应尽量选择行人、车辆较少的广场或其他允许调头的宽阔地点，必要时应有人指挥，避免在繁华或狭窄地段调头。

上、下班的交通高峰期间行车，要礼让行车，耐心谨慎驾驶，切勿意气用事，发生意外。

各城市通常有相应的地方性交通管理措施，属交通法规范畴，必须严格遵守。

（5）城市驾驶技巧。城市街道是人口高度集中的地方，行人、车辆较多，运输繁忙，交通拥挤，危险与安全之间的关系很微妙。在繁华道路上，要将车速控制在与当时客观环境相吻合的程度，重点防备前方车辆、骑车人，以及行人左转、横穿或从盲区突然出现，防止急躁心慌。

在一些比较繁华的人车交互车道，要提前减速慢行；遇到行人要及时停车，切莫强行。交叉路口看信号，行人抢道要注意。

繁华的路段人多、车多，交通情况瞬息万变，驾驶员必须集中精力，切莫一不留神出大错。在比较拥挤的路段，人车混杂拥挤，车辆难以行走。驾驶员要灵活使用离合器，做到随走随停，以免人流阻断前行。

在繁华街道上，车辆。人员机动性大，对那些从盲区闯出来的目标要特别小心谨慎，适当增加车间距离，扩大视野，做好随时停车的准备，提高处理突发事件的能力。在交通高峰期，特别是在大中城市，更要谨慎驾驶，切勿急躁。

紧跟前车要注意汽车两侧的情况，特别是人流量大的地方，有些人看到车速比较慢，会放松警惕，无意中靠近车辆，容易发生事故。汽车在变更车道时，不仅要提前打开转向灯，还要在变道操作中时刻注意右侧的情况。

有些人自以为摩托车提速快、轻便灵活，他们没有经过严格的技术训练，对交通规则也一知半解，常常在一些交叉路口习惯性抢道行驶，汽车驾驶员要密切观察其动态。城市行人总以为汽车是有人操纵的，不会撞自己，听到鸣笛声也不肯避让。遇到这种行人时应减速，切不可急躁，更不可用汽车挤人群，以免发生意外。

分道线是城市道路的一个重要交通标志，驾驶员要按路上的箭头指向行车。当遇到阻塞时，应不急不躁、耐心等待，理智安心地等待阻塞疏通，万不可急于把耽误的时间赶回来而超速行驶。

遇到转盘一定要按逆时针方向行走，驶出时要认清方向和路口，打开转向灯，变更车道，将汽车驶出。无论是集市还是农贸市场，交通都十分拥挤，汽车一定要低速缓行。碰到传统型的集市，更要注重尊重当地人员的风俗习惯，切不可贸然行事。

交叉路口是车辆和行人的汇聚点，行人从各条道路汇聚到路口，有点要改变行走方向，不改变方向的人也要横穿道路才能穿过交叉路口，所以情况复杂、流量较大、交通管理较差，如果驾驶员不谨慎驾车，很容易发生碰撞事故。

城市的交通特点：大中城市行人、车辆较多，运输繁忙，交通拥挤；小城市行车街道狭窄，交通设施不完善，行人缺乏交通常识，交通秩序较为混乱。在城市必须时刻关注行人和车辆形态，正确判断交通情况变化，注意交通标志和交通指挥信号，自觉服从交通管理。特别要注意行人易横穿马路，甚至跨越护栏；出租车看到乘客会随时停车，甚至违章掉头。

56　高速公路驾驶有何技巧？

答： 高速公路是一个国家交通现代化水平的重要标志之一，不仅在交通运输中起着十分重要的作用，对国民经济的发展也有重大意义。但高速公路行车，对驾驶员的心理素质、驾驶技术提出了更高的要求，驾驶员必须掌握高速公路的行车特点、规律和正确的驾驶操作方法，保证行车安全。

（1）高速公路特征。高速公路是指为直达、快速运输服务的汽车专用公路，与普通公路相比，有其特征和交通特点。为了保证汽车的快速、安全运行，高速公路具有五个基本特征。

1）采取全封闭管理。道路两侧用铁丝网和隔离栏等设施将公路封闭起来，并在出入口进行控制，严禁人、畜、非机动车和设计速度较低的机动车进入公路。

2）采用全立交，提高了通行能力，减少运行事故，保证直达运输畅通无阻。

3）设有中央隔离带，每侧至少有两个以上车道，汽车分向、分道行驶，互不干扰。

4）沿途设有综合服务设施、安全监控及通信设施等，以保证汽车行驶安全、快速。

5）不直接通过城镇，在通往城镇处设立分流道，通过支线进入城镇。

(2) 高速公路交通特点。行车速度快。由于高速公路上无平面交叉路口，来往车辆各行其道，互不干扰、汽车可以快速行驶。另外，高速公路的设计速度一般为 100～120km/h，甚至更高，在线型设计上也保证了汽车可以安全而快速地运行，使汽车的高速性能得以充分发挥。

交通流量大。高速公路的交通流量比普通公路大得多，一般有隔离带的四车道路面，车辆的日通行为 3.4 万～5 万辆。如我国广州至深圳高速公路为六车道，其日通行量高达 8 万辆。

设计合理，行车舒适安全，交通事故少。由于路面及线型设计科学、合理、平、纵面曲线协调完美、交叉形式、视觉效果良好、安全管理、服务设施完善，汽车运行条件十分优越。因此在高速公路上行车比一般公路舒适、安全，交通事故也较少，事故发生率和死亡率为普通公路的 1/3 和 1/2 左右。

事故性质严重，易造成乘员伤亡。高速公路的事故率虽然较一般公路少，然而一旦发生交通事故所造成的损失却比一般公路大，后果比较严重，甚至会有数辆汽车追尾相撞的惨重事故。另外，因车速很快，车辆冲撞、碰刮中央隔离带或防护栏后，造成翻车也会使乘员伤亡。因此高速公路的行车安全不可忽视，必须引起驾驶员的高度重视。

(3) 高速公路驾驶要领。

高速公路上车速快、车辆多，而因为车道封闭，视野相对开阔，驾驶员易产生麻痹心理，注意力不集中，容易出现事故。为此，驾驶员必须自觉遵守高速公路行车的有关规定，养成经常查看交通标志的习惯，谨慎驾驶，保证安全。

进入高速公路前，应认真检查车辆，重点检查转向、制动和行驶系统，并带足燃料。若遇车况不佳时，尽量靠右低速行驶，并打开警示灯。高速公路行车容易疲劳，要注意休息，保持头脑清醒，不可勉强行车。行驶中尽量避免停车，若确实需要停车时，应选择安全停车地点，并注意高速公路上停车的特殊规定。

高速公路上车速较快，跟车时不可跟得太近，以免前车紧急制动来不及反应发生追尾。如果没有车辆超越，可将车头适当向左侧偏移，以便观察前面情况。若遇到交通障碍时，要提前并轻缓转动转向盘，切莫急速大打转向盘，以免车辆发生侧滑或侧翻。

车速越高，驾驶员视线距离变短，视野变窄，制动距离加长，汽车转向离心力增大，操纵稳定性变差，判断失误增加。因此，高速路上不能超速，转向盘的使用要适宜。

高速路上的汽车车速较快，满足超车的条件不多，机会较难把握，因此超车一定要小心！超车时，先观察判定前方车行状况，并注意后方车道有无来车，确认没有危险时，打开左转向灯，在超越被超车50m以上时，保持一定的车速驶回原车道，要记得并回车道前多瞄一眼后视镜。

发出超车信号后，不要猛然变道，应再次注视车前、车后、车旁情况。当车后有车发出超车信号时，应暂缓超车行动。确认可以超车后，一边驶靠道路分道线，一边平稳转动方向盘，以较大的行车轨迹将车果断地加速驶进超车道。超过后，逐渐向右转动转向盘，进入行车道，及时关闭转向灯。

在雨、雪、雾等视线不良的天气条件下，应注意观察沿途的各种交通标志和标线，及时了解道路情况、出/入口、服务设施等交通信息，按标志行车。不要随意在路口上停车，若需停车时，应靠右并打开警示灯，人员下车后到安全的地方。

高速公路行车尽量做到匀速行驶，不要忽快忽慢，一则不经济，另外还增加了车辆的不安全性。当有结冰时，要降低车速，并注意转向盘的灵活使用；尽量使用发动机牵制制动，严禁使用紧急制动，以防车辆发生侧滑或侧翻。

高速公路车流速度快，长时间骑压车道线会影响后车的正常超车或行驶。另外超车道是专为超车准备的，若一直行驶在超车道上，会影响后车的正常超越，且超车道上的车速更快，长时间行驶不利于行车安全。

在距离高速公路口1000m和500m处分别设有高速公路起点

或终点预防标志，车辆应首先减速，以便观察清楚。高速公路上不得随意掉头或逆行，不得穿越中央分隔带掉头或转弯，只能在下一个出口处掉头转弯。

快道行车有"四忌"，每条必须要牢记：一忌超速快行车，二忌压速慢行车；三忌思想开小差，四忌路口右转弯。

1）进、出高速公路要领。车辆进、出高速公路，不得妨碍其他车辆的正常行驶。

进入高速公路。在距离高速公路入口 1000m 和 500m 处分别设有高速公路起点预告标志，进入高速公路时，通常要经过收费站，所有车辆应按顺序交费通过，才能进入高速公路。

从支线进入高速公路，首先要看清高速公路上的交通情况，并正确估计公路上车流的行驶速度。及时打开左转向灯，在加速道上提高车速至 50km/h 以上（或与车流速度相适应），才能进入行车道，加入预先观察好的车流中适当位置，继续加速行驶，如图 4-1 所示。严禁未经加速直接加入车流。

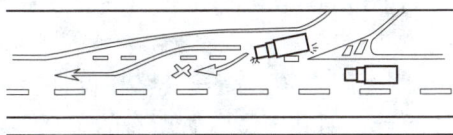

图 4-1　高速公路入口

驶离高速公路。通常在距离高速公路出口 1000m 和 500m 处分别设有高速公路出口预告标志，看到标志后，应做好减速准备。接近高速公路出口时，根据情况松开加速踏板，不得使用紧急制动，逐渐减速，以适当的车速，缓慢通过出口。

中途驶离高速公路，应提前打开右转向灯，进入减速车道后，逐渐松开加速踏板，在减速车道上减速，并循出口匝道驶离高速公路。如图 4-2 所示。不得在行车道上使用紧急制动，或由行车道突然减速进入出口匝道。如错过出口，须继续行驶至下一出口，方可离去。严禁在高速公路上停车、倒车或调头逆行返回已错过的出口。

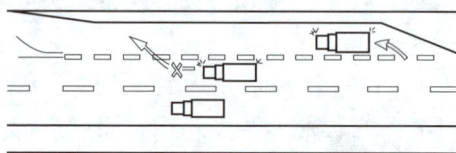

图 4-2　高速公路出口

2）车行道选择要领。目前我国的高速公路，多数每侧只设两条车道，右（外）侧为行车道，左（内）侧为超车道。车辆正常行驶应在右（外）侧的行车道上，需要超车时，可进入左（内）侧的超车道进行超车，但超车完成后，应回到行车道行驶。

有的高速公路每侧设有三条车道，由外（右侧）向内起第一条为大型车道，供大型机动车行驶；第二条是小型车辆行驶的小车道；第三条是超车道，供小型车超车时使用。大型机动车超车时可进入小型车道行驶，完成超车后应回到大型车道。

正常行驶车辆不得骑压分道线，不允许进入路肩、加速车道或减速车道行驶。

3）车速、车距控制要领。高速公路在设计上保证了车辆可以安全、快速地运行，但并不意味着所有的车都必须以最快的速度行驶。用极限速度行驶，会对车辆造成极大的机械磨损。特别是小型车，还会因超出道路设计所能达到的行驶速度而造成翻车（通过弯道时）或出现其他危险。但车速也不能过低，以免影响其他车辆的正常行驶，发生事故。通常，正常行驶速度应控制在 80～120km/h 的范围，并且以不超过本车最高（设计）时速的 80％为宜。

追尾事故在高速公路上十分常见，主要原因是跟车距离不合适。行车时，一定要与前车保持足够的安全距离，以保证在遇到紧急情况时能及时地停车而不会撞上前车。

经验表明，在高速公路行驶时，有多快的车速，就应保持不低于相应公里数的车间距，如 100km/h 的速度行驶时、与前车之间的距离至少应在100m以上，可以通过公路边的距离校正标志来判断。

4）超车要领。在高速公路上行驶的车辆，速度都很快，若要完成超车，就必须以更快的速度行驶，因此，超车时汽车处于超高速行驶状态。在这种情况下，汽车的稳定性会明显下降，同时还要转动转向盘（两次）换道，稍有失误就会发生危险，必须谨慎小心地实施超车，欲超车时，先通过车内或车外的后视镜观察后方（超车道上）有无车辆超越，同时看清前方道路交通情况。确认安全后，打开左转向灯，慢慢向左转动转向盘，使车辆逐渐进入超车道加速行驶，超越前车。超过后，应继续行驶至与被超车保持一定的安全距离（50m以上）后，打开右转向灯，逐渐向右转动转向盘，进入行车道，及时关闭转向灯。超车时转向不可过急，更不能使用紧急制动，尽量一次完成超越。

严禁从右侧车道、路肩或紧急停车带超车。不得借加速车道或减速车道超车。

（4）高速公路行车注意事项。高速公路上车辆多，车速快，必须自觉遵守高速公路行车的有关规定，保证安全。

注意观察沿途的各种交通标志和标线，及时了解道路情况、出/入口、服务设施等交通信息。

正确使用转向灯，行驶中变换车道或进出高速公路，都必须提前打开转向灯，确认安全后再换道。严禁未开转向灯换道，并注意及时关闭转向灯。

行车前注意休息，保持充沛的精力，防止驾驶疲劳，行车中要适时调整姿势，以正确而放松的姿势进行操作。行车时车速快，视点远，精力过于集中；路面线型缺少变化，道路两侧无景物等也容易引起驾驶疲劳，甚至打瞌睡，因此，要看远顾近，避免紧盯一点，感觉疲劳时，要停车稍作休息，不可勉强行车，以防发生事故。

夜间行车，照明条件差，极容易产生麻痹思想，引起感知能力下降；单调的路面会产生催眠作用，因此，要严格控制车速，不要过近尾随前车，保证夜间行车安全。

遵守停车规定，不得在高速公路上随意停车，严禁任意停车上、下客和装卸货物。行车道、超车道、匝道、加速和减速车道上严禁停放车辆。由于故障或其他特殊原因必须停车时，应在紧急停车带或右倒的路肩上停放，并在车前后100m左右处设置明显标记，打开危险信号灯。

57　通过立交桥有何驾驶技巧？

答：立交桥的作用是使两条相交道路的交通流在空间分开，互不干扰，以减少或避免车辆在平面交叉路口的冲突，从而保证道路畅通。

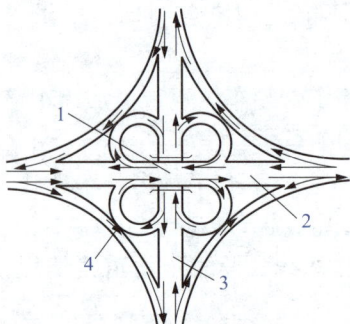

图 4-3　互通式立交桥

（1）立交桥的组成。互通式立交桥的上下道路互相连通，如图 4-3 所示。

跨路桥 1、2、3：立交桥的立体结构，主要道路从桥上或桥下通过。相交道路从桥下通过的称为跨式；反之称为穿式。

匝道 4：为连接两条相交的道路而专门设置的联络道路。匝道分为单向、双向和有分隔带的双向匝道三种。

（2）通过方法。通过立交桥必须注意各种标志，并严格按照标志所指的方向行驶。

直行车辆：在原行驶方向的主干道上直行通过。

右转弯车辆：应开启右转向灯，在接近立交桥的第一个路口向右转。

左转弯车辆：转弯时不能直接向左转弯，在过桥后的第一个路口，开启右转向灯，向右转弯行进，然后再次右转弯，进入主干道。

调头车辆：按左转弯的方法，接连两次左转弯便可实现调头。

58　通过铁路有何驾驶技巧？

答：（1）无论是否有人看管，都应仔细观察，必要时下车进行观察。在铁路道口内行驶时，应注意选择平坦地点，尤其要注意轨道钉等突出物，避免造成较大颠簸或损伤轮胎。

（2）如果车辆在道口发生故障，应先让乘员下车离开路口，再设法尽快将车辆离开，切莫手忙脚乱出现错误操作。尾随前车通过铁路道口时，应保持足够的安全距离，在前车驶出道口大于一个车位的距离后，才能驶入道口，防止前车因交通堵塞或其他原因停车。导致自己车辆无法驶离铁道路口。

（3）通过铁道路口要"一慢、二看、三通过"。一慢，即及时降低车速；二看，即看是否有火车驶来和看交通标志：道口信号灯交替闪烁或红灯亮时，汽车不得通过；在确认安全后，以20km/h左右的速度一气通过。

（4）当看到或听到有火车驶来时，应将车离铁路钢轨2m以外靠右侧停放，严禁抢越。火车通过后，被阻截的车辆和行人较多，一时出现拥挤现象，行驶时应靠右侧依次尾随前车停放，不多并列停放或争先抢行，以防刮碰其他车辆和行人。

（5）通过道口时，提前减速进行瞭望，确认无火车驶来时，低速一气通过。一般采用二挡行驶，最高时速不超过20km/h，不得在火车通过的区域内变速、制动、停车。

59　山路有何驾驶技巧？

答：（1）山地道路行车特点。我国地幅辽阔，属于多山地国家，山区公路行车是十分常见的。山区公路多数在崇山峻岭之中，依据自然地理条件修筑，这类公路有以下特点：

1）坡长且陡。山区的干线公路，翻越高山峻岭，连续的上下长坡路段普遍达数公里甚至数十公里以上。而且有些坡道很陡，达 20°以上。汽车上坡时，需要用低速挡长时间行驶；而下坡时，又需长时间使用制动，以控制车速。

2）路窄弯急。由于在山区的修路难度大，路面一股都较窄。登山公路多为盘山绕行或依山傍水，弯道曲折，连续不断，视线不良，须提前减速，且换挡频繁，经常要做避让和停车的准备，使驾驶员经常处于高度紧张状态，精力消耗大，容易疲劳。

3）气候多变。山区的气候因受当地纬度、海拔、地形及季节等因素的影响，气压低，空气稀薄，气候变化无常。有的山区，山下骄阳似火，山中温暖如春，山顶则是寒冬；有的山中常处于云雾笼罩之中；有的山地阳面坚实干燥，阴面却是滑湿泥泞；有的山区因气压低，水的沸点下降，冷却水容易沸腾（一般在 80℃左右）发动机燃烧不正常，动力下降；再则有些驾驶员一时不适应山区环境，给安全行车带来不利影响。

4）险情多。有的山地公路在雨季常被山洪冲毁，桥涵会被冲断；有的山区有冰川和泥石流；有的山区经常有风化了的石块会滚向路面，所以，一旦发生险情，公路遭到破坏，交通中断，汽车要在便路、便桥上行驶，会给行车增加难度。

（2）山区道路驾驶要求。

1）加强出车前和途中的检查，特别是转向、制动、传动和车轮各部分的技术状况必须完好，工作可靠。

2）根据需要携带三角木、防滑链、铁锹等，以备不时之需。

3）行驶中要注意观察仪表，及时调节发动机温度，保证温度正常。

4）对道路情况要判断准确，处理及时、果断，注意观察交通标志，了解道路情况，提前采取措施。

5）换挡要及时，动作要迅速准确操作转向盘要灵活、适度，不可过急。制动使用要适当，并提前使用，随时做好停车准备，以免发生危险。

6) 尽量在公路中间或靠山的一侧行驶，防止发生意外。

7) 下长坡时，尽量利用发动机的牵阻作用控制车速，气压制动的汽车，不可经常连续使用点刹制动，以免气压不足使制动失效。若发现气压过低，应停车充气后再行驶。

8) 下陡坡和急弯处禁止空挡滑行，严禁熄火滑行。

9) 跟车行驶时应加大行车间距，防止撞车。

（3）山区道路驾驶要领。

1) 坡路行驶。

a. 通过短而不陡的坡。若路面较宽而且平坦，两侧又没有危险，可适当利用汽车的惯性冲坡。当汽车将要到达坡顶时，要减速鸣笛（夜间用断续灯光），示意和警告对面来车、行人，并禁止超车，以免发生事故。

b. 通过陡坡。

上陡坡：要正确判断坡路情况，上坡前提早换入中速或低速挡，以保持足够的动力，切不可等到惯性消失了再减挡。在坡道上发动机熄火或换不进挡汽车后溜时，要沉着处理，迅速用制动（驻车制动杆）将车停住，然后重新起步。如果制动失灵或惯性太大，汽车难以停住，可打转向盘将车尾转向山的一侧，使车尾抵住山体，利用天然障碍停车。

下陡坡：利用发动机的牵阻作用和脚制动器控制车速，禁止踏下离合器踏板或放空挡滑行，避免使用紧急制动。

c. 通过长坡。

上长坡：在地形上，虽然山区道路从整体上看是上坡，但中间总会有部分起伏地段或较平坦的地段。因此要正确判断坡度情况，不能单纯用低速挡行驶，应根据坡度的大小，选择合适的挡位。能用高速挡行驶的地段，应尽量用高速挡，还应充分利用起伏的地形，发挥车辆的惯性，能冲车的路段提前冲车，以保持足够的动力上坡。

用低速挡上长坡时，行驶速度慢，时间长，要有耐心，加速踏板不宜踩得过大，使发动机平稳工作，防止温度过高冷却水沸腾，或造成燃料系统气阻。一旦出现上述情况，应选择适当地点停车休息。必要时补充冷却水，待温度降低后继续行驶。

下长坡：下坡时，汽车重心前移，惯性变成下坡的驱动力，汽车行驶速度自行加快。坡越陡、越长，车越重，车速就越快。所以下长坡前，必须停车检查驻车制动器、脚制动器及转向装置的技术状况是否良好，工作是否可靠。下坡时必须严格控制车速，不可过快，禁止熄火滑行。

下长坡要尽量利用发动机制动控制车速。经常使用脚制动，不仅会加剧制动蹄片与制动舷的磨损，而且车轮制动器内的温度容易升高，造成制动性能降低，严重时会使制动失灵；同时会造成制动气压急剧下降，影响车辆制动性能。

下坡的尽头如果有桥梁，应提前减速，使车辆平稳地以中速以下速度通过。因为桥梁与公路的连接处常常凹凸不平，若车速过快，不但容易损坏钢板、轮胎、车桥等，而且可能因冲击力过大使转向盘脱手，发生倾覆事故。

2）通过傍山险路。傍山险路弯多路窄，一边靠山，另一边临崖或傍河。行驶中应多鸣笛，尤其在弯道处，要时刻注意对面来车和路边的情况，尽量选择道路中间或靠山的一侧谨慎驾驶；傍山险路尽量不要超车，确实需要超车时，应选择在道路较宽，视线较好，没有弯道的路段快速超越，不得与被超车辆长距离并行，做到万无一失。遇到来车，应主动选择较宽阔的安全地段会车，做到"宁停三分，不抢一秒"。如会车地点靠近崖边或河岸一侧，可先下车观察路基情况，在确保安全的情况下方可行驶。

3）通过危险地段、便道及岩堆地区。在高原地区行车，经常会遇到只能勉强通过单车的危险地段或便道。通过这些危险地段前，应先下车察看道路情况，必要时加以修填，然后由他人指挥用低速挡通过。车上如有乘车人员，应下车步行通过。

通过危险的陡坡，应事先对车辆进行技术检查，确认安全后，由副驾驶员（或其他乘员）拿三角木或石块下车同车并进，一旦汽车后溜，应立即塞住后（前）轮。使用三角木时，人应站在车轮的一侧，防止发生事故。

岩堆地区是指由大小风化石，松散堆积成山并经常发生坍塌的地区，这种路段最容易塌方。行车中，若发现前方路面有散乱的大小石块、泥石或沙石土堆时，应当看做是塌方的迹象，必须选择安全地带及早停车，细心观察，待查明原因，确认安全后可以通过时，再一气加速通过，不得中途停车，以防发生意外。

通过坍塌地段时，如前方有碎石掉落，应立即停车；若碎石落在后边，则加速通过。

（4）山路驾驶技巧。

山区路段，或筑在崇山峻岭之中，或修在悬崖峭壁之侧，坡长而陡，路窄弯急，隧道桥多，危险路段多。山区路段行车一定要注意交通标志，严守行车规定，合理选择转弯、会车地点，留心观察，谨慎驾驶。

上山时，应提前根据车辆装载和坡度情况换入适当挡位，缓慢上坡行驶，不要急着一脚踩节气门踏板一气冲坡。

下坡尽量利用发动机的牵阻作用，禁止脱挡滑行。若制动鼓和蹄片发热，应选择适当地点停车休息。下坡行驶时，由于车速较快，方向制动易失控，应禁止超车。两车交会，下坡车应降低车速，靠边行驶，照顾上坡车，与之安全交会。车辆下坡时可使用发动机牵制制动来控制车速，装有排气制动的车辆也可使用排气制动，严禁空挡滑溜。

在陡坡或急转弯路段驾驶时，要提前换挡，谨慎操作，尽量不要在转弯中换挡，做到慢慢稳稳通过。

通过直角弯路和弯路半径很小的急转弯路时，首先要慢下车来，并适当鸣笛，确定行驶路线，把握好转向时机。上坡跟车时，根据坡度和车辆装载情况选择适当挡位，拉大跟车距离，以防前车因动力不足、机械故障等后溜。

山路驾驶，应注意路基的坚实程度，选择安全地段行车。沿路注意关注路上的标志、警示。

60 高原地区驾驶有何技巧?

答：我国的西部、西南部地区有相当面积的高原地区，海拔在1000m以上。高原地区行车对车辆和人员都会带来不同程度的不良影响、行车时应注意以下几点：

(1) 高原地区由于海拔高，空气稀薄，气压降低，会使发动机充气不足，功率下降（海拔每升高1000m，发动机功率降低10%），燃料消耗增加。因此，要调整喷油泵，适当增加供油量，将供油提前角适当提前，以保证发动机有足够的动力。

(2) 高原地区的气压低，使流过散热器空气流量减少，易造成散热不良。同时冷却液沸点随海拔的升高而降低（海拔每升高1000m，沸点降低3.5℃），使散热性能变差，冷却水容易沸腾。因此行车前必须加足冷却液，保持冷却系统畅通和散热器外部清洁，使其有良好的散热性能，不得用拆去节温器的方法提高散热性能。

(3) 高原地区的公路路线长，停靠站少，应尽量白天通过，减少夜间行车，并根据需要备带常用易损件（如分火头，分电器触点等）和防雨、防湿，严寒起动的预热设备，加足燃油、润滑油和冷却水等。

(4) 高原地区坡道长、弯道多，路面质量较差，行驶阻力增大，发动机经常在大负荷下工作，增加了发动机、传动系统、行驶系统、转向和制动等系统机件的磨损和损坏。为减少磨损，行驶时应尽量利用惯性冲坡。在必须上坡时提前减入低速挡，并适当控制发动机的转速，减轻发动机的磨损，避免温度急剧上升。途中应加强转向、传动、制动等部位的检查。

(5) 由于海拔高、缺氧，初到高原的人，因暂时不能适应高原气候，会有高原反应，容易感到疲劳，所以要减少活动，注意及时休息，避免快速运动。高原反应的主要特征是呼吸困难，头痛、头晕、胸闷、脑涨、食欲不振、失眠；严重时会出现恶心、呕吐、全身无力，甚至昏迷。轻微的反应只需作适当的休息，会逐渐好转，严重时应及时吸氧。高原气候变化快，时冷时热，忽风忽雨，昼夜温差大，要预防生病，备带必要的药品，特别要注意预防感冒。

（6）高原公路直线段多且长，公路边景物少，交通情况少，单调乏味，容易疲惫，要注意适当休息。

（7）通过少数民族居住区时，应当尊重当地民族的风俗习惯，谨慎驾驶，确保行车安全。

61 通过乡村路有何驾驶技巧?

答：（1）乡村道路路面状况差，路窄且坑洼不平。晴天时，路面上尘土飞扬，布满乱石和坑洼；雨天时，路面上积水、泥泞、沟壑随处可见，甚至可能出现路肩塌陷现象。农村儿童平时遇车较少，一旦看见汽车，喜欢追逐跟跑。因此，驾驶员应集中思想，注意观察行人动态，遇见各种交通情况的变化趋势，并做好应付突发情况的思想准备。

（2）乡村路凹凸不平、坑洼多，一旦下雨到处积水。有些行人和骑车者为了躲雨，或者避让路上的坑洼处，经常行在道路中间，对汽车行驶的动态不予理睬。遇此情况一定要放慢车速，不管水是否溅到别的车身上还是行人的衣服上，总是让人很郁闷。特别是对于路况不明的水洼，车速太快的话，一个坑或沙石都会让爱车受伤。

（3）乡村中人、畜、人力车并行，障碍物多，驾驶员通常会本能地避让。车速较快时常常会猝不及防，为了避让障碍而造成更大的事故。因此，最好的防御措施就是在村庄密集的道路上行驶要放慢速度，经常鸣笛，沉着冷静，主动避让，随时做好停车准备。

（4）三轮车大都是改装车辆，安全系数低；三轮车主交通安全意识淡薄，在马路上横穿直撞；三轮车大多无牌无证，肇事逃逸后取证难，不易找；三轮车主收入低，撞了人赔付难度大。所以在乡村见到三轮车一定要小心避让。

62 通过沙土路有何驾驶技巧?

答:(1)风沙天气使人视野受到影响,不便于观察,如沙尘飞入人眼中会产生暂时性视觉丧失。在灰尘较大的道路上行车时,行人为了躲避尘土去抢上风,只顾奔跑,不顾及安全。对此,驾驶员不可掉以轻心,否则极易出现事故。

(2)在风沙天气下,自行车其侧向稳定性差,容易倒下。此时道路上的交通情况极为复杂,驾驶员稍有不慎,就有可能发生交通事故。

第5篇

汽车特殊条件驾驶技巧

63 雨中有何驾驶技巧?

答:雨中行车,因能见度低,路面泥泞、湿滑,行人、车辆动态异常,险情增多。为保证行车安全,雨中驾驶技巧有以下几点:

(1)行车前加强对车辆的检查维护,检查发动机罩的封闭情况;检查制动是否跑偏、有效;检查刮水器是否工作正常,并及时排除故障。

(2)雨天行车车速最快不要超过70～80km/h。如果车速过快,惯性增加,且道路较滑,轮胎的附着力下降,从而导致制动效果明显下降,发生事故的机会大大增多。所以雨天制动要将制动距离延长3倍,同时要注意保持适当的车距,尽量避免急转弯和急刹车;在较窄路面上应避免超车,以防汽车打滑驶出路面。

(3)汽车在积水路面或暴雨中行驶时不要紧急制动。汽车在积水路面或暴雨中行驶后,因制动摩擦片湿透易导致制动失效。制动鼓进水后,其水膜会使摩擦片和鼓之间的摩擦力明显降低而无法发挥制动效果。这与慢慢磨耗摩擦片的情形不同,本来很有效的制动会因水的进入而突然失灵。如果忽略了这种情况,而在涉水后还猛踩加速踏板加快速度,万一遇到紧急情况,后果不堪设想。当发现制动失灵时,千万不要紧张,慢慢行驶,并用脚轻踩加速踏板及制动踏板,如此反复几次之后,由于摩擦片和制动鼓的摩擦生热便可将水膜蒸发干。

(4)雨中行车应集中思想,控制车速。久旱初雨而又逢蒙蒙细雨时,雨水和路面上的积尘、油污相混合,形似润滑剂,使路面溜滑异常。这时轮胎与路面间的附着力降低，车辆易于侧滑。在低附着系数的路面上制动时，车轮会迅速抱死，往往使方向失控，因此应避免急剧转向和紧急制动。若需制动，应多采用发动机怠速牵制作用降速和点刹制动、驻车制动并举。若该车装有ABS，那这点就不成问题了。否则要切记不要死踩制动，万一轮胎抱死（可能发生尖叫或无法控制方向等情况），应立刻放松再踩。

（5）我国南方地区夏天的雷阵雨或暴雨来势凶猛，降水强度大，刮水器几乎发挥不了作用，风窗玻璃上的水流几乎挡住了视线，灯光的作用几乎丧失殆尽。这个问题，高速路多亏有分隔带遮光板，否则真没法开车了。

若不是高速路，夏天遇滂沱暴雨开车，就算刮水器用力地刷，到最快速，也几乎起不了作用，风窗玻璃上的水流几乎挡住了视线，依然看不清前方的视线及车距。这时切不可冒险行驶，应将车慢慢停到路边，并打开各种车灯，或打开危险报警灯，以提醒来往车辆，防止碰撞。

遇到上述情况时，不妨戴上墨镜或偏光茶色镜，任何款式都可，然后神奇的事情就会发生了，突然间，原本如豆大般狂泄而下几乎遮住所有视线的倾盆大雨，好像变得不见了，眼中所看到的，只剩下前方的车辆，既清楚又不必担心视线不清。

其原理：因光线照射水珠会产生散乱的反射光，墨镜可以过滤掉反射光。

在车上准备一幅墨镜吧，以遇大雨时备用。

（6）在山区遇到暴雨时，应防止山体滑坡，切勿将车停在山谷间的公路上。长时间下雨会引起路基疏松与塌陷，因此行车中应注意选择安全路面行驶。在上坡路、堤路或沿河道路上，不宜靠边行驶或停车，在超车、会车时更要注意。通过低洼积水路段时，应先探明积水深度，确有把握，方可低速缓缓通过。对大水漫过路面处，应充分了解路面是否被水冲坏，不得盲目涉水。

（7）长时间雨中行车，驾驶员容易疲倦，心理上产生压抑感，无意中便提高了车速，想尽早冲击雨幕包围。因此，必须适时休息，调整心绪，控制车速。

（8）夜间雨中行车时，由于雨幕对灯光的反射作用，车前往往白茫茫一片，形成炫目的光幕。此时应严格控制车速，多使用小灯、防雾灯，特别在会车时更应注意。

（9）雨中行车应当心行人，刚下雨时，许多人可能由于没带雨具，在公路上低头东奔西跑寻找避雨处，或在路边躲雨后突然横穿公路，当暴风雨来临时，电闪雷鸣，尘土飞扬，天昏地暗，此时交通秩序混乱，行人只顾埋头狂奔避雨，而容易忽视了路上的车辆。

此时应减速行驶，多鸣笛，密切注视行人动态，耐心避让。雨中行车应提防骑车人穿雨衣骑车时，宽大的雨帽挡住左右视线，只能看清前方，左右及后面则难以顾及，此外，雨衣帽檐长度有限，常使骑车人的眼镜沾上雨水而使其视线模糊，雨衣臃肿，转弯时打手势难以被发现，刮大风时，雨衣飘起，易带着、钩住其他车辆突发车祸。打伞的骑车人，一手撑伞一手扶车把，稳定性很差，有时因雨伞伞面被风吹翻或担心衣服被淋，既要顾雨伞，又要掌握自行车行驶方向，在路上呈 S 形行驶。因此，当发现这些骑车人时，应提前减速，保持较大的侧向间距，安全避让。

保持车况良好，慢速缓行，遵守交通法规，这是雨天行车安全的重要诀窍。

64　通过泥泞路有何驾驶技巧？

答：（1）泥泞路对行车的影响。泥泞路常见于雨后的低洼地区，由于路面软，泥浆黏稠，使车辆行驶阻力加大，附着力下降，车轮容易打滑或侧滑甩尾，制动性能变差，方向不易掌握，对行车安全具有很大影响。因而通过泥泞路段时，必须谨慎小心，一气通过，避免中途停车。

（2）通过方法及注意事项。

1）正确选择行驶路线。选择路面平整，路基较坚硬，泥泞较浅的路线行驶；已有车辙的路面，应尽量循车辙行驶，避开路面的积水，谨慎驾驶，在有拱度的路面上，要尽可能沿道路中间行驶，以保持左右轮高低一致，减少侧滑的发生。

2）保持匀速通过。驶入泥泞路段前，提前换入所需挡位，以使发动机保持足够动力匀速通过，车速不宜过高，油门不能忽大忽小，减少中途换挡，确需换挡时，要动作敏捷，迅速准确。避免中途停车，如遇中途停车起步时，应稳住加速踏板，缓缓轻抬离合器踏板，防止驱动轮打滑。

3）操纵转向盘动作要平缓。在泥泞路上，应握稳转向盘，保持直线行驶，需靠边或停车时，转动方向应平缓。转弯时应适当降低车速，鸣笛，稍靠道路中间转弯，切不可过急转动转向盘，以免侧滑。

4）尽量避免使用脚制动。在泥泞路上行驶，无论是在平路、下坡、直线或弯道，需要减速时，都应利用发动机牵阻作用来实现，必要时可辅以间歇性驻车制动器，应尽量少用或不用脚制动。

5）行驶中车轮发生空转打滑，可将车辆设法立即后倒，退出打滑地段，另选路面通过。若后倒时仍然打滑，应铲去表面稀软的泥土再通过，或在打滑处铺撒碎石、沙子、干禾草或树枝，有前桥驱动的车辆，接通前桥驶动，将车驶出。

6）泥泞路面软、变形大，行驶阻力增大，制动性能低。进入前应停车观察，摸清泥泞、翻浆的程度及路面长度，防止汽车陷入。通过时，挡位要低，踩加速踏板要稳，方向转动要慢。

7）如泥泞路面上有车辙，可循车辙行驶。无车辙时，通过中要反复小范围转动转向盘，尽量避免使用制动。如确需减速，应以发动机的牵阻为主。若通过中车辆发生侧滑，切忌使用制动，应立即松加速踏板降速，采用将转向盘向后轮侧滑一侧适当转动的方法将车辆驶出。

65 涉水有何驾驶技巧?

无论是平时的雨季,还是战时的战场道路,行车途中都可能遇到需要涉水的特殊路段,驾驶员必须了解涉水驾驶的特点,掌握汽车涉水的正确方法,安全顺利地通过涉水路段。

(1)涉水驾驶的特点。汽车涉水时,水的浮力使汽车对河床的压力减小,车轮附着力也随之变小,驱动轮容易打滑;水流的作用会增加行驶阻力;横向的水流冲击,还会使汽车产生横向滑移;汽车行驶在涉水路段,很难观察到水下情况,增加驾驶员操纵难度,因此,必须充分准备,谨慎驾驶,保证安全。

(2)涉水前准备工作。

1)汽车涉水前应检查车况,保证发动机运转正常,转向和制动灵活可靠,轮胎和制动鼓温度正常。防止车行至河中发生故障,搁浅于水中。

2)汽车涉水前,应查清水的深度、流速、流向和水里的情况,选择河床坚硬、水位较浅、水面较窄、障碍物较少、水流速度较慢和岸坡较平缓的地方,并设置好标记,以及上、下岸的道路情况,并根据车辆的有关性能,确定能否通过。雨季涉水,还应了解当地汛情,以免在涉水时遭受洪水袭击。通过前调高怠速,关闭好百叶窗,拆下风扇带,对分电器、高压线、点火线圈、加油口、机油尺孔和驱动桥通气孔等处做好防水保护,升高蓄电池位置,把消声器的排气口引向上方或拆除消声器,以防浸水后使发动机熄火。

3)对于不方便探明的河流,可以通过其他车辆通过时留下的轨迹视情况通过;必要时可通过询问当地老百姓等途径获知河流情况,找出通过方法,切莫在不知情的情况下莽撞行驶。

4)正确选择涉水路线。通常应选择水浅、底硬、两岸坡缓、水流稳定、距离最短的地方涉水。若水流过急,行车方向应顺水流方向成斜线通过。水面较宽时,应树立标杆,指示行车方向和涉水界限。

5）采取防护措施。当水深超过汽车最大涉水深度时，不得冒险涉水。水深接近最大涉水深度时，应采取以下防护措施：

a. 关闭百叶窗，拆下风扇皮带；将蓄电池位置升高。

b. 用防水布或塑料薄膜包扎分电器、高压线等，以防浸湿，造成发动机熄火。

c. 用软胶管套在消声器上，向上弯起，将排气出口引向上方，或将消声器拆除。

（3）涉水驾驶操作要领。

1）涉水时应使用低速挡，使汽车平稳地驶入水中，避免水花溅入发动机。

2）行驶中应保持足够的动力和平稳的车速，避免中途换挡、停车或过急转动转向盘。

3）行驶中若车轮发生打滑空转，应立即停车，不要勉强进退，更不可加速猛冲，以免越陷越深；也不要熄火，应立即组织人力或用其他车辆拖出。

4）涉水时应用低速挡平稳地驶入水中，缓慢行进，始终保持足够的动力和均匀的速度，尽量避免中途换挡、停车和急打转向盘，双眼应盯准前方固定目标，不可注视流水，以免扰乱视觉使车辆偏离正确的行驶路线。

5）车队行驶时，不可同时涉水、应待前车通过后，后车方可开始涉水。

6）牵引车涉水当车轮打滑或陷住时，应保持发动机不熄火，并利用轴间差速器和轮间差速器的作用，驱使车辆向前行驶，也可利用绞盘进行自救和互救，使车辆脱困。

（4）涉水后的工作。过涉水路段时，不能着急上路。应选择宽阔地点停车进行必要的恢复工作，拆除防水包扎物，擦干电器受潮部分，清除轮胎间的嵌石以及底盘间的水草杂物等，用低速挡行驶一段路程，连续轻踏制动踏板，消除制动摩擦片和制动鼓上的水分，恢复制动性能。

1）拆除防水包扎物，擦干被浸湿的电器部分。

2）检查曲轴箱等处有无进水，以及其他部分有无异常。

3）装复风扇皮带，将蓄电池复原，拆除消声器上的软管或装复消声器。

4）起步后应用低速挡行驶，并连续轻踏制动踏板，清除制动器内的残余水分后再正常行驶。

（5）通过漫水路。遇到漫水路时，应首先停车，向当地人询问、了解水情。必要时应下水，步行探明水的流速和深度、水下路面的平整情况、道路是否被冲毁及损坏程度。探路时应使用杆子，不得盲目靠边行走防止发生意外。

用低速挡通过漫水路段，通过时要稳住油门，保持足够的动力，按事先探明的路线前进，避免中途停车。由于路基长时间被水浸泡和冲击，靠下游一侧的路基及路面容易被冲毁、坍塌，因此行驶时应尽量沿水流上游的道路一侧行驶。

行驶时可将行道树作为道路走向的参照物，若无参照物或道路走向难以判定时，可在其他人员步行引导下，缓慢跟随前进。

通过后应适当使用制动，擦干制动鼓和蹄片上的水分，恢复制动性能。

若漫水超过排气管出口时，应采取相应措施，防止排气管进水，造成发动机熄火。

66 春季有何驾驶技巧？

（1）寒冬过后，天气变暖，晨练的人逐渐多了起来。很多人在马路上边跑边锻炼，甚至横穿马路，与早晨急忙赶路的车辆之间发生事故的机会也比较多。驾驶员务必要加强对晨练者的观察，并且及早地给他们发出行车信号。

（2）由于春季气候变化较大，乍暖还寒，人们稍不注意就容易感冒。当一个人感冒后，手、眼的功能受到损害，想要观察移动的物体，头部却会不自觉地朝下，从而影响正常工作。为此，感冒时应避免驾驶车辆。

（3）随着天气的转暖，很多人并非如所想象的那样精力充沛，都有睡不醒的感觉。驾车者如若一直处于疲劳的状态，会导致精神不集中，甚至在开车时打盹。另外，春季白天时间增长夜间时间缩短，人们的睡眠时间也相应缩短，导致夜间睡眠不足，白天犯困。在这种情况下，驾驶员一定要保证充足的睡眠和良好的精神状态，避免疲劳驾驶。

（4）春暖花开，人们还容易发生一种过敏性眼病。患者的眼睛突然剧烈发痒，难以忍受，有异物或烧灼感，同时伴有眼皮痉挛、怕光和流泪等症状。如果在这种情况下开车，会影响眼睛的视觉功能，容易导致车祸。过敏源主要是春天时的野草树木、花粉或霉菌等，驾驶员开车时最好关闭车窗，注意预防。

（5）驾驶员要做到饮食定时定量。空腹开车可能会出现心慌、四肢无力、困倦等症状，影响行车安全。而行车前大量食用牛奶、香蕉、莴笋、肥肉及含酒精的食物，也容易使人产生疲倦感或引起明显的嗜睡乏力症状，也不利于行车安全。

（6）春天，冰雪消融路面泥泞，有时还有积水，掩盖了路面的真实情况，从而增加行车险情。尤其是一些乡村土路，路基和路肩有可能出现疏松、坍塌等情况，所以驾驶员要密切注意，正确判断道路情况，不要太靠路边行车，特别是在简易公路上行驶遇到石板桥、简易木桥时，最好下车观察一下，感到确实有把握再通过。

（7）春季多风且灰尘较大，影响视线。驾驶员要特别注意行人为了避尘而抢上风，并适当减速尽量少扬尘土。当风力较大时，应当注意风向、风力给行车带来的影响。另外，春季是个多雾的季节，能见度下降，影响驾驶员的观察和判断。驾驶员要注意检查车辆上的防雾灯是否合格有效。当遇到浓雾弥漫无法前进时（能见度不足 3m）应停车避让，待雾气减退好转后再走。能见度在 30m 以内，时速不得超过 20km/h，并开防雾灯、近光灯及尾灯。

（8）春运期间携带易燃易爆、剧毒等危险品乘车的旅客有所增加，驾驶员对此不能掉以轻心，因危险品而引发的爆炸、火灾等事故屡见不鲜。驾驶员应注意检查，防止旅客携带危险品上车。若有旅客携带危险品，应积极教育、劝导，必要时向上级有关管理部门反映，予以查禁、没收，消除事故隐患。

（9）春运期间，有些驾驶员见有利可图便心存侥幸，忘乎所以，盲目超载。车辆超载时，其制动性能降低，制动距离延长，车辆的操纵性能变差。而且方向不易控制，机件损坏的可能性增多，遇有复杂路况，极易发生事故。春运期间驾驶员应正确对待安全行车与经济效益的关系，严格按规定装载，切忌急功近利、超载营运，否则欲速则不达。

67　夏季有何驾驶技巧？

答：（1）高温易使管路进气、部件老化。液压制动汽车要及时更换制动液，彻底排净制动管道中的空气。气压制动汽车要注意检查制动皮碗和制动软管，发现损坏及时更换。在例行维护中，也要注意冷却系统的检查，加强对冷却系统水垢的清除。

（2）炎炎夏日温度高，驾驶员出汗多，体力消耗大，头脑容易发涨，随着汽车的颠簸，往往不由自主地困倦打盹，存在严重的事故隐患。驾驶员要保证充足的睡眠和旺盛的精力，这样才能真正保证行车安全。

（3）夏天夜间在路边乘凉、游玩的人较多，还有些农民群众喜欢在公路上席地而卧。因此，通过村镇、居住地和街道时，要格外小心，注意观察路边的情况，降低车速，并随时做好停车准备。

（4）在高温条件下，频繁的制动会使制动鼓发烫，制动片甚至会冒烟。如感到踏板软弱无力，制动距离变长，应马上停车检查，防止制动失灵。此外，高温下油路易产生气阻，要采取散热和通风等措施，改善供油条件。

（5）夏季雷雨多，长时间下雨会引起路基塌陷与疏松，行车时稍有不慎就会陷入路基，严重时造成车损人亡。需要涉水过河时，一定要观察上游的水势情况，以免车辆行至河流中间突然发水。此外，还要提防山体滑坡。

（6）在泥泞路上行车时，路面湿滑，附着力小且不均匀，车速制动性能差，尽量不要使用脚制动，应采用发动机牵阻来降低车速，以免车辆发生侧滑或侧翻。雨后还要注意道路塌方，塌方比较严重而无法行驶时，应考虑改走其他线路；如轻微塌方，可先派人探查前方道路，再决定是否同行。

（7）农忙季节不仅农资物品运输开始繁忙起来，而且出外打工的农民工也返乡抢收抢种，车辆超载现象有所增多，严重威胁道路交通安全。驾驶员要切记，交通安全也是一种安全生产，只有做好交通安全才能更好地服务安全生产。

（8）炎热条件下驾驶注意事项。酷热季节，气候炎热，在高温条件下行车应注意以下几点：

1）随时注意水温表指示读数，不要超过 368K（95℃），如温度过高，要选择荫凉处停车降温，掀开发动机罩通风散热，检查冷却水数量和风扇皮带张力，防止发动机过热。

如出现冷却水沸腾（"开锅"），不可立即熄火和急于添加冷水，应以怠速运转，待温度稍下降后再熄火加水，以防活塞黏缸或发动机炸裂。

2）为防止和减轻燃料系统产生"气阻"，可在排气歧管和汽油泵之间放一块石棉板隔热，或用湿布覆盖在汽油泵上体。当产生"气阻"供油中断时，应停车降温，温度降低后再拆开化油器进油管接头，扳动手油泵，排除空气。

3）液压式制动，因皮碗受热膨胀，制动液会"气化"，造成制动性能降低，甚至导致制动失灵，引起事故。因此在高温条件下行车，必须适当加大车距，提前运用制动。

4）发现轮胎气压过高，应选择荫凉处休息，使胎温自然下降，恢复正常后再行驶。切勿用放气或泼冷水的方法降温降压，以免缩短轮胎寿命。

5）经常检查蓄电池的液面高度，并及时添加蒸馏水；液压制动的车辆应检查总泵的液面高度，并按规定加足。

6）炎热季节行车，容易疲劳，行车前必须注意休息，尽量保持充足睡眠，使精力充沛。驾驶室温度较高容易引起中暑，须带清凉饮料和防止中暑药品。行驶途中感到精神倦怠，昏沉欲睡时，应停车休息，待头脑清醒，精神振作后再继续行车。

68 秋季有何驾驶技巧？

答：（1）秋天是运输生产的旺季，道路交通流量大，要求驾驶员必须严密注意行人和车辆动态，正确判断情况，注意观察交通信号和路况信息，服从交警指挥。根据道路情况，适时调整控制好车速、车距，坚持中速行驶，操作平稳，随时准备礼让和停车。遇到突发情况时，要做到临危不乱，冷静采取有效应急措施，避免事故的发生。

（2）秋季阴雨绵绵的气候变化对人的情绪有很大影响。据研究，人体中有一种由"松果腺体"分泌的松果激素。松果腺体对阳光极为敏感，当阳光强烈时，松果激素具有调节人体内其他激素含量的作用。由于阴雨天分泌的松果激素较多，从而导致人体内的甲状腺素减少，细胞就会因"偷懒"变得极不活跃，使人困倦欲睡。此时开车，驾驶员往往注意力分散，反应力减弱，敏感度降低，极易导致交通事故。因此，秋雨中行车时，驾驶者要加倍留神。

（3）出车前不要过多进食高糖食品。美国学者斯图尔特·伯杰认为，糖摄入过多，会使人头晕、疲惫、精神不振。这是因为高糖饮食可促使体内5-羟色胺的合成与释放，从而抑制大脑皮层的兴奋。如果汽车驾驶员出车前摄入大量的高糖饮食，就会出现无精打采、效率下降的现象。

（4）秋天是收获的时节，公路上不仅人多车杂，而且还时常成为沿线村民晒粮的好地方。当车辆碾压公路上的厚厚的作物秸秆时，转向节、横直拉杆、传动轴、制动软管等常被缠结，会导致方向跑偏、制动失灵而发生行车事故。此外，打场晒粮的人往往顾不上来往车辆，遇到突发状况又会惊慌失措，易造成碰撞事故。遇到这种情况，驾驶员必须提前减速慢行，谨慎驾驶。

（5）秋季天气干燥、尘土飞扬，行人易因风沙迷眼而误走机动车道，骑车人则喜欢抢上风，随风向高速行驶。行车时，驾驶员要时刻注意观察各种机动车、非机动车及行人的举止，当前车行驶引起尘土飞扬时，后车驾驶员适当减速并连续鸣笛，以免因风尘大影响驾驶视线而造成事故。

（6）"秋乏"虽是一种自然现象，但对车祸的发生有着不可低估的诱因。如何克服秋乏现象，方法有：①多吃富含维生素的食物。例如，西红柿、辣椒、茄子、马铃薯、葡萄、梨、柑橘等都能帮助克服疲倦。②多吃些碱性食物。秋乏与体液偏酸有关，多吃碱性食物（如苹果、海带以及许多的海鲜蔬菜），可以中和肌肉疲倦时产生的酸性物质，消除疲劳。③适当吃些含咖啡因的食物，如茶叶、咖啡和巧克力等。

（7）入秋以后天气转凉，睡眠时应注意保暖，不要裸腹、卧凉榻；衣服的增减应随天气的变化而定。经常洗热水浴有助于舒筋活血，有效防止裂唇以及皮肤干燥而皲裂、起皮屑。另外，要养成早睡早起的习惯，使意志安逸宁静，这样可以使脾气不受秋燥的损害。

69 冬季有何驾驶技巧？

答：（1）冬季驾驶准备。进入冬季前，对汽车应进行换季保养，并根据运行任务的特点和需要，配备冬季行车所必需的防滑链、喷灯、三角木、烤车炉、铁镐等防寒救急用品。注意加防冻液，并进行定期检查。

严寒天气，行人穿着较多，行动缓慢；道路普遍结冰，车辆容易侧滑；挡风玻璃结霜，影响行车视线；润滑条件变差，机件易出现故障；金属、塑料、橡胶零件容易断裂；驾驶员操作协调能力降低，这些都对安全行车构成了较大的威胁。

出行前，应视情况带上防滑链、铁锹、铁镐等防滑急救工具，做好防滑准备。要使各轮胎气压均匀，降低车速，减少紧急制动，防止车辆侧滑。积雪覆盖，道路的真实情况不易辨别，行车时应根据地势、路边树木、标志、电线杆等进行判断；同时，适当控制车速，沿路中心或积雪较浅的地方缓慢行驶，以防路况不明而陷车。

冬季气候多变化，行车前要及时收听广播、收看电视等了解天气和交通信息，提前做好行车准备。冬季汽车停驶时，冷却水要放干净，并急速运转 $1\sim2min$，使残留水分蒸发，以防冻裂发动机缸体。

（2）低温条件下发动机的起动。由于气温低，水易结冰，润滑油的黏度增大，汽油雾化性能差，使发动机起动困难，起动前应进行预热。常用方法如下。

1）用烤车炉在机油盘底烘烤加热，烤车前应检查有无漏油现象，以免发生火灾；烤车时应有人看管，火焰不宜过高，同时要不断摇转曲轴，待机油受热发出响声，并能连续摇转 $1\sim2$ 圈时即可起动。起动后（初次起动不要使用起动机）低速升温至 313K（40℃），然后熄火加水（加防冻液的车辆除外），尽可能一次加满，防止加水时间过长散热器结冰。

2）用热水预热。向冷却系统加注热水，待发动机缸体温度上升到 323K（50℃），气缸盖上有热度，曲轴能连续摇转 $1\sim2$ 圈时，即可起动。如气温太低，可再次或多次调换热水，有条件也可用蒸气预热。

3）经过换季保养、已加 8 号稠化机油和寒区齿轮油的汽车，先摇转曲轴 $10\sim20$ 圈，待各部机件得到润滑后可直接起动。

（3）雾天驾驶技巧。

1）雾天出车前，驾驶员要认真检查好车上的各机件，特别是转向、制动部分应灵敏有效。风窗玻璃和车灯玻璃要擦干净，提高灯光的亮度以改善能见度。雾天驾驶要适时鸣笛，以引起行人和汽车注意。雾天车辆路边停放，要打开防雾灯、近光灯和警告灯。停车后，所有人都要从右侧下车，撤离公路，千万不要坐在车上或路边。

2）在迷雾笼罩下行车，雾天视线不良，视线浑浊模糊，能见度低，可见度低，可见距离短，驾驶员分不清东南西北，看不出道路曲直，容易疲劳产生错觉，致使对道路交通情况判断错误而发生车祸。若视距减至 3m 以下，应靠边停车，并打开小灯、尾灯和示宽灯，待雾散后再继续行驶。

3）雾天行车，应打开防雾灯和前后小灯。勤鸣笛，以警告行人和车辆。雾重时，可使用刮水器，以改善视线。遇到浓密大雾，应当开亮小灯，紧靠路边暂停，等到大雾散去或能见度改善后再继续行驶。

4）雾中行车要与前车拉大车距，沿道路的右侧行驶，尽量不超车，防止发生刮碰。雾水会使路面潮湿，轮胎与路面的附着力减小，汽车制动距离增加，且车轮容易打滑，因此必须减速。

5）行驶中严禁超车

（4）雪路驾驶要领。

1）积雪覆盖的公路，道路真实情况不易辨别。行车时应根据地势和行道树、标志、电线杆等进行判断，适当控制车速，沿路中心或积雪较浅的地方缓慢行进。如积雪深至车桥汽车难以通过时，应将积雪铲除后再行驶。通过转弯、坡路、河谷等地段时，应特别注意行驶路线，路况稍有可疑应立即停车，待勘察清楚后再继续行驶。有车辙的地段，应循车辙行驶，转向盘不得猛转猛回，以防偏出车辙打滑或下陷。

2）积雪路行驶阻力大，道路不易辨别，尽量不要超车，以免发生危险。会车应选择安全的地段。停车时，应提早换入低速挡，降低车速，缓慢使用制动，以免发生侧滑。

3）冰雪路上停车时间过长，轮胎可能冻结于地面，致使起步困难，故停车时必须选择适当地点（向阳避风处），或在轮胎下垫以树枝、禾草等物。如已冻结，应挖开轮胎周围的冰雪和泥土，切勿强行起步，以防损坏轮胎和传动机件。

4）长时间在积雪路行驶，容易晕眩，视力疲劳，影响行车安全，应注意适当休息。

（5）结冰路面驾驶技巧。

1）汽车在冰路上起步，驱动轮容易打滑。如果未装防滑链，起步时要少踏加速踏板，慢抬离合器踏板、以减小驱动轮扭力，适应较小的附着力，防止车轮滑转。如果起步困难，可在驱动轮下铺垫。干草、炉渣、砂土等物，提高附着力。

2）结冰路面，附着力大为减小，容易发生空转和横滑，通过前要做好防滑准备，最好装上防滑链或在冰上撒层沙子，增大附着力，保证安全。

3）根据道路情况，选择适当的挡位行驶。如在极光滑的冰路上，应用低速挡缓慢通过；在不甚光滑的冰路上，需要提高车速时，加速不可过猛，以防驱动轮突然加速而打滑。

4）遇到情况或通过桥梁、窄路时，必须提前放松加速踏板，利用发动机的牵阻作用，减速慢行，尽量避免使用制动减速，更不可用紧急制动，必要时，可适当使用驻车制动器，以防侧滑。一旦发生侧滑，处置方法与泥泞路相同。

5）转弯时车速要慢，适当增大转弯半径，切不可急转转向盘，以免侧滑。车队行驶，应增大车距，防止发生相撞事故。

（6）冰雪路驾驶技巧。

1）汽车在冰雪路上行驶，附着力小，容易发生侧滑和车轮空转。车辆一旦发生侧滑，切莫乱加油驶出，应科学使用转向盘，采取适当回轮的办法脱离险情。

2）冰雪路行车，要紧握转向盘，转动转向盘的动作要小；轻踩加速踏板缓慢制动，脚下能多轻柔就多轻柔。严禁突然加油、收油、猛转转向盘、猛踩制动踏板，这样方能避免或减少打滑、侧滑现象的发生。

3）发生侧滑时，应松掉加速踏板，将转向盘向后轮滑动的同一方向转动，以修正方向、避免继续侧滑，待车身方向一致方可驶入正道。侧滑发生时，切勿紧急制动、乱打方向，后轮向着哪边滑，方向随着哪边打。发生大的侧滑时，只要未发生事故，应及时停车、检查车辆、查明原因。

4）由于制动距离会随着车速的提高而加大，所以控制车速和加大前后车距是冰雪路面行驶的关键。要平稳低速，尽量不用高挡位；加大行车间距，留足安全距离；充分利用发动机的引擎制动，采用连续间歇制动平稳减速。

（7）通过冰河时驾驶技巧。

1）在通过冰河前，首先要观察冰的厚度和强度，看是否曾经有车辆通过。如果有，判断是大车还是小车，是轻车还是重车，同时应根据季节判断冰的性质。为了确切查明冰的厚度和冰的性质，可以在冰河中不影响行车安全的地点凿孔测量。

2）在通过车辆稀少偏僻的冰河前，首先要观察冰的厚度和强度，看是否曾经有车辆通过。如果有，判断是大车还是小车，是轻车还是重车，同时应根据季节判断冰的性质。为了确切查明冰的厚度和冰的性质，可以在冰河中不影响行车安全的地点凿孔测量。

3）在通过冰河时，如果发现或听到车后有冰层破裂的声音，应急速加油快速通过；若有声音在车前，应强行挂入倒挡，并急速后倒。

（8）冬季行车注意事项。

1）途中停车时间较长又不放水时，应间断起动发动机，使冷却水保持一定温度，如发生故障而短时间又不能排除时，应将冷却水放净，防止冻坏发动机和散热器。

2）应选择干燥、朝阳、避风的地点停车，并关闭百叶窗和放下保温套门帘，以防止发动机温度下降过快。

3）行驶途中如遇散热器结冰，冷却水循环受阻，应及时解冻。方法：关严百叶窗，使发动机怠速运转，融化冻结部位；若还不能解冻，可在怠速运转的同时，点燃蘸机油的棉纱，横向摆动烘烤结冻部位，操作时要细心，防止烧坏机件。

4）驾驶室内外温差大，挡风玻璃容易结霜，影响视线，若无采暖装置可适当摇下车门玻璃，防止结霜。若冰雪路面异常耀眼，可戴有色眼镜，保护眼睛，防止炫目。

5）防止冻坏发动机。方法有两种：①使用防冻液防冻，在换季保养时，冷却系统加注防冻液（加至容量的95%）；②放水防冻，回场或到站停车后，打开散热器盖，再拧开散热器和水套开关，放净冷却水，然后起动发动机，怠速运转1～2min，将冷却水完全排净。

70　被陷车辆有何自救互救技巧？

答： 在泥泞路段行驶汽车被陷较深时，切不可采取猛抬离合器和猛踏加速踏板的方法前冲或后倒，以防损坏传动机件给行车造成更大困难，而且由于驱动轮打滑高速空转，会使车轮越陷越深。汽车被陷时，驶出方法如下。

（1）车轮陷入较深，采用一般挖铲、铺垫的方法仍不能将车驶出时，可设法用千斤顶将被陷车桥顶起，然后再向车轮下铺垫石料、木板、树枝等，将汽车驶出。

（2）陷入深坑打滑空转时，可在汽车前方适当位置打一木桩［见图5-1（a）］或将木桩插入轮下［见图5-1（b）］，用粗绳（或钢丝绳）的一端系在木桩上，另一端穿过驱动轮钢圈孔系住车轮，然后用低速挡平稳前进，绳索缠入两轮之间，汽车随之驶出。

（a）　　　　　　　　（b）

图5-1　被陷车辆利用木桩或绳索自救驶出
（a）车前打木桩；（b）将木桩插入轮下

（3）以上方法仍不能使汽车驶出深坑时，可采用拖拉的方法将被陷车拖出，必要时可采用多台车以串联或并联的方式拖出。

71　沙漠和戈壁条件下驾驶有何技巧？

答：（1）行车特点。

1）风沙大，能见度差；狂风一起，飞沙走石，遮日蔽光，给观察道路和交通情况带来很大困难，严重影响行车安全。

2）沙漠地区，降雨量少，气候干燥，行车中冷却水、电解液蒸发快，补充较困难。

3）昼夜温差悬殊，防护难度大。白天因气温高，发动机容易过热，汽油易挥发；夜晚由于温度低，发动机起动困难。

（2）驾驶要领。沙漠行车，地面的行驶阻力大，车轮容易打滑，行驶中应按正确的要领操作。

1）行进中尽量保持直线行驶，握紧掌稳转向盘。需转弯时，转弯半径要尽量大，以防止因前轮转向阻力增大而陷车。

2）行驶时应尽量减少换挡，确需换挡时，动作要迅速、准确。

3）沙层较厚时，尽量循车辙行进。通过大面积表面有"硬皮"的沙漠地段时，各车应自选路线，不应循车辙行进，以防表层压坏，越压越深造成陷车。

4）若通过很厚的沙层时，应先垫上树枝、木板或石块等，然后通过。

5）行进中，如遇驱动轮打滑时，应立即停车，排除车轮周围积沙，再挂挡前进。

6）加油要平稳，以匀速行进为宜。

（3）行车注意事项。

1）夏季行车也要注意发动机防冻，白天防止发动机过热，夜间还要采取保温措施，停车后要放水防冻。

2）加强车辆的清洁维护工作，尤其要经常维护空气滤清器、机油和汽油滤清器。

3）注意预防风害，装载不易过高，篷布要捆绑牢固，遇到暴风时，应立即停车。

4）出车前要带足用水和蓄电池用的蒸馏水，携带垫木、绳索等。

72　通过坑路、壕沟、浮桥、急造路、岸滩路有何驾驶技巧？

答：（1）通过坑路驾驶技巧。

1）设置方法：在宽 4～6m，长 40～50m 的路上设置大小不同的弹坑。

2）通过方法及要领：弹坑可分为大、中、小三类。通过较小的弹坑，宽度低于车辆轴距时，可采用骑行，使左右车轮沿着弹坑的两侧通过；宽度大于轴距的弹坑，可绕行通过，若深度能使车辆通过时，也可用两轮同时下坑的方法通过；弹坑较大且深，车辆不能通过时，应设法填埋弹坑或绕行。总之，弹坑是战时运输线上常见的情况，采用不同的方法通过。

3）通过时应注意：必须选择合适的挡位，以较低的速度一次通过，并要防止暴露的石块划伤轮胎。

（2）通过壕沟驾驶技巧。

1）设置方法：平坦地面上设置，壕沟长为车轮轮距加 1m，宽为车轮半径（1～4/3m），深为车轮半径。在沟内放置旧轮胎、圆木、跳板、石块等，以便通过时使用。

2）通过方法：遇到壕沟不能继续行驶时，利用便利材料（如旧轮胎、圆木、跳板、石块等）尽量垫平壕沟，或者用两块强度足够的厚木板搭在壕沟上通过。通过时应控制好车速，用低速挡，稳住油门，保持足够的动力，一次性通过，中途不换挡。

（3）通过浮桥驾驶技巧。浮桥结构简陋，承受压力小，桥面窄，由于软链连接桥身不稳。过桥前，驾驶员须先下车查看，确认安全后方可通过，如有乘员，应下车步行过桥。通过时换入低速挡，握稳方向，稳住加速踏板，平稳过桥，切不可在桥上加速、换挡或停车。

(4) 通过急造军路驾驶技巧。急造军路是指在战时条件下，用简易、迅速的方法标示和构筑的临时性应急通行道路。设置方法：长度不少于 50m，宽 4m。通过方法及要领：由于急造军路是在战时条件下临时构筑，路况差，路基相对松软，通过时应以低速挡或中速挡，稳住加速踏板、掌握好转向盘，中途尽量不换挡，一次性通过。

(5) 通过岸滩路驾驶技巧。野战条件下，汽车在无专用码头从舰（艇）船上卸装时，经常要遇到松沙岸滩地段。岸滩地段松软，受压时变形较大，行驶阻力大，车轮容易滑转下陷或横甩，提高车速和掌握方向较为困难。行驶中应注意：

1) 选择适当的挡位和路线，尽量避免在中途换挡或停车。

2) 行驶速度不宜太快，如有车辙应尽量沿车辙行驶。

3) 行驶中不可急剧转动转向盘或超车，以防车轮横滑。

4) 通过岸滩积沙过深地段时，最好垫以树枝，木板或石块再通过；也可以使用专用的制式或自制防陷、防滑器材。

73　汽车上、下铁路平车及捆绑加固有何技巧？

答：汽车上、下铁路平车，是指用火车运载，汽车时的站台装卸过程。由于任务的需要，军车有时要用火车进行长距离运送，尤其在战时，这是一种主要的长距离机动方式，因此军车驾驶员必须掌握汽车上、下铁路平车的驾驶操作要领，保证任务的顺利完成。

(1) 装载分类及要求。车辆在铁路平车上的装载分顺装和横装两类，顺装是指车辆纵向中心线与铁路车辆纵向中心线平行，横装是指两者的纵向中心线垂直。横装只适用于小型车辆，大车只能顺装。顺装又分为平装、跨装和爬装，部队铁路输送时，一般不采用爬装。车辆前后轮位于一辆平车上的装载形式称平装；车辆前后轮分别位于两辆平车上的装载形式称为跨装。不同的装载方法，在车辆定位时有不同的技术尺寸要求，主要要求如下：

1) 顺装时车辆纵向中心线与平车纵向中心线与平车纵向中心线应重合，最大偏差不得大于 10cm。

2) 平装车辆，其前后端不允许超过铁路平车前后端 30cm；装在同一辆平车上的两台车之间的距离不小于 10cm。

3) 跨装车辆前端距前车后端不小于 35cm，后端不小于 30cm。车辆符合上述标准定位后，应拉紧驻车制动器操纵杆，挂一挡或倒挡，然后进行加固捆绑。

（2）上、下平车的驾驶操作要领。站台一般分为顶端站台、侧面站台和临时站台。站台不同，驾驶方法也有所区别，具体方法如下：

1) 自顶端站台上、下铁路平车车站内的顶端站台是专供机动车辆上、下平车而设的，汽车上、下平车前、应在平车与站台之间、平车与平车之间铺好跳板（或放下车厢挡板）。

上平车前应提前沿平车的中心线画一白线，并在车辆的前梁中心悬挂一重物，以便指挥员观察、指挥（夜间可挂一手电筒或发光物体）。

挂入低速挡，在指挥人员的指挥下，缓慢平稳地驶上站台；上站台后，使两前轮对准跳板，驶上平板车；最后，按指定位置将车停好。

2) 自侧面站台上、下铁路平车。从侧面站台上、下平车时，应根据场地情况，提前将两块跳板平行斜放在站台与平板车之间，跳板一端应牢固地钉在平板车的侧边缘。上车时，听从指挥，用低速挡保持适当的动力，并注意判断前轮的位置，谨慎驾驶，缓慢驶上跳板。前轮驶上平板车后，向内侧打方向，使汽车沿平板车的外侧（无跳板一侧）边缘前进，行进中调整好车辆的位置。若一次不能停到预定位置，可用侧方移位的方法谨慎移动汽车。

汽车驶下平板车时，尽可能利用前面平板车的侧方驶下。也可根据平板车的长短稍作后退，并在离合器半联动的配合下将前轮转向站台方向，然后沿跳板缓慢驶下。

3）自临时站台上、下铁路平车。有些车站不经常装运汽车，必须设置临时站台，一般也有顶端和侧面两种，其驾驶操作要领与上述相同。

临时站台结构简单，台面狭窄，且不是很牢固。因此，从临时站台上下平车时，更应谨慎小心，不可猛冲，以免发生事故。

（3）加固方法。

1）平装车加固：用四块三角木垫在前、后轮的前、后，并用扒钉固定三角木，也可在前、后轮之后、前垫三角木加固。

2）跨装车加固：后轮前后用四块三角木加固；在前轮外侧50mm处用两块挡木加固。

3）三角木的摆放要求：大面向下，与轮胎接触的一面紧贴胎面。

4）扒钉加固要求：成"八"字形钉入，使三角木与平车底板结合牢固，钉入时注意三角木应与轮胎面始终贴合紧密。

5）跨装车前轮用挡木加固时以相距一拳宽或50mm为宜。

（4）捆绑方法。铁路输送车辆时，要求各类轮式车辆均应进行捆绑，平装车辆用四条绳索成大"八"字形对前后轮施绑；跨装车辆用四条绳索成小"八"字形对后轮施绑，前轮不捆绑。

1）铁丝捆绑方法：截取约10m的8号镀锌铁丝一根，两人牵住铁丝两头拉开用力向地面摔打，将铁丝拉直，然后对折。将对折的铁丝穿过车轮轮辋两次，下端缠绕在平车绳钩上（每缠一次均应将铁丝接紧、缠绕两端头，将铁丝两端头拧紧，插入绞棒将铁丝拧紧。拧紧后的绞棒下端应卡紧在平车底板上。

2）用紧固器捆绑的方法：紧固器捆绑，操作简单，牢固可靠。紧固器由上下两截绳索、锁紧器、自锁件组成。使用方法：将带捆的下端套在平车钩上，上端穿过车轮轮辋后穿入自锁件拉紧，转动锁紧器进一步锁紧即可。

（5）注意事项。

1）汽车上、下火车前，应检查制动和转向装置是否良好有效，以保证安全。

2）上下铁路平车必须在指挥人员的指挥下实施，驾驶员与指挥人员应密切配合。

3）严寒季节，汽车上火车后，应将冷却水放净，并对蓄电池采取保暖措施，以防冻坏冷却系统。气压制动的车辆，还应放净贮气筒内的压缩空气。

4）途中停车时应做必要的检查，若有捆绑松动，及时拧紧。

第6篇

汽车紧急避险要诀

　　车辆行驶中，汽车本身状况突然变差，道路和交通条件的突变，驾驶员的操作失误，或一些意外和偶然事件会使驾驶员处于紧急状态下，使汽车处于紧急危险状态。

　　紧急情况避险时，驾驶员应本着遇事不惊、头脑冷静、方向优先、避重就轻和先顾人后顾物的原则，采取相应的处理措施，才能避险得当、化险为夷，避免发生严重的车辆交通事故。

74　高速公路行驶发生故障有何紧急避险要诀？

　　答：（1）行驶中发生故障紧急处置要诀。

　　1）车辆在高速公路上行驶，一旦发生故障，应立即打开右转向灯，稍向右转动转向盘，进入紧急停车带或路肩，同时松开加速踏板，使车辆逐渐减速并停车。不得在行车道上使用制动减速，严禁使用紧急制动，以免影响其他车辆的行驶安全。严禁边滑行边找故障，或将车停在行车道上排除故障。停车排除故障时，应打开危险信号灯。

　　2）短时间内能够排除的故障，应立即予以排除，排除后不得继续停留，重新起步时，打开左转向灯，在路肩上提高车速，待车速与车流速度相适应后，看清车流情况，适时进入行车道。故障严重无法离开行车道时，应沉着冷静，先打开危险信号灯或小灯，看清后方，若无尾随车辆，逐渐放松加速踏板，缓慢使用制动踏板，使车辆停下。停车后，应及时将乘员撤离至路边，并在车后的 100m 以外处设危险标志（警告灯或其他易发现的物品），夜间须打开示宽灯和尾灯。用紧急报警电话或其他方法通知高速公路管理部门处理。

（2）发生事故后的处置。在高速公路上发生事故后，应做好以下工作：

1）防止连续事故的发生。发生事故后，事故车若在行车道上，要防止后来的车因不能提前发现而来不及停车最后撞上事故车。因此要在离事故地点的后方（来车方向）100m 以外的位置设明显警告标志，以警告来车，防止连续事故的发生。

2）抢救伤员、报告情况。尽快将伤员和其他乘员撤离至路边，组织抢救，同时要及时向管理部门报告事故地点、状况和伤员情况，救护车未到前，可让后面的车送危险伤员去医院。应注意：不得随意站在路中间（特别是另一方车道）拦车。

3）保护现场。抢救过程中应注意保护事故现场，避免现场遭到破坏，以利于事故的分析和处理。

75 高速公路行驶发生其他意外事件时有何紧急避险要诀?

答：在高速公路上的车辆处于高速行驶状态中，有时会发生意想不到的事情，如：操纵部分的机件突然失灵；发动机内或底盘部分突然出现异响、异味；货物突然松散坠落；发动机部分起火；引擎盖突然掀起等。遇到这些突发的意外事件时：

（1）要冷静，不能惊慌失措。

（2）打开右转向灯或闪光警告灯。

（3）看清后方有无紧跟的车辆，以及前方的路面情况（有无弯道）。

（4）根据情况放松加速踏板，慢慢向右转动转向盘，驶上路肩（引擎盖掀起时，可伸头至车窗外观察），踩下制动踏板减速停车。

（5）停车后再进行处置。对无法自行处置的要尽快通知高速公路管理部门处理。

76 散热器开锅时有何紧急避险要诀？

答：（1）散热器开锅莫慌张，安全地点停道旁；怠速运转勿熄火，温度自然会下降。

万一熄火也无妨，摇转曲轴紧跟上；防止黏缸和抱瓦，此事请君记心上。

（2）掀开机盖可散热，开水箱盖别匆忙，待水温稍下降后，回水管没有开水或水蒸气喷出时，再打开散热器盖加注冷却水。

（3）打开散热器盖时应注意：

1）用布捂盖并将盖拧松一点，观察有无水珠从盖的四周溅出。

2）人的头部不能面向散热器。

3）待没有水珠溅出后，顺势将盖打开。

4）打开散热器盖时不能戴手套，以防开水或水蒸气将手套打湿，造成烫伤。

（4）加水时应注意的问题，高温不可加冷水，让发动机自然冷却后再加水。

（5）加水后应起动发动机检查有无漏水现象。

77 柴油车飞车时有何紧急避险要诀？

答：（1）操纵（拉出）停止供油拉钮，使喷油泵终止供油。

（2）对于供油齿杆外露的喷油泵，可迅速将齿杆推回。

（3）将变速器换入高速挡，踏下制动踏板，放松离合器踏板，强制发动机熄火。

（4）拆掉空气滤清器，堵塞进气管，切断空气的供给。

（5）迅速松开各高压油管或喷油泵进油管，使气缸供油中断。

（6）打开排气制动器开关，使发动机熄火。

78 车灯不亮时有何紧急避险要诀？

答：（1）谨慎驾驶并随时做好停车准备。因为没有灯光，所以驾驶员开车时思想要高度集中，边看边前进。

（2）眼前什么也看不见时，稍停片刻。

（3）要注意观察周围情况，尽量使汽车在道路中间行驶。

（4）严格控制车速。遇有阴暗地段、路况不易辨清时，时速应控制在 5～10km/h 以内。

（5）依据地面颜色来判断道路情况。黑为泥或坑，白为水，灰白为路。走灰不走白，遇黑停下来。

（6）根据感觉来判断路况。如车速自动减慢，汽车可能正在上坡或驶在松软的路面上；如车速自动加速，说明汽车可能正在下坡。

79　方向跑偏时有何紧急避险要诀？

答：（1）检查前轮轮胎型号和气压是否符合标准。

（2）中途停车休息时用手触摸制动鼓和轮毂轴承处是否感到烫手。如感到烫手，说明制动发卡或轮毂轴承装配过紧，造成一侧制动器拖滞，使行驶阻力增大，应进行调整。

（3）检查前钢板弹簧是否折断，左右钢板弹性是否一致。

（4）检查两侧轴距是否相等。

（5）检查前轮定位是否失准。

（6）检查前轴、车架是否变形。

80　方向失灵时有何紧急避险要诀？

答：（1）立即松抬加速踏板。

（2）把变速杆推入一个低挡位。

（3）不可踩下离合踏板。

（4）不可空挡滑行。

（5）利用发动机牵阻减速以达到减速的目的。

（6）均匀而用力地拉紧驻车制动杆，制动的同时给前面车发出信号。

（7）当发现车速明显减弱时，踩下脚制动踏板，使车逐渐停下来。

81　轮胎爆破时有何紧急避险要诀?

答:(1)汽车长时间高速行驶,会造成轮胎温度和气压升高,严重时导致突然爆破。若后轮爆破,车身会向爆破一侧倾斜,此时不可盲目地转动转向盘,按正常的停车方法将车辆驶上路肩停下,然后尽快更换轮胎。

(2)若前轮爆破,会影响方向的控制,十分危险,应立即打开闪光警告灯,握紧转向盘,松开加速踏板(但不可使用制动,以免被后车追尾相撞,发生侧滑,增加控制方向的难度),打开右转向灯,慢慢向右靠,进入路肩后即可停车。

应注意:轮胎爆破的瞬间,方向会偏向爆胎一侧,应适当地向另一侧转动转向盘,防止跑偏,但不能回转过多,以防车辆出现蛇行而失去控制,甚至与他车或防护栏相撞。

(3)抬起加速踏板(不可踩制动),抢挂低挡,利用发动机牵阻制动车辆。

(4)打开右转向灯,逐渐向右靠边停车。

82　制动失灵时有何紧急避险要诀?

答:汽车在下坡路段出现脚制动失灵时,驾驶员应利用转向盘、发动机的拖滞和驻车制动器三者的配合把汽车控制好。

(1)当发现脚制动失效时,应沉着冷静,把稳转向盘。

(2)挂入抵挡。也可视情况迅速采用加油(即减挡)的换挡至变速器低速挡,利用发动机的牵阻作用使车速下降。

(3)放松加速踏板。

(4)按下驻车制动器操纵杆顶端的按钮,均匀快速地拉起驻车制动器操纵杆。

(5)发现制动失灵时,应将车停在平地上,有条件的最好停在保养沟上。

(6)挂上倒挡,以防汽车溜滑。

（7）根据不同原因进行调整、修复或更换。边调整边试验，直到制动符合要求为止。

83　遇到恶劣天气时有何紧急避险要诀？

答：恶劣天气如雨、雾、雪、大风等，高速公路通常会被关闭，严禁驶入。若在行驶中遇到恶劣天气，要立即减慢车速，打开小灯、闪光警告灯或雾灯，严禁为赶路而继续盲目高速行驶。能见度低，路面打滑，继续高速行车是十分危险的，车速过快看不清道路情况、刹不住车，过慢则有被撞的可能。此时，应靠边停车休息，待天气有所好转后再继续行驶。

84　行车途中遇到山洪、泥石流时有何紧急避险要诀？

答：（1）如果是集体遇到上述灾害，就应该有组织地自救，把车辆及被运送的物资集中到安全地带。

（2）确保人员的安全。

（3）联系救援。

（4）在被困地点的最高处或最显眼位置，挂起求救的鲜明标记。

（5）减少车辆和物资的损失。

（6）计划使用食品。

（7）寻找脱离险境的道路或方法。

85　遇到车前突然有人摔倒时有何紧急避险要诀？

答：（1）坚持中速行驶，给意外情况的应急处理留有余地。

（2）视情况（车辆后方或左右无车时）采用打方向躲过。如果道路湿滑，两侧车道拥挤，而且摔倒者与车道平行并无爬起的挣扎，则可调整方向直行，使汽车骑摔倒者而过。没有绝对把握不得采用这种方法。

（3）视情况采用紧急制动，如果车速在 40km/h，前方 8m 之外有人摔倒，路面无湿滑结冰的情况下，可以紧急制动。

86 遇到车前突然有人横穿公路时有何紧急避险要诀？

答：（1）鸣笛提醒横穿公路的人，促使其加速通过。

（2）鸣笛的同时减速，以便给人留出穿过公路的必须时间。

（3）视情况（车辆左右无车时）向左或右转动转向盘，避开行人。

（4）制动减速给行人留出通过的时间。

（5）在行人无法赶在车辆之前穿过车道时，紧急制动停车，给违章的行人留下一条生路。

87 风窗玻璃破碎时有何紧急避险要诀？

答：（1）遇风窗玻璃破碎时，这时驾驶员必须保持镇定。

（2）不要突然转动转向盘或过分用力制动。风窗玻璃一旦破碎了，就会使前方视野模糊不清，不要突然转动转向盘或过分用力制动，而必须缓慢降低车速。

（3）遇风窗玻璃破碎时，要尽快驶离车道。

（4）在没有更换的情况下，要把所有的车窗关紧后才可开车。

（5）用工具把破裂的玻璃击穿后继续行驶。

（6）不要加快车速。否则，车内气压太高，可能把后窗玻璃压迫得飞脱而出。

88 车辆侧滑时有何紧急避险要诀？

答：（1）发生侧滑时应放松加速踏板。

（2）方向少打少回。在泥泞路上行驶，上坡应酌情低速行驶，方向少打少回，及时修正；下坡不可紧急制动，应缓踩制动踏板，并视情况选用发动机牵阻控制车速。

（3）不可空挡滑行。

（4）不可紧急制动。

（5）不可盲目高速行车。

（6）将转向盘向后轮滑动的同一方向转动。

（7）待车身与方向一致后再驶入正道。

（8）发生大的侧滑时应及时停车。

89 车轮驶出路肩悬空时有何紧急避险要诀?

答:（1）车辆一旦有车轮驶出路肩,悬空停住车时,驾驶员应根据当时的情况,选择既安全又不使车辆失去平衡的地方脱离驾驶室。

（2）驾驶员离开驾驶室后,要仔细观察车辆的险情,并根据情况采取相应的措施。

（3）如果车辆有倾覆坠崖的危险,应用绳索系在车身拴在公路上的自然物或木桩上。

（4）如果路肩处坡度较缓,可挖削路肩,使悬空车轮落地。如果悬空车轮下方很陡,可用一木桩或跳板,以路缘为支点,一头伸在悬轮上,另一头用力压下,使悬空车轮驶出。

90 车轮轻骑在路肩时有何紧急避险要诀?

答:（1）车轮轻骑在路肩时,驾驶员应从靠路面一侧的驾驶室门出来。

（2）必要时,将车厢内货物由路缘外侧的一面搬到靠路边的一面,以增大路面上的轮胎压力,防止汽车因失去平衡而倾覆。

（3）当车身基本稳定后,用铁锹刨挖路面上轮胎周围的泥土,使路面上的轮胎下沉。

（4）如果前后桥或传动轴触地,也应刨挖触地处的泥土,直到使车身平衡到能驶到路面上为止。在车身未平稳前不可冒险开动车辆,以防发生翻车事故。

91 运油车发生燃油泄漏时有何紧急避险要诀?

答:（1）燃油泄漏在公路上的措施:

1）关闭车辆上的电气系统和点火开关,禁止吸烟。

2）取下灭火器，做好灭火准备。

3）用最快的方法向交通警察报告险情。

4）确定是否可用木塞或橡皮垫控制泄漏。

5）如有合适的人，要指派岗哨警告过往车辆的驾驶员注意明火。

6）在危险抑制前要遵照交通警察或消防人员的指示。

（2）燃油泄漏在道路之外（野地）的措施：

1）关闭车辆电路开关和点火开关，禁止吸烟。

2）取下灭火器，做好灭火准备。

3）用最快的方法向交通警察报告险情。

4）检查渗漏情况并确定是否可以用木塞或橡皮垫控制渗漏。

5）从泄漏的容器中将油疏松到别的车上。

6）放出燃料。

（3）对运油车经常"体检"。

92　汽车发生火灾时有何紧急避险要诀？

答：（1）如汽车加油时发生火灾，应迅速停止加油，将车开出加油站，再用灭火器扑灭油箱火焰。

（2）汽车在行驶中如发动机或燃油箱等部位发生火灾时，驾驶员应立即停车，组织成员下车。

（3）切断车辆电源，关闭点火开关。

（4）切断油源。关闭油箱开关或取走汽车上的燃油，切断油源。

（5）如果车门没有损坏，应打开车门让乘车人员逃生，如果车门损坏，应砸破车窗玻璃，引导乘车人员逃出。

（6）用干粉、二氧化碳等灭火器对准火焰下面喷射，及时扑灭火焰。

（7）将着火车辆脱离危险区。

（8）如果容器失火，可用浸水的棉被、麻袋、衣物等容器封闭。

（9）禁止采用浇水的方法去灭火。

93　车辆陷车时有何紧急避险要诀？

答：（1）车辆陷入深坑打滑空转时的处理：可在汽车前方适当位置打一木桩或将木桩插入轮下，用粗绳（或钢丝绳）的一端系在木桩上，另一端穿过驱动轮钢圈孔系住车轮，然后用低速挡平稳前进，绳索缠入车轮中间，汽车随之驶出。

（2）车轮毂陷入较深时的处理：采用挖铲、铺垫的方法仍不能将车驶出时，可设法用千斤顶将被陷车桥顶起，然后再向车轮下铺石料、木板、树枝等，将汽车驶出。

（3）以上两种方法仍不能使汽车驶出陷坑时的处理：可采用拖拉的方法将被陷车拖出。必要时可用多台车以串联或并联的方式拖出。

94　车辆掉入沟底时有何紧急避险要诀？

答：（1）可使车辆沿斜坡驶上公路。

（2）斜坡较大，车辆行驶会有危险时，可在车厢板上拴系绳索（用绳索绑住车辆保持平衡），把绳索的另一端拴在公路上坚固的自然物或木桩上，然后使车辆向上行驶。在行驶过程中，应根据需要调整绳索的距离，以帮助车辆保持平衡。

（3）无法自行驶出时向其他车辆求助。

（4）在有电话的情况下，向当地的交通管理部门报警，向122交通事故报警，或向治安报警台110求救，也可向汽车紧急营救协会或公司求救。

95　违章车辆碰撞时有何紧急避险要诀？

答：（1）当无法避免与来车相撞，撞击方位又不在驾驶员一侧或估计撞击力量不会很大时，驾驶员应用手臂支撑转向盘，两腿向前蹬直，身体向后倾斜，以保持身体平衡，避免头部撞到风窗玻璃上。

（2）车辆车体相撞时，发动机和转向盘均有可能产生严重的后移，要躲离转向盘。

（3）车辆相撞后，应调整车头方向。

（4）避免人员甩出车外。

（5）人员要及时离开险区。

（6）维护现场并报请公安交通管理机关调查处理。

（7）在肇事车辆企图逃跑的情况下，应清楚准确地记下对方的车牌号。

（8）车辆被违章车辆碰撞、擦刮后，禁止无原则地"私了"，禁止自行高速追赶逃跑车辆，更要禁止寻求报复。

96 车辆发生相撞、碰擦时有何紧急避险要诀？

答：（1）侧面相撞时，发现正有车向自己车的侧面冲来，要及时调整车头，让车身部位与来车相撞，以减小损伤程度。

（2）迎面相撞车速较低时，应迅速判断可能撞击的方位和力量。如方位不在驾驶员一侧或撞击力较小时，驾驶员应用手臂抵紧转向盘，两腿向前蹬直，身体向后倾斜，防止撞击时身体向前撞击转向盘，或头部撞到风窗玻璃上受伤，扩大事故的危害程度。

（3）迎面相撞速度较高时，撞击部位临近驾驶座位时，要注意躲开转向盘，往副驾驶座位上移动，同时将两腿抬起。

97 遇到开"斗气车"时有何紧急避险要诀？

答：（1）驾车要心平气和、遵章守纪和以礼相待。

（2）驾车不要与之斗气。

（3）驾车不要相互超越和紧跟对方车辆。

（4）驾车靠右避让，允许其超越。

（5）在交会时遇到对方驾驶员斗气占道，应向右避让半个车道。

（6）在过无交通信号控制的路口时，应减速让对方先通过。

98　遇到歹徒拦车时有何紧急避险要诀?

答：（1）要防止歹徒或敌对分子以拦车为名进行打劫。非公安交通管理人员不得随意阻拦车辆。

（2）要灵活周旋，但不要与犯罪分子纠缠。

（3）要弄清拦车原因，以防遭受歹徒的袭击。

（4）要设法报告当地公安机关。

（5）要把保护好人身安全和物资安全放在第一位，力争安全通过。

（6）体力允许时，如果车上装有一般性物资或空车，要坚决与歹徒生死斗争，直至制服犯罪。

（7）不能贸然下车。

99　车辆在铁路道口熄火时有何紧急避险要诀?

答：车辆一旦在铁路上熄火且无法起动时，应立即设法将车移开铁道。

（1）请人协助将车推移道口。

（2）请求车前或车后相类似的车辆把车顶出轨道。

（3）将变速杆挂入低速挡，用蓄电池转动起动驱车离开轨道。

（4）用手摇柄摇动曲轴使车辆脱离轨道。

（5）在蓄电池电力不足或无手摇柄时，可将变速杆挂空挡，在传动轴万向节处，用撬胎棒转动传动轴。由于转动的方向不同，可使车辆前进或后倒，迫使车辆脱离险区。

（6）示意火车紧急停车。

100　车辆下坡失控时，有何紧急避险要诀?

答：（1）握稳转向盘，踩下离合器，放松加速踏板并迅速把变速杆推入较低的挡位。

（2）按下驻车制动器操纵杆顶端的按钮，均匀快速地拉起驻车制动器操纵杆。

（3）迅速踩下离合器，大油门提高发动机转速，并迅速减挡。

（4）利用道路上的天然障碍物（如坑洼、靠山一侧等），迫使汽车减速停车。

101 车辆意外落水时有何紧急避险要诀？

答：（1）车辆意外落入水中时，驾驶员应镇定行事，采取相应的避险措施，尽快设法逃出。通常发动机的一端较重，会首先下沉。

（2）抢救者要防止被溺水者抓住或抱紧，直接影响自己游泳。可尽快将木板、门板、木长凳投入水中，或投入长竹竿、绳子将溺水者拉上岸。

（3）迅速清除溺水者口鼻的污泥杂草、呕吐物及活动义齿等，保持呼吸畅通；视情况施行控水和人工呼吸，或快速送医院急救。

（4）车被水淹，车门的打开方法。有不少车辆掉进水里，因此而被淹死的人数达到落水人数的 30％，许多是因为在水里时打不开车门而死的。

车掉进水里，因为发动机很重，所以在下沉时车头朝下，车尾朝上。很快，水从车的各个缝隙渗入，到人的脚面、腰部、眼部。好！现在必须要逃生了，于是驾驶员拼命地推车门，使出全身的力气，结果车门却纹丝不动，驾驶员用尽了各种办法，车门还是打不开。耗尽了全身体力和车内的氧气，人根本支撑不了多久，很快就死了。

车掉进水里后，驾驶员什么动作都不要做，保存体力和深呼吸，静静地等待水灌满车厢，一秒，两秒，水很快就漫了上来。1 分 37 秒后，水灌满了车厢，车体由头下脚上归于平衡了，这时，驾驶员再推车门，车门会很轻松地被打开，于是，驾驶员很轻松地浮出了水面。这是正确的逃生之道，不要在车门上的压强消失之前浪费自己的体力和车内氧气。但是，在现实生活中，我们并不知道水有多深，也不知道自己能否坚持到那个时候，更不知道自己是否会保持冷静，所以这并不是万全之策。

这是什么原因呢？为什么在水没有灌满的车厢里，车门会打不开？这是因为车厢里有空气，内外的压力差导致水施加在车门的力量达到目的150～250kg，当然打不开了。等水灌满车厢时，内外压力差平衡了，这时人就像在空气中一样，可以很轻松地把门打开。

还有其他方法吗？有！那就是在当水漫过车门前，把门打开，虽然这时有压力，但压力并没有达到最大，如果你的力量足够大。当然这有一个临界点，那就是当水漫过车门的一半时是你倒数第二次的逃生机会，否则以你的力量是没法在水"漫过车门后灌满车厢前"再次打开车门的，当然，你要能坚持到水灌满车厢并且保存好体力和氧气才会有最后一次机会的。

看来，机会永远是青睐有准备的人啊。嗯，这个办法还不是保险，还有其他方法吗？

把车窗摇下，从车窗里逃出去就行了。好，那就让我们试验一下这个说法，车又被推进去了，真倒霉，又被推下来了，很快，水灌满了车厢，这时，无论我们是手摇的还是电动的，车窗都稳丝不动，同样的道理，压在车窗的压力也是150kg，你还是打不开。不过这个试验同样说明了一个问题，那就是，电动设备在水下时并没有马上失灵，你还可以用。如果我们掉到了不是很深的水里，在水漫过车门前，还可以试下把玻璃窗摇下来。

看来，上面这个办法也不行，怎么办，死路一条吗？不是有人说，我们找东西把车窗打破，水会很快地灌满车厢，我们就可以从车窗里钻出去或打开车门出去了。旁边的人拿出一个小尖头锤子，大巴车上那一种，朝着玻璃一敲，玻璃应声而碎，水很快涌了进来，10秒种后，车厢里灌满了水，车门打开了。噢，万岁，这才是真正可行的保命之法，在你的储物箱里放一把小尖头锤子，紧急关头，它才是你的救命恩人。

102 车辆意外翻车时，有何紧急避险要诀？

答：（1）车辆倾翻驾驶员无法跳车时，驾驶员要紧紧抓住转向盘，两脚钩住脚踏板，尽量使身体固定，避免因车体翻转而被撞或甩出车外。

（2）车辆向沉沟翻滚时，应迅速趴下到座椅下，紧紧抓住转向盘或踏板，避免身体在驾驶室内滚动而受伤。

（3）人员不要朝着翻车的方向跳车。

（4）人员在被抛出车厢的瞬间要猛蹬双腿，增加向往抛出的力量，以增大离开危险区的距离。

（5）人员落地时要用双手抱头顺跑动惯性方向滚动一段距离。

103 车辆侧翻后有何紧急避险要诀？

答：（1）及时卸下蓄电池，放出油箱内的燃油，以防引起火灾。

（2）车辆半侧翻可利用大木杠撬抬，同时在另一侧用绳索牵引，使车身端正。

（3）当千斤顶将车身升起后，使用砖、石、木等物塞垫，然后换下千斤顶，并用物体塞垫，如此反复，直到可用其他方法端正车身为止。

104 乘客发生意外时，有何紧急避险要诀？

答：（1）乘客突然晕倒时，不要抬扶和搬运患者，以防有脑溢血症的人在搬运中死亡；应马上送医院抢救。

（2）可利用急救措施对受伤人员进行应急处理，包括止血、人工呼吸等。

（3）动员未受伤的乘员帮助救助受伤人员。

（4）求助于过往车辆，把伤员送到附近医院抢救。

（5）向附近单位救助，请求派医务人员支援。

（6）保护好现场。

（7）及时报告单位领导和交通警察，并积极提供线索，协助交通警察破案。

（8）乘员的行李物品要妥善保管，必须时要列物品清单，请在场人证明。

（9）若乘员死亡，必须有医院的死亡证明并复印备案。

（10）从乘员患病到抢救的全过程中，要做好文字记录。

第7篇

汽 车 节 油 秘 诀

105 新手驾车有何节油秘诀?

答:(1)每次开车前,应先选定行车路线,可避免走冤枉路,避开堵车热点。

(2)开车时多留意交通广播,注意所经路线的路况。

(3)车辆不要"热身"过度,有些车主在开车前按照常规先开动发动机让它预热,这是个好习惯。但注意暖车时间不宜太长,建议在 30s 以内,然后可让车子慢慢行驶 1~2km 来达到热身的效果。

(4)驾驶时保持车速要平稳,尽量不要急加速或急减速。若想通过猛踩加速踏板来加速,这样只会大大增加耗油量,省不了多少时间。

(5)不开斗气车。有的人一上路就容不得其他车挡在前面,见空就抢,在几条车道间来回并线超车,这些不良驾驶习惯不但危险,而且会使耗油量成倍增加。来回并线很容易造成不断地急加速和急刹车,付出的代价当然是耗油量的增加。

(6)不要时常变道。变道会比直线多耗油,因为要不停地加速,不停地刹车,而且路线弯弯曲曲,路程就远了。

(7)高速公路勿开窗。高速公路行车时,空气气流所造成的行车阻力已经很大,若再打开车窗,更加大了空气阻力,不但造成车体不稳,也会增加耗油量。一般要求,时速超过 60km/h 就要关闭车窗。

(8)要定时更换空气滤清器、润滑油过滤网,滤清装置脏、堵都会影响耗油量。

（9）尽量避免长时间使用车内的冷气、暖气设备。

（10）如果需要在车上等一段时间，超过 2min 以上就要熄火。

（11）定时检查润滑油质量及润滑油油面高度，及时更换润滑油。根据说明书的规定，尽量选择黏度低的油，润滑油黏度过高、油面过高会增加发动机运转负荷，导致耗油量上升。

（12）定期检查轮胎的气压，确保轮胎气压正确。

（13）若感觉发动机有故障，要及时到维修站修理。因为不论问题大小，它们都会降低发动机的效率，浪费燃料。

（14）保持轮胎的平衡，时常检查轮胎的花纹，看看有没有不平均的磨损。同时要看看有没有尖锐物嵌在轮胎内而造成慢慢漏气。

（15）恶劣天气时新手尽量不要出车。因雨天路面潮湿会使摩擦系数降低，造成轮胎易打滑而使耗油量增加，同时也比较危险；夏季气温高、尘土多、热辐射强，会使汽车的各项技术性指标下降，从而影响汽车的正常行驶，并导致耗油量的增大。

（16）经常清理车后行李箱，车上尽量减少放置不必要的物件。

106 车辆加油有何节油秘诀?

答：汽车加油（喝油）如同人们进餐，在最合适的地点和时机加油，才能充分发挥出每一滴汽油的作用，才能保障汽车喝得舒服，跑得快。作者总结出汽车科学加油来节油，车主如果按以下步骤来实施，汽车耗油量将降低很多。

（1）尽量固定加油点，在熟悉的加油站加油，以确保汽油的品质与数量。一般是中国石化和中国石油的直属加油站的油品质量有保证，千万不可在规模很小的加油站加油；同时一定要保存好发票，万一出事，这是唯一的凭证。"便宜没好货"，不可轻信那些低价汽油！这样做还有一个好处，那就是加油量能得到保证可能性要小一些。

（2）尽量选择大气温度低时（如清晨、晚上）加油，这时气温低，汽油挥发少，避免中午大太阳，加油安全和经济。因为汽油是以体积而不是以质量计费，热胀冷缩。早上或晚上加油时，同体积的汽油质量大，省钱。

（3）酌情加油。如果正要进加油站，发现油槽上停着一部油罐车，此时请调转车头继续找下一家加油站！因为油罐车补充的油料，会涌起槽底的沉积，很有可能会加到自己的油箱里。

（4）尽量在本地加好油后再起步。如果确实需要在中途加油，也要找中国石化和中国石油的直属站。可以通过看发票，如果公章上有中国石化和中国石油的名称，则该加油站应为两大集团的直属站。

（5）尽量以升的方式加油，而不是以钱数的方式加油。因为四舍五入以后，常常会无形中损失金钱。

（6）不迷信高标号燃油，不要加高标号汽油。该用何种标号的汽油就用何种标号。不要盲目崇拜高标号，这样也可以省下不少钱。

（7）可以在出发前准备一些添加剂，加一箱油可以使用一瓶添加剂，使用添加剂后可以使油的标号提高一至两号。这样，即使加油站的油标号不够，也能弥补一些。

（8）加油不要超过油箱的上限。因为加满油时容易挥发至大气中造成空气污染，不但造成浪费，还对空气造成危害，同时还可能会损坏发动机或催化转换器。

（9）跑市区请加油箱的一半或2/3（视地点增减）。因为市区行车常常走走停停，若加满油箱会加重发动机的负荷，起步没力且又使车辆耗油，况且市区有很多加油站可加油。

（10）若汽车很少开，建议保持油量在低液面。因为汽油放久了会变质。

（11）在刚刮完台风、暴雨天气不要加油。因为汽油是存放在地下的，时间久了可能存在一定的泄漏，暴雨后，排放不及时的雨水有可能漏入油罐。

（12）加油后，油箱盖应锁紧以减少油料蒸发损失并保持油料的清洁。

107　车辆起动有何节油秘诀？

答：（1）车辆常温冷车起动，要关闭百叶窗，不关阻风门，轻轻踏下加速踏板，尽量实现一次发动成功。如果 3 次仍不能起动，就应检查原因，切忌连续不停地起动。每次起动时间不得超过 5s，间隔时间不得少于 10s。

（2）发动机起动后，待发动机温度达到 40℃ 以上可起步。车辆起步后让车慢行一两公里再正常行驶，可达到热车的效果。其实很多时候，这个慢行的过程是自然形成的，都不必特意进行。这种自然热车使润滑油充分到达汽车的各个润滑部位，连变速器、差速箱内的润滑油也会在慢行中变得稀软而渗入轴承和齿轮的各摩擦面，完成暖机运转，一举两得。

（3）有人为了发动机升温快些或者为了不使发动机熄火，将加速踏板踩到底，或者不断地踩动加速踏板，这些都是不正确的操作方法。车辆在严寒的冬季起动前应加开水，使发动机预热升温；起动之后，应将发动机走热（40℃ 以上），为运行节油打好基础。

（4）从车辆节约燃油和延长发动机使用寿命来看，要求发动机的最佳工作温度保持在散热器出口水温 75～85℃（水温表的温度保持在 80～90℃），发动机罩下空间的温度保持在 30～40℃ 范围内较合适。

108　车辆起步有何节油秘诀？

答：（1）规范与柔和的起步动作能节油。有的人起步像离弦之箭，看起来很潇洒，很有个性，结果却是既伤车又浪费燃料。

（2）注意离合器踏板和加速踏板的密切配合，使车辆平稳起步，而且无冲动、震抖、熄火等现象，这样就能获得良好的节油效果。汽车在平路起步时，一般油门不宜超过 80%，高速挡位时，油门开度不宜超过 50%，这对汽油车节油特别重要。

（3）车辆起步很费油，要正确地选择挡位。轿车最好用一挡起步，给油适中，把发动机转速维持在 2000～3000r/min 之间；载重车起步用一挡，空车用二挡。此外，在平坦道路上起步，车轮与地面的滚动阻力、加速阻力相对较小；在坡道上起步，除上述阻力外，还有坡道阻力（上坡为阻力，下坡为助力）。阻力大时，踩加速踏板幅度要适当大，发动机转速快，离合器接合过程相对快。

（4）车辆行驶同样距离，采用缓步加速虽比快加速多用十几秒钟，但可节油几毫升至十几毫升。因此，车辆起步后加速时要控制好油门开度，轻轻踩下加速踏板，保持较小的油门开度，能省油；而猛烈踏下，油门开度大，虽然汽车提速快了，但费油。

109　车辆驾驶方法有何节油秘诀？

答：（1）在车辆起步时担心一次起动不着，而大踩加速踏板，却不知这样起动不仅加大了汽车磨损，而且白白浪费燃油。汽车正常升温后行车，不仅能够延长车辆的使用寿命，节油效果也非常明显。

（2）行车时要选择路面较好的道路，驾驶时尽量使用经济车速行驶。试验证明，长时间低于经济车速行驶会使燃油消耗 7%～8%，高于经济车速行驶则会增加油耗 9%～13%。

（3）有些新手开车时怕顾此失彼，人为地减少换挡操作，致使低挡高速长距离行驶。也有的驾驶员为了快速完成换挡操作（新手较多），勉强地换高速挡，而速度却跟不上，不仅增加耗油量，也易损坏机件。

（4）滑行驾驶是汽车节油的重要技巧，但滑行驾驶不利于行车安全。要实现滑行节油，不仅要求熟悉道路交通情况，而且还要有非常好的驾驶技术。

（5）车辆在较熟悉的小坡道路上行驶时，应根据坡道情况，充分利用滑行来节油。

上坡前，根据坡度和车辆装载情况选用合适的挡位上坡。在坡度较小的坡道上不可用低挡来"冲坡"，也不可在坡度较大的坡道上用高挡"冲坡"。一旦出现动力不足而停车，不仅会增加油耗，而且还会损坏机件。

（6）车辆在平路上行驶不仅需要克服滚动阻力，还要克服空气阻力。空气阻力的大小与车速的平方成正比，而克服空气阻力所需的功率与车速的立方成正比。所以，车速越高，克服空气阻力所需的功率越大。因此，在逆风行车时，不可狠踏加速踏板以求提高速度。

（7）行车途中若遇到障碍，且可能有碍于行车的情况，应提前松开加速踏板，利用汽车的惯性滑行至距离障碍物较近的地方，酌情通过；切不可临近障碍物时才采取制动减速，这样不仅会多耗油，还会损伤汽车轮胎及其他机件。

（8）在车辆爬坡时，一旦出现动力不足，要根据坡度和装载情况，及时换入更低的合适挡位，以实现车辆的正常运行。如果延误了换挡的时机，有可能造成停车，甚至熄火。

（9）车辆若遇到较大坡道，要提前换入低速挡，并根据装载情况，选择适当的速度慢慢爬坡，不可急躁大踩加速踏板。

（10）车辆重载驾驶时，应根据道路情况，适当加油，保持经济时速。汽车在冰雪路面行驶时，车轮容易出现打滑，这时应采用合理的方法驶出打滑路面。如果一味地加油，只能是白白浪费油料。

（11）要做到车辆节油，及时的保养和调节很重要。例如，调节最佳点火正时、火花塞电极间隙、气门间隙、最低稳定怠速，以及发动机、底盘润滑的保养等。

110 车辆换挡变速有何节油秘诀？

答：（1）车辆换挡操作是衡量驾驶员技术水平的一项重要标志，也是节油的一项关键操作技巧。要正确使用挡位：一、二挡为低速挡，主要用于起步、爬陡坡及要求牵引力大的情况，运行燃料消耗大，一般不宜长时间使用；三挡为中速挡，用于转急弯、窄路或窄桥会车和通过困难道路等，速度虽比低速挡快，但也不宜长距离使用；四、五挡为高速挡，由于其速比小或直接传动，传递到驱动轮上的转矩较小，但速度快，是良好路面正常行驶常用的挡位。

（2）脚踏加速踏板要轻缓，做到"轻踏缓抬"。轻踏加速踏板关系到油门的开度大小和发动机增速的快慢，影响车辆油耗。"手快"是指换挡要快而及时，加空油与摘挡、换挡之间要准时、协调。利索就是要减少不必要的动作。换挡时出现的多余动作直接影响换挡的时机。

（3）车辆在良好路况上起步后，应尽快换入高速挡，在行驶中也尽量使用高速挡。

（4）车辆上坡时，要掌握最佳换挡时机，根据道路情况及时变换挡位，使车辆保持充分的爬坡力量。加挡过早，白白浪费汽车的动力惯性；加挡过迟，又会造成拖挡，甚至要重新起动。减挡也是如此，过早减挡，不能充分利用车辆惯性来克服行驶阻力；减挡过迟而又使车辆惯性消耗太多，从而导致油耗增加。拖带挂车上坡时，应适当提前换挡。

（5）车辆换挡一定要及时，在平路或丘陵地带应尽可能用高速挡或直接挡行驶，在同等车速下，高速挡比低速挡省油。爬坡时，能用相邻较高一挡应及时换入较高挡位。在陡坡上由较高一挡换入低一挡时，不要等车辆惯性消失时才换挡，这样相当于重新起步，必然费油。在行驶中，应根据道路阻力情况及时选用合适的挡位并调节车速，即做到及时换挡。

（6）车辆行驶时，当行驶阻力大于牵引力时，如果不及时换挡，发动机将被迫减速至不稳定工作状态出现"拖挡"。"拖挡"不仅费油，而且会加剧发动机的不正常磨损。避免的办法是掌握换挡时机，加快操作动作。

111　自动挡车辆驾驶有何节油秘诀？

答：（1）经常清洗发动机空滤传感器对节油有相当大的作用。发动机空滤传感器可以滤除空气中的杂质和灰尘，保护发动机缸壁，保证发动机缸壁与活塞的正常间隙配合；干净的空滤传感器能使更多的纯净空气进入，混合汽油后使汽油得到充分燃烧，避免汽油浪费。空滤传感器到油门处还有一个氧传感器，它是对进气量进行检测的。如果氧传感器上沾有很多灰尘，传感数据就会偏小，使车载电脑判断错误，对节油不利。所以要经常检查空滤传感器及氧传感器并擦拭干净，最好是每 4000～5000km 清洁一次。

（2）车辆在驾驶过程中，挂 D 位上下坡或高速滑行时松开加速踏板让车自己滑行，油耗会大大降低，这时因为滑行时发动机正处于一种断油的状态。一般滑行 100m（速度 80km/h 左右），电脑显示平均油耗会降低 0.2L 左右。但需要注意的是，自动挡车辆挂 D 位松开加速踏板带挡滑行时，要保证速度足够大，不然会导致拖挡。这种做法的劣势是，自动挡带挡滑行对变速器有一定的损害。

（3）车辆在长时间等红灯、堵车或等人时有的人怕麻烦，就踩住制动然后把挡位一直放在 D 位上，需要起步时踩加速踏板即可。这样做虽然方便，却增加了油耗。如果等待时间超过 1min，就应将挡位挂在 N 位上，这样既减少油耗又可以避免变速器里的油过热，从而保护变速器。如果停车时间超过 3min，最好挂在 P 位上，既省油又环保。

112　车辆停车熄火有何节油秘诀？

答：（1）临时停车应视停车时间长短决定是否熄火，一般停车在 1min 以上就应当熄火。但要考虑到当时当地的特定气候条件，如在严寒地区停车，而车辆又未加注防冻液，应让发动机怠速运转，以防止车辆冻坏。

（2）避免车辆爬坡或通过艰难路段时停车，否则多次起动增加油耗。车辆爬坡或通过艰难路段时，发动机处在大负荷运转状态，机器温度很高，此时应怠速运转 0.5min 左右熄火。虽然 0.5min 耗油约 10mL，但可避免立即熄火后造成局部升温，使热起动困难，油耗增加。

（3）停车时应避免车辆停在上坡、积水、结冰或松软路段上，以免造成起步困难，增加油耗。

（4）在装卸货物地点、车场停车，应避免影响其他车辆通行，否则多次起动挪车也会增加油耗。

（5）车辆停车地点有严格要求的地方，应停车后熄火，否则多次起动增加油耗。

对停车地点无要求的地方，在停车前就熄火，以节省耗油量。

113　车辆制动有何节油秘诀？

答：（1）车辆在行驶过程中发现情况时，应先放松加速踏板，减少进入气缸的可燃混合气体，利用发动机制动作用减速，并根据情况间断缓和地轻踏制动踏板，使车辆减速。这样操作既能保证安全行车，又不会过多地耗油。当车速很低时，踏下离合器踏板，同时轻踏制动踏板，将车平稳地停住。

（2）车辆行驶过程中经常制动，油耗会显著地增加。因此，在安全行车的前提下，尽量少用或不用制动，尤其是紧急制动，以达到节油、节胎的目的。

（3）车辆行驶中不必要的制动，标志着不必要的减速或停车，再行车就要重新起步或加速，必然导致油耗的增加。车速越快，载重量越大，制动时耗油越多，轮胎磨损也越严重。

（4）车辆紧急制动对节油、机件磨损和轮胎磨损都是极其有害的。因此，在一般情况下不采用紧急制动。在万不得已需要紧急制动时，应握稳转向盘，迅速放松加速踏板，并立即用力踏下制动踏板，同时拉紧驻车制动器操纵杆，发挥汽车的最大制动能力，使汽车在最短的距离内停住。

114　车辆滑行有何节油秘诀？

答：（1）车辆滑行是指将变速杆置入空挡，利用惯性使车辆前进。车辆滑行有三种：一是在平直路段将车速提到一定速度后换入空挡，利用车辆行驶的惯性滑行；二是利用坡道滑行；三是利用车辆滑行降低车速或停车的滑行。

（2）车辆采用滑行节油首先应注意保证安全，滑行时的车速不能超过当地的安全车速；其次，坡大、弯多的路段不宜滑行，坡小、路直时可以滑行；第三，空车行驶时可以多滑行，重车行驶时应少滑行；另外，在一些特殊路段和特别气候下，特别是禁止滑行的路段严禁滑行。

（3）正确地运用车辆惯性滑行，不但可以节油，而且可以减少车辆机件磨损和延长轮胎的使用寿命。但是，如果运用不当，不但不能节油，还将造成浪费；或者虽然节油，但增加车辆劳动强度，降低平均车速和缩短机件寿命，甚至影响到行车安全。因此，行车中是否滑行和采取怎样的操作滑行，应遵循"确保行车安全，避免机件损伤，点滴节油"的原则。

（4）在较长、宽直而平坦，坡度一般不超过2%，视线良好且路线熟悉的路段，制动系统可靠，无超车、会车的行驶状况下，当车速达到一定数值后发挥汽车的惯性作用，使车辆滑行继续前进，待车速降到一定的数值时，再加速行驶，这种加速滑行可以有效地节油。

（5）当车辆行驶在丘陵地区时，其道路波浪起伏，有很多坡度不陡的宽直路段，陡坡接近平路的坡尾路段，以及坡度小于5%，且长而宽直的坡道，可以利用汽车下坡的推力来滑行，以节约用油。

（6）在预定车辆停车地点适当距离之前准备减速停车，或前方预见有障碍物需要减速，或在比较平坦的道路上需要转弯、过桥、越过铁路岔口，以及有交通管理人员指挥的交叉路口需要减速时，可以提前放松加速踏板，将变速杆放入空挡，充分利用汽车的惯性，使汽车自然减速，以达到节油的目的。

（7）采用加速滑行，要求车辆必须提高到一定的较快车速，才可能保证滑行节油。因此，加速行车时要求驾驶技术高，并时刻注意安全，谨慎操作。

（8）车辆是否采用下坡滑行，还要看交通环境。例如，在道路泥泞、积雪、结冰或在陡坡、狭路、急弯、傍山险道以及其他禁止滑行的路段，或者遭遇阴暗、风雪、雨雾天气，以及黄昏、黑夜视线不清时，车辆装载危险品或装有超高、超长物资时，低温气候滑行将会影响发动机保持正常温度等，就不可采用下坡滑行，否则将严重威胁行车安全。

（9）超经济车速的加速滑行，是追求较长的滑行距离。因此，车辆滑行的初速度要超过经济车速的上限，而加速的初速度往往要低于经济车速的下限。当车辆满载在艰难的道路上行驶时，因道路阻力较大，发动机功率利用率已经很高，如再用加速滑行的方法，由于省油器经常工作，不仅达不到节油的目的，还要费油。车辆滑行终了时车速太低，会使加速过程拖长，也增加油耗。所以，车辆采用加速滑行，既要使用得当，又要结合实际，避免盲目应用。还要随车型不同选择是否滑行。

（10）正确运用汽车熄火滑行可以节油，但是不管车辆滑行距离多远，盲目地熄火滑行并不节油。若起动油耗大于滑行节油，那就得不偿失了。所以，熄火滑行节油要根据实际情况和滑行距离来决定。如果汽车到站停车，可熄火滑行；运行中滑行距离较短，可不熄火滑行。另外，有些车辆熄火后会自动锁死转向盘，驾驶员也要注意。

115 车辆坡道驾驶有何节油秘诀？

答：（1）车辆上坡前应先对坡度的大小、长短做出适当估计，在上坡前加速到足够高的车速，利用冲力而不必换挡行驶到坡顶。如果有连续的上下坡，根据情况在下坡适当加速，以提高汽车的行驶惯性，使之能够较容易地行驶到第二个坡顶。

（2）无论是上坡还是下坡，少用制动减少不必要的能量消耗是节油的关键，而少用制动的前提是配合好油门和挡位。

（3）要避免猛踩加速踏板，勉强爬坡。因为这比用低一挡的经济车速爬到坡顶费油。同时，避免用低速挡高速爬坡。只有做到"高速挡不硬撑，低速挡不硬冲"才能节油。

（4）车辆在爬坡时能用相邻的较高一挡，应及时换入，尽量使用高速挡加速冲坡，并在上坡过程中不换挡。当车辆换入高挡后行驶距离很短或车速难以起升稳定时，应延用相邻较低一挡。

（5）车辆在丘陵地区波浪起伏的路段，利用下坡惯性滑行是节油的一种好办法，但要牢记必须在制动可靠确保行车安全的情况下方可采用下坡滑行。

116　车辆尾随与会车有何节油秘诀？

答：（1）车辆行驶中尾随是很普遍的现象，处理得当与否和节油关系较密切。尾随前车行驶时，距离越近越受前车控制，前车减速，尾随车就要制动，自然会增加不必要的油耗。

（2）前车小制动，尾随车就要变成大制动，两车之间距离越近，制动的机会越多。制动意味着消耗燃油，刹得越重，耗油越多。

（3）如果似让非让，让道不让速，让速不让道，结果容易造成两车僵持在障碍物旁边勉强低速通过，甚至停车，这样既不安全，又增加低速挡的使用，必然增加油耗。

（4）会车比尾随车辆行驶更为普遍。会车时，本车前方若有低速等障碍物时，本车让道要彻底，使对方来车的驾驶员心中有数，以便顺利通过，缩短会车时间。

117　经济车速驾驶有何节油秘诀？

答：（1）车辆百公里油耗曲线为两头高、中间低。在中间的某一段范围内油耗最低，称为车辆的经济车速，一般为该车型设计最高车速的50%～70%。

（2）车辆行驶使用经济车速是节油的关键。车速升高时，克服空气阻力和滚动阻力所需的功率大大增加，油耗急剧上升，而发动机的油耗率却下降；车速较低时，克服空气阻力和滚动阻力所需的功率减小，发动机的负荷率降低会导致油耗率增高。当克服空气阻力和滚动阻力所需功率的增大对车辆油耗的影响大大超过发动机油耗率降低的影响时，车辆燃料的经济性变差。因此，只有经常使用经济车速，车辆的经济性才最好。

（3）曲线行驶不仅增大了行驶阻力，而且延长了行驶距离，增加汽车油耗。有的驾驶员总是习惯性地来回小幅度转动转向盘，虽然是小幅度，但在车速稍高的情况下，汽车行驶所要克服的阻力是不小的，不仅有损轮胎和转向系统机件，还不利于车辆节油。所以只要交通情况允许，车辆就尽量保持直线行驶。

118 发动机加速踏板使用有何节油秘诀？

答：（1）车辆起动时，要轻踩加速踏板，不要一开始就急加油，以免进入气缸的燃油过多、混合气过浓而被"淹死"。如果急踩加速踏板数次起动不着，应立即关闭油门再起动，待排气管不冒黑烟时，再轻踩加速踏板起动。

（2）车辆起动后升温时，应轻踩加速踏板预热，使发动机的温度逐渐升高，润滑油逐步进入摩擦表面，待水温达到 40℃ 以上再起步，水温达到 60℃ 以上投入负荷运转。切忌起动后马上起步进入负荷作业，机温低时往往形成不完全燃烧，同时增加机件的磨损。

（3）车辆起步时应大油，防止发动机熄火。但是也不要将加速踏板踩到底，以免油门与离合器配合不当而引起车辆抖动和机件断裂。加挡后，宜缓加速。车辆从起步加速到中等车速（30km/h），采用急加速（25s）的耗油量大约等于缓加速（40～45s）耗油量的两倍。车辆每天起步无数次，节油效果相当可观。

（4）车辆行车中，要使用经济车速，这样既省油又安全。在车辆运行中，禁止加、减油骤变，以免造成车辆机件损坏和发动机积炭。若是重车冲坡，应将最大加油量适当缩小，使气功的供油量与因曲轴转速下降引起的进气量减少相匹配，以免发动机因供油量过大而燃烧不完全，而且这样做车辆反而更有冲劲。

（5）车辆保养时，应关闭油门，否则喷油器不停地向气缸内喷油。过多的燃油进入气缸，不但浪费油料，而且造成车辆下次起动困难；同时，部分燃油顺着气缸壁流入油底壳，造成润滑油变质，进而加速机件的磨损。

119　车辆载货有何节油秘诀？

答：（1）车辆及时清理后行李箱，多余的物件、临时用不到的东西，别带上路。否则，增加车辆的载荷，会增加油耗。

（2）车辆装载货物分布要均匀，并注意捆绑牢固。如果货物的重心向前偏移，则转向盘沉重，容易引起驾驶员疲劳，增加油耗。特别是在制动时，前轮超负荷更加严重，易发生轮胎爆破。

（3）如果货物左右偏载严重，会引起车辆制动效果降低，增加翻车的危险性，当然油耗也会增加。

（4）若货物的重心向后偏移，转向盘会有轻飘的感觉，尤其是在上坡时，会使汽车竖起，既影响安全，又增加油耗，也容易发生后轮超载爆破。

120　车辆行驶路线有何节油秘诀？

答：（1）驾驶员对车辆行驶路线的熟悉程度直接影响油耗。对不熟悉的道路，如果驾驶员能够在出车前了解哪里有坑、弯道、坡度以及过桥涉水等路况，做到心中有数，也必然能节油。对路线、路况熟悉，能根据道路情况做到心中有数，在驾驶操作时主动提前处理，达到节油的目的。

（2）车辆在夜间行驶，视线不良时，如果对路况不熟悉，就无法做到正确地利用滑行，及时换挡或利用地形冲坡等节油措施。

（3）驾驶员对装卸现场情况或目的地熟悉，就能迅速选好停靠地点，避免不必要地掉头和盲目频繁地倒车（倒车比前进行驶更费油），这样就能收到节油的效果。否则，必然会造成油耗的增加。

（4）车辆在路况不佳的道路上行驶，会提高发动机气缸内平均指示压力和单位路程的曲轴转速，增加了活塞的摩擦做功，加剧气缸磨损。同时，汽车在高低不平的路面上行驶，使零件承受冲击载荷，加剧了行驶部分和轮胎的磨损，行车不稳。

（5）车辆在良好的道路上行驶，车轮的滚动阻力减小，可以利用高速挡行驶而节油。以上这些不利因素都将增加油耗。因此在汽车行驶中，驾驶员选择好路、硬路，对汽车节油是很重要的。

121 车辆轮胎选用有何节油秘诀？

答：（1）一般情况下，车辆能用窄胎的，尽量不要选用宽胎。宽轮胎看起来很"酷"，很有"跑车味"，但很费油。

（2）子午线轮胎的胎体帘线呈子午向，相互平行排列，具有较多刚性硬缓冲层，胎体帘线与缓冲层帘线形成三角形。因此，车辆行驶时，轮胎橡胶与帘线间相互移动极微，彼此间的摩擦很轻，产生的滞后损失较小。子午线轮胎周向变形小，滑移少，具有较低的滚动损失，从而降低了油耗。

（3）车辆行驶时的滚动阻力，主要是由于车轮滚动时因轮胎变形而造成的。而轮胎的变形程度与轮胎气压有很大的关系。轮胎气压低，变形大，滚动阻力增加，消耗功率多，油耗增加；轮胎气压高，变形小，滚动阻力减少，消耗功率少，油耗减少。

（4）北方地区冬季气温较低且低温时间较长。有利于充分发挥轮胎的最佳性能，可适当提高轮胎的工作气压，一般为29～49kPa。但是当气温回升（尤其是炎热夏季）时，轮胎内摩擦产生的热量不易散发，结果会形成恶性循环。因此，在夏季行车，应适当降低轮胎的工作气压（取规定值的最小值）。如发现轮胎温度上升很高，应停车降温后再继续行驶。绝不允许用冷水浇轮胎，否则轮胎骤冷，会导致其技术性能下降。

（5）轮胎气压要与轮胎的负荷能力相适应，并符合相应的气压标准。在实际使用中，若保持最高车速在速度等级以内，会相应地增加轮胎的载荷，这时可适当提高轮胎工作气压。若高于规定的速度等级，应相应地减少载荷。

122 电喷汽车驾驶有何节油秘诀？

答：（1）电喷汽车的油门传感器有三种工作状态：怠速、部分负荷以及最大负荷。在部分负荷区，油门传感器能够采集位置和变化率两种信号。即同样的油门开度变化，慢踩加速踏板的缓加速和猛加速踏板的急加速两者的信号是不同的，发动机的反应也不一样。

（2）减速行驶时，当右脚离开加速踏板后，油门立即从高负荷位置回到怠速位置，但是发动机的转速不会立刻下降，而是有一个过程。此时，电脑会发送指令停止喷油，发动机不再做功。当转速下降到接近怠速时（1000～1200r/min）再恢复喷油，直至转速下降到怠速，这称为电喷发动机的减速停油过程。

（3）挂挡高速行驶时，在带挡滑行（不摘挡的情况下）右脚离开加速踏板，由于发动机受到反拖而使转速下降缓慢（喷油器停止喷油），减速停油过程延长，收到了节油的效果。

123 越野车驾驶有何节油秘诀？

答：（1）越野车辆一般情况下，在潮湿土路上行驶，用后桥驱动比前后桥都驱动省油9.5%左右。在沥青或混凝土路面上行驶，用后桥驱动比前后桥都驱动省油12%左右。

（2）越野车辆的特点是能在各种恶劣道路条件下畅通无阻。但在实际使用中，并非都在恶劣环境下行驶。因此，因地制宜改变驾驶操作方法，就能获得节油的效果。

124 柴油车驾驶有何节油秘诀？

答：（1）柴油机出水温度普遍低于45℃，使柴油不能完全燃烧，机油黏度大，加大了运行阻力，因而耗油多，故适当提高柴油机冷却水的温度，可减小油耗。

（2）柴油机使用一段时间后，由于喷油泵柱塞副偶件的磨损，供油量和供油提前角会减小，造成供油量不足和供油时间过晚，油耗增大。故应经常检查调校喷油泵，保证供油量和供油角处于最佳角度。

（3）柴油机的故障一半以上出自供油系统。解决方法：

1）柴油搁置沉淀2～4天再使用，可沉淀98％的杂质。

2）如现买现用，可在油箱加油滤网处放两层绸布或卫生纸，以滤去杂质。

（4）柴油机输油管常因接头面不平、垫片变形或损坏而出现漏油。解决方法：

1）将接触面涂上气门研磨膏后放在玻璃板上磨平，以校正油管插头。

2）可用自行车辐条代替空心螺钉焊在油箱上使柴油回收。

3）用塑料管将油嘴上的回油管与空心螺钉连接起来，使回油流入油箱。

125 冬季与夏季行车有何节油秘诀？

答：汽车行驶过程中，应根据气温和负荷情况保持适当车速，并注意制动效果。

（1）夏季天气炎热，夏季炎热行车应注意发动机冷却水的消耗和补充，并保持冷却系统管道畅通，风扇带松紧度适当。

（2）夏季炎热行车，驾驶员感觉疲劳瞌睡时，应立即停车稍事休息，不应勉强行驶。

夏季炎热行车一定要安排中途休息，以防发动机、轮胎、蓄电池过热。

（3）夏季炎热行车要勤检查蓄电池，电解液由于高温容易消耗，应及时加足蒸馏水，蓄电池盖的通气孔必须畅通。

（4）冬天、夏天的怠速混合比要求是不一样的，发动机的怠速应随外界温度变化而进行及时调整。冬天应该浓一点，容易点火；夏天应该稀一点，不仅容易点火，而且也能省一点儿油。当制动鼓过热时，要停车使其自然冷却或采取缓慢冷却的方法。

（5）冬季当顺风行驶时，需充分利用风力减速滑行，以降低油耗。若是逆风行驶，需给小油稳住车速，不要因风阻大而拼命加速行驶，这样反而会因空气阻力增加而增大油耗。

（6）冬季行驶在冰雪道路上，千万不要高速行驶。因为在冰雪道路行车易发生侧滑，对安全不利。同时，高速行驶易使轮胎产生空转，增加油耗。

126　车辆保养与调整有何节油秘诀？

答：车辆节油问题，不仅与驾驶操作有很大的关系，而且与车辆技术状况的好坏也有很大关系。车辆技术状况的恶化，将导致动力性和经济性恶化。因此，还应当把注意力集中在对车辆调整保养质量上。经常维护保养和调整也是节油的关键。

（1）发动机是汽车的心脏，是汽车的动力源。汽车是否省油，发动机的技术状态是关键，而整车的性能很大程度上取决于发动机的性能。从理论上来说，结构一定的发动机，凡是能够提高发动机动力性的方法、能够提高发动机起动性的措施都可以直接或间接地节油。因此，正确使用和保养发动机是非常重要的。

（2）点火提前角调整合适，可使绝大部分混合气在活塞到达上止点时燃烧完毕，就能用最小的油料消耗得到最大的功率。点火提前角如调整不当，就会多耗燃油。因此，车辆应根据汽油辛烷值、发动机的技术状况（如气缸内积炭厚度）及使用条件（外界气压、空气温度、负载等）及时调整点火提前角。猛踩下加速踏板，可听到短暂的轻微爆燃声，当车速增高后即消失，即点火提前角合适。

（3）车辆做到经常清洁、检查、补给，是汽车节油的基础。做好清洁工作可以防止机件腐蚀、减轻零部件磨损和降低燃油消耗；通过对机器的检查，确保零部件的松紧、变形和损坏；对蓄电池进行补充充电，对轮胎进行充气。

（4）发动机润滑系统维护良好，不但可以减轻机件磨损，延长发动机使用寿命，还可有效地减少燃油和润滑油的消耗。在保证正常使用的情况下，选用黏度较小的润滑油，以减少阻力损失，减少燃油消耗。按"勤加少加"的原则，经常保持油底壳润滑油面稍低于油尺上刻线的高度。还要经常保持曲轴箱通风装置的良好技术状态，避免润滑油过早变质。

（5）我国道路条件较差，弯道、坡道较多，多为混合交通，车速较低，所以车辆经常在较小负荷下工作。此外，由于化油器量孔在使用中逐渐因磨损而变大，供油量也会有所增加。因此，驾驶员应根据车辆行驶情况，适当地将混合气体调稀，以达到节油的目的。

（6）车辆发动机在工作中，气门不停地开、闭，气门、气门座等机件容易磨损，使气门间隙发生变化。所以，须定期对气门间隙进行检查与调整。气门间隙过小，会造成气缸漏气，多耗燃油，甚至损坏机件；气门间隙过大，会发出"嗒嗒"的金属敲击声，使气门的开启度变小，缩短气门的开启时间，发动机排气不畅，废弃残留在气缸内，造成发动机功率下降，耗油量增加。

（7）车辆离合器踏板自由行程大小也关系到节油效果。若自由行程太小，则离合器易打滑，使一部分功率消耗于离合器零件间无益的摩擦上；若自由行程太大，离合器分离不彻底，换挡困难，也会增加耗油量。

（8）车辆制动间隙要调整适当，调整不当也会影响节油。若间隙过大，则制动不灵，需放慢车速，增加油耗；若间隙过小，车轮旋转阻力增加，会增大功率的无效消耗。

（9）车辆轴承间隙也要调整适当。间隙过大，行驶中车轮摇摆，不但方向难以掌握，而且因制动毂歪斜，与制动蹄片发生触擦，还会增加车轮的运动阻力；间隙过小，车轮运动阻力增大。所以，轴承间隙过小过大，都会使耗油量增加。

（10）轮毂轴承润滑，将润滑脂填满轴承即可。对于轮毂空腔，只要涂薄层润滑脂防锈即可，不可将其用润滑脂填满。否则，不仅不利于轴承散热，而且会使轴承运转阻力增大，增加油耗。

（11）车辆前束不准，会使操纵困难，车轮运动阻力增加，增大耗油量。

（12）轮胎气压若比正常值低 4.90～9.81Pa，耗油量就会增加 5％～10％。用子午线轮胎比用斜交帘轮胎可节油 5％～10％。

第 *8* 篇

电控汽车驾驶技巧

127 电控汽油车有何驾驶技巧？

答：汽车电子控制系统的功能是提高汽车的整体性能，包括动力性、经济性、安全性、舒适性、操纵性、通过性以及排放性能等。

（1）不可用水冲洗发动机。由于电喷系统许多电子控制单元（Electronic Control Unit，ECU）分布在发动机的不同部位，电子元件最忌受潮和折脚接口处进水，很容易引发故障。

（2）电动燃油泵使用注意事项：

1）旧油泵不能干试。当油泵拆下后，由于泵壳内剩余有汽油，因此在通电试验时，一旦电刷与换向器接触不良，就会产生火花引燃泵壳内汽油而引起爆炸，其后果不堪设想。

2）新油泵也不能干试。由于油泵电动机密封在泵壳内，干试时通电产生的热量无法散发，电枢过热就会烧坏电动机，因此必须将油泵浸泡于汽油中进行试验。

3）电喷发动机的电动燃油泵一般都安装在汽油箱内，它是靠浸在汽油里冷却的，因此，要求油箱的油量只剩下 1/4 时，就要添加汽油，否则汽油泵露出油面，冷却不良容易引起故障。

（3）电喷发动机要吃"精粮"，严禁加用低标号和含铅汽油，应根据发动机压缩比选择合适牌号的燃油，否则会引起喷油器堵塞和喷油不畅等诸多问题。

（4）电喷车起动前不需踩空油门，起动时和起动后均不必踩油门，可以避免不必要的燃油浪费和机件磨损。

（5）电喷发动机的蓄电池负极搭铁不能弄错，检修燃料系统时，应提醒修理工先拆下蓄电池搭线。

（6）电喷汽车的点火开关打开时，不论发动机是否运转，都不能断开任何电器，禁止随意拆、拔熔丝，因为此时任何一个电磁线圈的自感作用会产生很高的瞬间电压，使电脑或传感器损坏。

（7）电喷发动机的电控单元是非常精密的装置，一般都选择安装在司机座椅下面。因此要经常保持驾驶舱的干燥通风，避免车辆在夏天的阳光下直晒，防止因温度过高而损坏电子部件。

（8）车身在电焊时，切记事先拔掉 ECU 插头，以防损坏。

（9）要特别注意对汽油滤清器的保养，如果汽油滤清器堵塞或油路不畅，将直接影响喷油的雾化质量，而滤清效果不佳将会使喷油器针阀卡死，使发动机工作失常。

（10）安装二元催化转换器（TWC）车辆的操作要领，在使用和驾驶带有 TWC 系统的汽油车时应注意：

1）必须燃用高品质的无铅汽油。

2）避免发动机长时间怠速运转，一般不能操作 20min。怠速工况运转，尾气中有害成分排放大，易造成 TWC 过热。一般要求发动机怠速运转不能超过 20min。

3）避免进行发动机压缩试验。

4）尽量减少跳火试验。跳火试验会使未点燃的汽油直接进入 TWC，因此，只有在不可避免时才能进行火花塞跳火试验，并且要求时间很短。

5）燃油不足时不可起动发动机。在燃油不足时强行运行发动机可能会造成发动机缺火，引起 TWC 超载过热；同时，对于内置式的电动汽油泵会出现过热、烧损现象。

6）注意定期检查 TWC，检查有无陶瓷载体松动、破碎的情况，在到达行驶规定的里程或时间后，应更换 TWC。

7）尽量避免汽车在关闭点火系统后进行滑行和长时间制动。

8）注意安全停车。汽车在高速行驶时，高温废气和氧化反应产生大量的热，使 TWC 的温度将超过 900℃。如果高速行驶后将车停在枯草等易燃物上面，则有可能会点燃地面上的易燃物品，十分危险。所以必须注意停车安全。同时，TWC上、下两面都应加装隔热罩，对上可防烧烤汽车地板，对下可防火保安全。

128 电控柴油车有何驾驶技巧?

答：（1）合理选择柴油。

1）使用符合发动机要求的合格燃油。

2）加油用具要清洁。

3）燃油加入前要经过沉淀和滤清，保证燃油清洁。

4）严禁在柴油中掺入汽油。

（2）根据环境温度选择合适标号的柴油。一般要使选择的燃油标号低于平均环境温度5℃左右。

1）5号轻柴油适用于最低气温在8℃以上的地区使用。

2）0号轻柴油适用于最低气温在4℃以上的地区使用。

3）－10号轻柴油适用于最低气温在－5℃以上的地区使用。

4）－20号轻柴油适用于最低气温在－14℃以上的地区使用。

5）－35号轻柴油适用于最低气温在－29℃以上的地区使用。

6）－50号轻柴油适用于最低气温在－44℃以上的地区使用。

（3）使用电控柴油机应注意的问题。

1）油箱中无油，添加燃油后，需将供油系统内的空气排掉，方可起动发动机。

2）发动机长时间高速运转后切勿立即关机，应以怠速继续运转约2min，待温度降低后方可关机。

3）起动电控柴油机时一般不需要踩加速踏板。

4）一般电控柴油发动机均装有预热塞指示灯，该指示灯亮起，提示预热塞正在加热。当发动机处于冷态时，打开点火开关，该灯亮起，指示灯熄灭时即可起动发动机。若发动机处于暖态时，该灯不亮，可直接起动发动机。同时，该灯还具有报警功能，在行驶过程中，该指示灯闪亮，则表明发动机管理系统发生故障，须尽快检修。

5）对废气涡轮增压系统维修时应加强清洁。

6）使用维修安全注意事项。为了防止损伤喷油和预热系统，应注意以下几点：

a. 进行缸压检查之前，必须拔掉高压泵的插头。

b. 在断开喷油和预热系统导线和插接器之前，必须关闭点火开关。

c. 在断开或连接蓄电池电缆之前，必须关闭点火开关，否则可能损坏柴油机电控单元。

d. 不能在点火开关打开的情况下，热插拔电控系统的电插头，否则会在电控单元中存储故障代码，造成故障灯闪亮，甚至烧损发动机电脑。

e. 对于带防盗密码的音响系统，在断开或连接蓄电池电缆之前，应先获得音响系统的防盗密码。

（4）加注燃油注意事项。加注燃油时一定要注意，如果误加汽油应立即熄火，否则会损坏高压泵。

（5）柴油添加剂的使用。使用柴油添加剂要定期清洗燃油系统。具体使用方法如下：

1）在油箱内油量少于 10L 时，先将一罐添加剂加入油箱，然后加满柴油。

2）在走合期内连续使用 6 罐（用 6 次）。

3）以后每 1000km 连续使用 3 罐。

4）其他见添加剂包装上的使用说明。

129 涡轮增压器汽车有何驾驶技巧？

答：提高柴油发动机功率最有效的措施是增加冲气量和供油量。目前，国内外通常采用由发动机排气驱动的涡轮机拖动压气机来提高进气压力，增加充气量，这一方法称为废气涡轮增压。

废气涡轮增压是利用排气管排出的废气压力推动涡轮旋转，带动同轴的压气机增压进气压力和密度，在不改变发动机尺寸和质量的条件下，可提高功率 30%～50%。一般在发动机转速达到 2000r/min 时，涡轮增压装置就会介入，发动机的动力会迅猛提升，这个时候提速感觉特别明显。采用增压技术对高压地区使用的柴油发动机尤为重要。此外，由于燃烧压力升高率降低，柴油发动机工作较柔和，噪声比较小。增压技术由于其在节约能源、防止大气污染和降低噪声等方面所发挥的重大作用，目前已成为柴油发动机的发展趋势，得到广泛应用，现代部分汽油车（带 T 的车）和柴油车安装有涡轮增压器。

废气涡轮增压器是在高温、高速下工作，带有涡轮增压器汽车使用时要特别注意以下事项：

（1）废气涡轮增压器安装要求。为了确保涡轮增压器的正常工作，必须严格按下述要求进行安装。

1）检查进、排气管路系统中有无杂物，要清洁干净。

2）将涡轮增压器涡轮壳进口法兰直接固定在发动机的排气管法兰上。由于排气管受热膨胀，涡轮壳出口处与其他管道应采用柔性连接。发动机进气管与增压器压气机壳出口处也应采取柔性连接，如用耐油、耐压橡胶管或金属波纹管连接，并用卡箍夹紧，以防漏气。

3）涡轮增压器的中间壳润滑油进口朝上，回油口向下，不得反装。

4）增压器的润滑油由发动机的润滑油路直接供给，必须保证进入增压器的润滑油不含有大于 $15\mu m$ 颗粒的污物。

5）机油进油管内径为 8～12mm，回油管内径为 20～25mm，不要有缩颈，使回油能逐渐顺流油底壳中，回油要畅通。

6）空气滤清器应有足够大的容量，并应按保养周期及时清洁组件，使其压强不大于 4.9kPa（500mm 水柱）。

（2）按规定使用增压器柴/机油。增压器的浮动轴承对润滑油的要求很高，应按规定使用增压器柴/机油，机油必须清洁。

如有脏物掺入机油将加速轴承磨损。当轴承过度磨损时，叶片甚至会与壳体发生摩擦使转子转速下降，增压器及柴油发动机的性能将迅速下降，如功率下降、黑烟过多、噪声增大以及转子轴两端漏油。因此必须按维护规定，定期清洗机油滤清器。

（3）车辆不能刚起动就起步行驶。为确保高速下浮动轴承的润滑，起动后应怠速运转 3～5min，使润滑油达到一定的温度和压力，让润滑油充分润滑增压器转子轴承，以避免空加负荷时，轴承无油而加速磨损，甚至出现卡死现象；但避免发动机长时间怠速运转。

（4）车辆发动机起动后，不能急踩油门踏板。涡轮增压器是靠机油来冷却的，冷车起动时机油润滑不佳，这时增压器如果高速运转，磨损会很大。应先怠速运转两三分钟，等机油的润滑性能好了再让发动机高速运转，从而使涡轮增压器得到充分润滑，这点在冬天显得尤为重要。

（5）不要怠速运行时间过长。怠速运行时间过长（10min 以上），有可能造成润滑油压力降低，增压器浮动轴承缺油，造成增压器损坏。

（6）涡轮增压发动机在高速满负荷运转时，或持续大负荷运转中不可立即停车。如突然停车，增压器转子因惯性还会继续旋转，而柴油发动机停车后润滑油不再供给，机油压力会迅速下降为零；增压器在持续运转中，轴承部位靠润滑油带走热量，突然停车轴承上热量无法散去；这样很容易使轴承、转子组件因缺油或过热而损坏。因此，最好是停车后再怠速运转 3～5min，使发动机温度和转速逐步从最大值降下来再熄火，或者提前将发动机转速降低，以确保涡轮增压装置得到降温。

（7）涡轮增压器工作环境十分恶劣，经常处于高温、高压的状态，因此对它的正确维护十分重要。

1）日常保养。

a. 检查运行时油压、油温是否正常，进回油管是否畅通，不得有漏油现象。增压器正常使用时的进油温度为 50～60℃，进油压力 196～392kPa。

b. 检查增压器与发动机连接部位是否松动，有无漏气现象，若有，应及时消除。

c. 检查发动机润滑油油质，若变质，应及时更换。

2）根据环境温度选择黏度合适的润滑油。选用发动机润滑油时应根据发动机的特点和本地区的气候情况来选择黏度合适的润滑油和润滑油添加剂。对于工作条件苛刻，易在润滑油中形成积炭、油泥和胶膜的柴油机应将润滑油的级别提高到 CF、CG 级。对于工作环境温度在 －15℃ 以上的增压柴油机推荐使用 SAE15W/40 润滑油；工作环境温度经常保持在 －25℃ 以下运行的增压柴油机，推荐使用 0W/30 的合成润滑油。

3）按规定牌号加注润滑油。涡轮增压器的转速很快（高达 80 000～200 000r/min），因此，工作时涡轮端的轴承温度较高，且长期在高温燃气腐蚀条件下工作，工作条件十分恶劣。因此，要求涡轮增压器使用的润滑油必须具有防止高温沉积、抗腐蚀和抗氧化能力，所以涡轮增压器采用润滑油牌号应为 CF-4 级以上的润滑油。

4）定期更换机油。因为涡轮增压发动机运行条件比较苛刻，所用机油比自然吸气发动机所用机油容易变质，因此一定要定期或定公里数更换。

5）应按规定定期清洗空气滤清器，否则，滤清器因堵塞而阻力过大时，压气机入口的空气压力和流量将减少，造成转速不稳或轴套、密封件加剧磨损和增压器性能恶化。

6）经常检查进气系统是否漏气，防止灰尘等杂质进入高速旋转的压气叶轮，如有漏气，灰尘将被吸入压气机壳内并进入气缸，造成叶片和柴油发动机零件早期磨损，致使增压机和柴油发动机性能变差。

7）及时清洗机油滤网和管线，避免涡轮增压装置得不到润滑，出现烧毁的情况。

8）按规定更换润滑油和机油滤清器、长期停放（超过一

周）、环境温度过低，必须松开增压器进油口接头，注入干净的
润滑油，使增压器润滑系统中充满润滑油。注入润滑油时，可将
转子组件转动，使其得到充足的润滑。

9）定期检查。使用一段时间后应定期对增压器进行检查，
检查保养周期见表 8-1。

表 8-1　　　　　　　　增压器检查保养周期

序　号	检查项目	保养周期（km）		
		12 000	24 000	48 000
1	紧固件	△	△	△
2	运动件	△	△	△
3	转子组件轴向流动量及压气机径向间隙		△	△
4	增压器拆卸、检查、装配			△

注意：在检查涡轮增压器时，不应起动发动机。若发动机已
经发动，必须要等到发动机冷却后再进行检查。

警告：在不装进气管和连接空气滤清器的情况下使涡轮增压
器运转，会造成人员伤害，来物进入涡轮增压器内可能会造成机
组损坏。

a. 紧固件检查。检查涡轮增压器与发动机进、排气管连接
处以及增压器连接螺钉是否松动，消除漏气现象。

检查增压器进回油管处是否漏油。

b. 运动件检查。用手拨
动压气机叶轮，检查运转是否
正常，若有阻滞或有碰擦声
（异响）应拆开增压器具进行
检查，消除异常现象。

用手推拨增压器转子组
件，检查间隙、运动组件磨损
是否正常，若转子组件轴向游
动量（见图 8-1）、径向（见
图 8-2）晃动超过规定值应拆

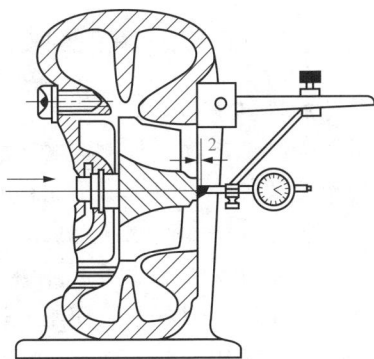

图 8-1　转子轴向游动量检查

195

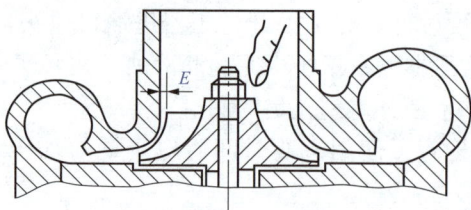

图 8-2　压气机径向间隙检查

开检查，更换零件。

c. 转子组件轴向游动量检查。新装配增压器的转子组件轴向游动量为 0.051～0.106mm，使用后测得的最大轴向游动量不得大于 0.20mm，若间隙大，说明止推轴承磨损已过限，应更换。检查方法，如图 8-1 所示。将磁性表座固定在涡轮壳出口法兰上，用百分表涡轮叶轮端面接触，再将转子组件沿轴向推或拉。测得的差值即为游动量。

d. 压气机径向间隙检查。检查方法如图 8-2 所示。检查时用手沿径向将压气机叶轮向下压，并用厚薄规测得压气机叶轮与压气机壳之间的最小间隙。此间隙不小于 0.10mm，若小于此值应及时调换浮动轴承。

注意：增压器转子总成中压缩汽轮机叶轮——涡轮总成必须成组更换，以免破坏运动组件的平衡。

130　ABS 汽车有何驾驶技巧？

答：汽车制动防抱死系统（Anti-Braking System，ABS）或防滑移制动系统（Anti-skid Braking System）。ABS 是汽车的主动安全装置，可防止汽车制动时车轮抱死，产生侧滑，提高车辆的行驶稳定性和操纵性。

ABS 由电子控制系统和液压控制系统两个子系统组成，如图 8-3 所示。ABS 系统使用与操作如下。

（1）使用注意事项。汽车装用 ABS 后改善了汽车的制动性能，可减少驾驶员的劳动强度。但驾驶员在驾驶装用 ABS 汽车时须注意 ABS 绝不可带病运行。

ABS 带病运行，可能对制动压力进行误调，这是十分危险的。

当警报装置发出警报后，应终止 ABS 的工作。ABS 终止工作后，汽车制动系统恢复到无 ABS 状态，驾驶员须小心驾驶。

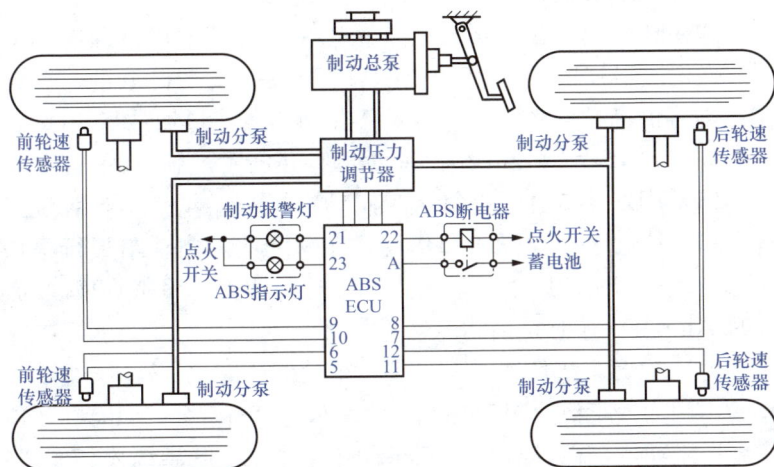

图 8-3 防抱死制动系统 ABS 组成

（2）ABS 汽车驾驶方法。

1）没有 ABS 车辆的司机习惯在紧急制动时通过点刹（来回踩制动踏板）的方法提高制动效果，在有 ABS 的车上此种操作方法已经被自动实现。所以这种操作方法不但是多余的，更是错误的，而且还会阻碍 ABS 系统的正常工作。

装用 ABS 的汽车在紧急制动时（不管何种运行条件下），不须点制动，驾驶员只需踩下制动踏板，ABS 会将车轮运动状态控制到最佳状态。

2）装用 ABS 的汽车紧急制动时，为了避免车轮转动惯量有附加值，而影响 ABS 对车轮运动状态的调控质量。因此，须踩下离合器，或者将变速器置入空挡。

3）汽车制动性能受到多方面因素的制约，汽车装用 ABS 后对制动效能的改善是有限的，在有的情况下（如在松散积雪的公路上）制动效能反而会差一些，但为了保证汽车制动时的操稳性，还是要使用 ABS 为宜。为确保行车安全，一定要严格控制汽车的行驶速度。

4）ABS 系统正确操作要领。正确地操作是在制动时，始终用脚踩住刹车踏板稳住不放松才是正确的。切记反复踩制动踏板，在驾驶 ABS 汽车时反复踩制动踏板是极不可取的，会使 ABS 时通时断，导致制动效能减低和制动距离增加。当 ABS 警告灯亮时，ABS 不再起作用，此时只能进行常规制动。

（3）ABS 系统并不是每次踩制动踏板都工作。ABS 系统只有在车轮接近于抱死时才起作用，在这之前随制动踏板行程增大，制动室内的油压也随之增大，制动力增大，属于常规制动，此时 ABS 其工作时是悄无声息的。

（4）ABS 系统低速时不工作。车辆低速时 ABS 系统是不工作的，因为汽车低速制动时不会发生车轮打滑现象，只有在车速达到一定速度，而且滑移率超过一定值时，ABS 系统才起作用。汽车制动时，ABS 工作使车速逐渐降低，当车速降至某一车速（如 10km/h 时）时，再制动会一脚刹车；在低速制动时，也是进行常规制动即脚刹车。

（5）ABS 系统不是任何情况下都工作。并不是任何情况下 ABS 制动距离都变短，因为 ABS 制动时车轮处于边滚边滑的状态，在不平整道路上、沙砾或积雪道路上 ABS 的运行可能导致制动距离比没有安装 ABS 的车辆长一些。在驾驶配备有 ABS 的车跟车太近，猛拐或是强行并线都是不正确的操作，也是很危险的。

（6）ABS 系统排放空气。ABS 制动管路中若有空气，在制动系统需要增压时，必然要妨碍系统压力上升，造成反应速度降低，从而影响制动效果。因此要进行制动管路的空气排除操作。

（7）ABS 系统出现噪声和制动踏板拱脚是正常的。在踩住制动踏板的同时如果 ABS 工作，当进行制动室减压时，电动回油泵会将一部分油泵回制动主缸，会作用到制动踏板并反应到驾驶员的脚上，就产生一定的噪声，制动踏板也会产生脉动而反复拱脚。不用担心，这是系统在自动调节制动油压属正常现象，并不是 ABS 系统有故障，而是 ABS 在起作用。

（8）ABS 车辆会侧滑吗？ABS 的作用只发生在制动车轮抱死或接近抱死的情况下起作用，它与电子行驶稳定系统的作用有本质上的不同，在高速急转弯进行紧急制动时仍然会造成车辆的甩尾侧滑，甚至翻车事故。

（9）ABS 系统在冰雪路面使用要点。

1）切忌反复踩制动踏板。

2）要保持足够的刹车距离。在冰雪路面上，即使有 ABS 车辆的刹车距离也会增长，必须提前刹车，保持车距。

3）不要忘记控制转向盘。在制动时，ABS 系统为驾驶者提供了可靠的方向控制能力，但它本身并不能自动完成汽车的转向操作。在出现意外状况时，还需要人为完成转向控制。

4）ABS 系统当车辆的滑移率超过其调整范围时报警灯会亮起，报警灯常亮时，ABS 不起作用，但常规制动仍正常起作用。这时如果系统无故障，ABS 报警灯会在继续行驶一小段距离或关闭点火开关再重新起动车辆后熄灭，ABS 系统恢复正常工作；如果 ABS 报警灯常亮不熄灭，则 ABS 系统存在故障，必须立即到指定的维修服务站检查排除。

5）要保证 ABS 系统能稳定地工作，首先要先对制动系统各部件做好检查维护工作，要保证制动蹄片的厚度和质量符合要求，制动液的液位和品质符合要求，系统无泄漏，常规制动功能良好等。

（10）ABS 系统怎样终止使用？终止 ABS 的方法有两种：一种是 ABS 本身有终止系统工作的功能，即警报装置发出警报后，控制器自动退出控制；另一种是人为切断 ABS 的电源，为保证安全可靠，最好切断 ABS 的电源。

131 SRS 汽车有何驾驶技巧?

答: 汽车安全气囊 (Safety Air Bag) 系统的确切名称是辅助防护系统 (Supplemental Restraint System) 或辅助防护安全气囊系统 (Supplemental Restraint Safety Air Bag System, SRS)。

安全气囊电子控制是一种被动安全保护装置。其功能是当传感器检测到撞车事故发生时，即向控制器发送信号，而当判断电路根据传感器送来的信号值判断为严重撞车情况时，即触发装在转向盘内的氮气发生器 (膨胀器)，点燃气体发生剂，产生与高压氮气迅速吹胀气囊。吹胀的气囊将驾驶员与转向盘和挡风玻璃隔开，以防止撞车过程中，驾驶员的头部和胸部直接撞在转向盘或挡风玻璃上发生伤亡事故。

驾驶带有 SRS 车辆的正确操作要领:

(1) 安全气囊必须和安全带配合使用。安全气囊属于被动安全装置，安全气囊被紧紧地折叠后置于气囊式方向盘的缓冲垫下及仪表板内，必须与安全带同时使用，才能完全发挥它的保护效果，所以驾驶员和乘员在汽车运行时必须系好安全带。

(2) 起动车辆时特别要注意观察 SRS 报警灯是否自动熄灭，如果接通点火开关 6~8s 后，它依然闪烁或长亮不熄，则表示 SRS 系统有故障。在运行过程中，如果指示灯闪烁 5min 后仍亮，也表示 SRS 系统出现故障。

(3) 注意日常检查。要检查各碰撞传感器的固定是否牢固，搭铁线部位是否清洁、连接是否可靠，转向盘转动时是否有卡滞现象，以判断转向盘内的 SRS 螺旋电缆是否完好。

(4) 注意乘坐位置。乘员尽量坐后排，儿童和身材矮小的乘员在乘坐有安全气囊的车辆时应尽量坐后排，因为安全气囊对他们的保护效果并不理想。

(5) 不要擅自改变安全气囊系统及其周边布置。不能擅自改动系统的线路和组件及更改保险杠和车辆前面部分结构。转向盘和乘员侧气囊部位不可粘贴任何装饰品和胶条，以防影响气囊的爆开。

（6）避免意外磕碰和振动。安全气囊传感器等部件对碰撞和冲击很敏感，因此应尽量避免碰撞和冲击，以免造成安全气囊突然展开。

安全气囊是在瞬间爆胀弹出，人员的头部、胸部应与方向盘盖板及仪表板保持安全距离，才能使气囊发挥预期的功效，以免在汽车撞击时遭强力弹出的气囊撞伤。

（7）避免高温。安全气囊装置的部件应妥善保管，不要让它在85℃以上的高温环境下，以免造成安全气囊误打开。

（8）及时排除安全气囊的故障。在汽车正常运行，安全气囊不应工作时，它却突然膨胀展开，给驾驶员和乘员造成意外伤害，甚至发生安全事故；当汽车发生严重碰撞，需要安全气囊展开起保护作用时，它却不能工作。

（9）严格按规范保管安全气囊系统元器件。安全气囊系统中有火药、传爆管等易燃易爆物品，必须严格按规范运输、保管，否则将会造成严重后果。安全气囊爆胀瞬间具有较高的温度，且会有短暂的白色烟雾，在气囊泄气时，有热气散出，应避免灼伤。

（10）安全气囊只能用一次，用完即报废。若仍需要，则需要重新购置新品安装，有效期一般为10年。

（11）拆装具有气囊系统的方向盘（转向盘中央标有 Airbag 字样）时，必须由修理厂进行。

（12）气囊系统不能用测试灯、电压表或欧姆表测试，因为有可能被测试电流引爆的危险，必须使用气囊测试仪。

（13）为防止意外引爆，对气囊系统进行任何操作时，必须拆下蓄电池的搭铁线并拔出中央接线盒后面的供电装置插头。

（14）从车上拆下气囊装置时，其缓冲垫必须始终朝上放置，摆放位置不正确时，如果被引爆，气囊装置会向上垂直飞起。

（15）气囊装置或引爆装置严禁敲打，若从高于0.5m处掉在地上，就不能再装车使用，因为气囊元件受机械损伤（裂纹、凹痕）后，就会导致印制电路板损坏，从而使系统失灵。

（16）报废气囊装置时，必须将车窗关闭，从车外（最小距离 10m 处）用专用的引爆设备引爆，不允许使用如气割等方法对气囊装置进行操作。

132 ASR 汽车有何驾驶技巧？

答： 汽车驱动防滑转电子控制系统（antiSlip regulation system，ASR），通常称为防滑转调节系统。由于防止驱动轮滑转都是通过调节驱动轮的驱动力（牵引力）来实现，因此又称为牵引力控制系统 TCS 或 TRC（traction control system）。驱动防滑电子控制（ASR）是汽车的主动安全装置，是用来防止车辆行驶过程中防驱动轮滑转，用于在车辆起步、加速、转向及在湿滑路面行驶时，保证良好的牵引性能、车辆行驶的稳定性和操控性处于最佳状态。ASR 的操作与使用要点：

（1）车辆要平稳驾驶，尽量不要出现车轮打滑的危险现象，一旦发现 ASR 在工作，一定要收油门。

（2）避免 ASR 电子控制单元受到碰撞和敲击。

（3）不可用充电机起动发动机，也不要在蓄电池与汽车电器连接的情况下，对蓄电池进行充电。

（4）ASR 系统拆装电器元件和线束插头时，应先断开点火开关。

（5）在高温环境（如烤漆作业）下，应拆下电子控制单元；在焊接电器元件与线路时，应拔下线束插头。

（6）要注意对蓄电池的电压进行检查，特别是长时间停驶后初次起动时。

（7）不要让油污沾染电子控制单元，特别是电子控制单元的端子。

（8）不要使车轮转速传感器和传感器齿圈沾染油污或其他脏污，且不要敲击转速传感器。

（9）具有防滑控制功能的制动系统应使用专用的管路。

（10）维修带有防滑制动功能的制动系统时，应首先将蓄能器中的高压制动液完全释放。

（11）在对制动液压系统进行维修以后，或者在使用过程中发觉制动踏板变软时，应按照要求的方法和顺序对制动系统进行空气排除。

（12）大多数防滑控制系统中的车轮转速传感器、电子控制单元和制动压力调节装置如果损坏，应该进行整体更换。

（13）在防抱死警告灯持续点亮的情况下进行制动时，应注意控制制动强度。

（14）应尽量选用汽车厂家推荐的轮胎。

133 CCS汽车有何驾驶技巧?

答：巡航电子控制系统（cruise control system，CCS），功能是汽车在运行中不踩加速踏板便可按照驾驶员的要求，自动地保持以一定的速度匀速行驶，减轻驾驶操作劳动强度，提高汽车舒适性的自动行驶装置。因此，根据其特点又称恒速控制系统、车速控制系统或巡航控制系统等。

（1）巡航控制系统特点。

1）当车辆长途行驶或在高速公路上行驶时，驾驶员可操纵巡航控制系统工作。此时，驾驶员不用踩油门踏板就可以使车辆以设定的速度等速行驶。一旦出现人为干预的情况时，巡航系统能确保驾驶人员的操作优先，当车辆的速度超出人为设定的范围及其他情况时，巡航系统便自动停止工作，以确保车辆行驶的安全。

2）保持汽车车速稳定。汽车无论在上坡、下坡、平路上行驶，还是在风速变化的情况下行驶，只要在发动机功率允许的范围内，汽车的行驶速度都将保持不变。

3）当巡航控制系统工作时，可使汽车燃料的供给与发动机功率之间处于最佳的配合状态，节省燃料，具有一定的经济性和环保性，并减少了废气的排放。

4）提高了汽车行驶的舒适性，大大减轻了驾驶员的负担，使其驾驶更为轻松。

（2）巡航控制系统操作要领。

1）设定巡航速度。

a. 打开巡航控制系统，按下仪表板左侧的 CTUISEON-OFF 按钮，踩下油门踏板，使车辆加速。

b. 当车速达到人为设定值，将转向盘右下方的巡航控制系统手柄置于 COAST/SET 方位（向下）并释放。进入巡航状态无需踩油门，车辆即可按设定的速度巡航。

c. 如需超越前方车辆时，驾驶员只要踩下油门踏板加速即可超车。超车完毕后释放油门踏板即可。

2）取消巡航速度（满足其中一个条件即可取消巡航速度）。

a. 踩下制动踏板使汽车减速。

b. 将巡航控制系统操纵手柄向转向盘方向扳动置于 Cancel 位置，即可释放。

c. 若车速低于巡航车速时，巡航控制系统自动停止工作。

d. 当车速低于 40km/h，设定的巡航速度将自动取消。

e. 自动变速器汽车将选挡杆置于空挡。

f. 手动变速器汽车踩下离合器踏板即可。

3）巡航减速设定（自动变速器 AT 减速）。将操纵手柄向下扳动置于 COAST/SET 方位，并保持手柄不动，当车速降至设定速度时释放手柄。

4）巡航加速设定（自动变速器 AT 加速）。将操纵手柄向上扳动置于 ACC/RES 方位，并保持手柄不动，当车速达到设定速度时释放于柄。

在巡航状态下，每按住（SET/ACC）手柄半秒钟可以增加时速 1km。也可一直按住（ACC/SET）手柄，车速会自动缓缓提升，直至合适的速度再释放手柄。此外，在定速巡航状态下可以直接踩油门加速，当松开油门后，车速将缓缓回复到先前设定的巡航速度。

5）巡航速度恢复（恢复到原来设定的巡航速度）。将操纵手柄置于 ACC/RES 方位，不用踩油门，车速即可自动恢复到定速解除之前的巡航速度。

6）巡航控制操作注意事项。

a. 巡航控制速度范围是 40～200km/h。当车速低于 48km/h（30mile）时，巡航控制不起作用。

b. 保持制动灯及控制线路良好。若制动灯控制电路不良或灯泡烧断，则巡航控制不能在踩制动踏板时自动失效。

c. 踩制动踏板，踩离合器踏板，将变速器置空挡，拉驻车制动杆，控制器开关均会关闭巡航控制。

d. 雨天路滑，市区、拥挤道路、起伏路勿使用巡航控制。

（3）电控自动变速器巡航控制器使用方法。

1）使用巡航控制器时，应将 MAIN（主开关）按下，使车辆达到所需车速后，将巡航控制器的手柄朝 SET COAST（设置/巡航）方向推下去，然后放开，车速便固定不变。在这种状态下，并不影响加速行驶，如需加速，则可按正常情况下操作加速踏板即可。如不需加速，抬起加速踏板，汽车重新恢复到巡航控制器设定的速度内。

2）如果解除巡航控制，则将手柄朝 Cancel（取消）方向拉动，然后踩下制动踏板，并将变速杆置于 N 挡位置，当车速降至 40km/h 以下，巡航作用便自动取消。

3）如果需要在较高的车速下重新设定车速，则应将控制手柄朝 RES/ACC（恢复/加速）向上推，然后握手柄不放，直至达到所需车速后，再放开手柄。如果在车辆加速中使用喇叭按钮，重新设定功能便被取消，汽车便自动恢复到以前设定的速度。

4）如果要在较低的车速下限定巡航车速，则应将控制手柄朝 SET/COAST（设置/巡航）向下推，握住手柄不放，当达到理想速度后放开手柄。

5）如果不使用巡航控制器，则应把总开关关闭。另外，在陡坡或在交通量大或湿滑路面，尽量不要使用巡航控制器。

134 ESP汽车有何驾驶技巧?

答：电子稳定程序（Electronic Stability Program，ESP），功能是通过调节车轮的制动力或者发动机的输出功率，防止车辆在紧急情况下或转弯时的过度转向或转向不足，使车辆不偏离合适的行驶路线，保持在原来的车道内行驶。

（1）ESP汽车特点。

1）事先提醒：当驾驶者操作不当或路面异常时，ESP会用警告灯警示驾驶者。

2）主动干预：ABS等安全技术主要是对驾驶者的动作起干预作用，但不能调控发动机。ESP则可以通过主动调控发动机的转速，并调整每个轮子的驱动力和制动力来修正汽车的过度转向和转向不足。

3）实时监控：ESP能够实时监控驾驶者的操控动作、路面反应、汽车运动状态，并不断向发动机和制动系统发出指令。

（2）ESP汽车使用操作要领。车辆装备ESP后，并不等于驾驶者就可以随心所欲，毫无顾忌。只有同时具备必不可少的经验和警觉力，才能确保行车安全。

1）ESP不适用于后加装。车主购车前，可通过仔细查阅车型配置清单，确认该车是否已标配或选装了ESP。

2）在需要起动ESP时，不需要驾驶者采取任何行动，ESP便会自动发挥功效。同时，装备ESP的车辆也不需要驾驶者驾驶风格做出大的改变。不过，虽然ESP称为"侧滑克星"，但是必须遵循汽车动力学原理。也就是说，ESP只能在一定的行车极限内实施行车稳定控制。

3）ESP属于车辆主动安全装备，只要ESP控制开关处于打开状态，ESP始终在幕后积极待命。

4）装备ESP的车辆，在更换轮胎时，必须选择经汽车制造商认可的轮胎（相同的规格和类型），否则有可能导致车辆产生不可预料的后果。

正因为在 ESP 的介入下，计算机会自动控制收油和制动。驾驶起来也中规中矩，很难玩出侧滑、甩尾，甚至漂移的动作。所以，很多追求驾驶乐趣的人，喜欢在驾车时把 ESP 关掉，彻底寻求激烈驾驶的刺激。

135　GPS 汽车有何驾驶技巧?

答：车辆自动导航，就是在路网数字化地图的基础上，运用 GPS（global positioning system）、DR（dead reckoninz）等定位技术进行车辆定位，确定最优行驶路线，为出行者提供静态的或实时的最优出行路线信息，并在出行过程中对驾驶员适时地做出路线指引。自动导航系统功能：

（1）多种语音提示。

（2）按照要求制订行车计划，并能随时确定具体方位。

（3）遇到交通异常能自动重新设计路线，在彩色显示的地图上能显示各种交通情况（如红线表示交通阻塞，绿线表示可选路线），甚至可以呈现前方道路的实际图像。

（4）提供相关服务信息。

行车前，驾驶员只需将地名和邮政编码输入计算机，计算机就能给出应选择的大致行车方向，并以合成音提醒驾驶人在何处转弯。当汽车接近一个信号灯时，计算机通过装在后视镜后的红外收发机朝这个信号灯闪示逼近的一个数字信号。中央计算机接收到信号后就为驾驶人提供一份高度准确的当地地图、该地区的交通情况和到达目的地的一份大致行车路线图，随后，汽车中的计算机就算出到达下一个信号灯或目的地的最佳路线。

要实现以上功能，关键技术在于：全球定位系统（GPS）和安装在制动防抱死系统（ABS）里检测车轮转速的传感器。

下面以国产新科 GPS 导航仪为例，介绍其特点及使用方法。

（1）新科 GPS 导航仪的特点。

1）专业导航地图。

2）手写等多种目的地输入法：有拼音、电话号码、兴趣点、地址、交叉路口、地址簿、历史记录等基本的目的地输入方法，并支持手写输入、特殊点等高级快捷检索模式。

3）自主研发的 2.0 版专业导航软件：操作富于人性化，反应速度快捷，任意切换中/英文菜单，并增加了 SP 显示与检索功能。

4）SP 地图编码功能：导航地图的任意点，不论是否被采集为兴趣点，均能用唯一的 12 位数字标示。检索时，只需输入任意点的 12 位数字编码，导航器就可以方便地找到，引导驾车人顺利到达。

5）四种路径检索模式：有推荐路径、高速优先、距离优先、一般路径 4 种路径模式，导航器将根据设定的路径模式，自动计算出行车路线并导航。详细路径规划，设定目的地后，轻触屏幕左上方的"道路信息"按钮（导航过程中单击"方向图标"），即可出现将要经过的路名、出入口等信息列表。

6）车载/手持模式切换：只要把车载模式切换为手持模式，导航器就将采集不同于车载模式的卫星信号，让人随时知道自己的位置和周边信息，实现步行导航。

7）中英文语音提示：导航过程中，中/英文（可切换）随时提示前进方向，避免行车过程中分散驾驶者注意力，实现安全导航。

8）行程信息显示路径重新计算：包括汽车行驶位置、目标方向、到达距离、预计时间等行程信息，随时显示，掌握全程。导航过程中，如驾驶者走错路线，机器会在极短时间内自动计算出一条新路线。

9）MP4/MP3 网际影音播放：在不需要导航时，可变为一台 MP4/MP3 播放器，实现一机多用，可边导航提示边播放。

10）内置长效锂电池。

（2）导航操作。例如从"成都人民南路"到"成都机场"。

1）设置起点。开机后，导航器即自动搜索，快速定位，即以所处的位置（成都人民南路）为起点。

2）设定目的地。进入主菜单界面，单击"目的地"项，选择"兴趣点"（也可用其他方法），从分类菜单中找到"成都机场"并单击，然后再单击"目的地"项，目的地就设定成功了。

3）开始导航。在极短时间内，导航器就能计算出一条路线，并引导驾车人顺利到达目的地。

136　THS 汽车有何驾驶技巧？

答： 混合动力系统（toyota hybrid system，THS）汽车，由汽油发动机和电动机组成。THS 的核心是用行星齿轮组组成的动力组合器，用于协调发动机和电动机的运动和动力传递。

（1）混合动力汽车特点。

1）采用 Atkinson 循环发动机。工作循环为 Atkinson 循环发动机，其热效率高，膨胀比大，能增大节气门开度，在部分负荷时可减小进气管负压，从而减小了进气损失。

2）采用类似电控无级变速器。普锐斯汽车的动力分配装置将发动机和电动机的力矩分配给驱动轮或发电机。通过选择性地控制动力源（驱动电动机、发动机和发电机）的转速，模拟变速器传动比的连续变化，工作起来类似普通的无级变速器。

3）采用线控（X-By-wire）技术。线控技术是指某些操纵机构采用电子控制、电动执行的技术，用来取代机械或液力控制，具有响应快、质量轻，占空间小的特点。节气门、制动、换挡杆、牵引力控制和车辆稳定性控制都采用了线控技术，提高操纵性。

4）采用电子换挡装置。电子换挡杆安装在仪表盘上，比传统的换挡杆使用起来更加方便、灵活，还可以用指尖点动。换挡杆每次动作后，自动回到原来位置。换挡杆有照明灯，方便夜间使用。换挡杆有四个位置：N（空挡）、D（驱动）、R（倒挡）、B（发动机制动）。驻车开关安装在换挡杆的上方，与传统自动变速器手柄处于"P"位置作用相同。

5) 采用电动牵引力控制。防滑控制单元（ECU）检测到车轮打滑时，会立即切断电动机传到车轮的驱动力矩。

6) 采用电控制动系统（ECB）。独特的线控制动系统，踩动制动踏板会触动停车的控制电路。电控制动系统响应迅速，可与其他主动安全系统（如 VSC＋）互相配合。ECB 也用于提高再生制动系统的效率，将车辆制动时的动能回收。ECB 有备用电源，以防备车辆电源系统发生故障。

7) 采用智能驻车辅助系统。智能驻车辅助系统能够自己驻车，按照预定的路线驻车在指定的地方，既可并排驻车又可前后排驻车。

8) 采用用户定制车身电气系统。混合动力汽车允许用户根据自己的喜好定制门锁遥控器、门锁、防盗系统、智能门控灯系统、空调和智能钥匙等 42 种不同的参数。

9) 采用蓝牙免提电话系统。用户可以把手机的所有电话号码传输到多功能信息显示器上，也可以用复式显示器的触摸屏或转向盘上的开关接通手机。

10) 采用全电动空调系统。混合动力汽车空调系统的空调压缩机由空调变频器驱动，不依靠发动机的运转，其优点：

a. 空调与发动机的运转各自独立，空调的运转不会降低汽车的行驶性能。

b. 发动机熄火，空调也能发挥最大效率。

c. 电动水泵能够在发动机熄火时向加热器供热。

11) 采用智能钥匙系统。只要车主随身携带智能钥匙，不用钥匙也能开或锁车门。汽车的前门和后舱门装有振荡器、触摸传感器和天线。振荡器若接收到智能钥匙计算机的命令，会发射信号，检测汽车周围是否有智能钥匙。若有人按动触摸传感器（智能钥匙在探测范围内），则对应的车门锁会打开。若随身携带钥匙离开车，车主可以按下门手柄上锁开关将所有车门锁上。

12) 采用智能钥匙与起动系统。采用具有双向通信功能的智能钥匙，在汽车周围一定范围内能够判别是否存在智能钥匙。同样，只要随身携带钥匙，驾驶员可推动按钮起动车辆。若在车内携带钥匙（如钥匙放在手提包内），只需按动仪表盘上的起动按钮就能起动汽车。

13）采用 LED 停车灯。采用 LED 停车灯，优点：①高效。LED 比普通的灯泡省电。②安全。LED 元件比灯泡光亮的速度快 10 倍。LED 为 2~25ms，灯泡为 150~200ms。③设计小巧紧凑，便于布置。

14）采用坡道起步辅助控制。坡道起步时，控制系统能够通过驱动电动机上的高灵敏度的转速传感器判别道路的坡度，防止汽车向下溜滑。若坡道很陡，系统会增大汽车起动力矩。

15）增强型车辆稳定控制系统（VSC＋）。增强型车辆稳定控制系统（VSC＋）将车辆稳定控制系统与电动助力转向（EPS）组合在一起。在发生意外情况时提供一定量的辅助转向力矩，帮助驾驶员更快地转动方向盘，而在前轮打滑时转向，EPS 提供较小的转向助力，防止过度转向。

（2）普锐斯混合动力（HV）汽车的操作要领。普锐斯混合动力汽车动力系统提供两种动力。系统根据各种车辆行驶状况优化组合这两种动力，混合动力布置方式如图 8-4 所示。

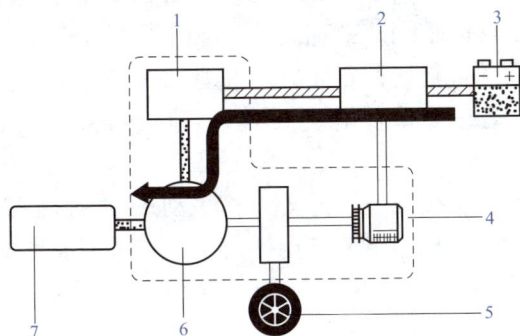

图 8-4　普锐斯混合动力汽车动力布置方式
1—驱动发电机 MG1；2—变频器；3—HV 蓄电池；
4—MG2；5—车轮；6—行星齿轮；7—发动机

1）准备起动条件。混合动力 HVECU 始终监视 SOC（电池剩余电量）状态。蓄电池温度、水温和电载荷状况。在 READY 指示灯亮，车辆处于 P 挡或车辆倒车时，如果监视项目符合条件，HVECU 发出指令，起动驱动发电机（MG1），并为 HV 蓄电池充电。

如果水温、SOC 状态、蓄电池温度和电载荷状态不满足条件，即使驾驶员按下 POWER 开关，READY 指示灯打开，发动机也不会运转。

2）准备起动状态。起动发动机：仪表盘上的 READY 指示灯亮、车辆处于 P 或者空挡时，如果 HVECU 监视的任何项目均正常，HVECU 起动发电机（MG1），从而起动发动机。运行期间，为防止发电机（MG1）太阳齿轮的反作用力转动电动机（MG2）的环齿轮并驱动车轮，电动机（MG2）接收电流，施加制动，这个功能称为反作用控制。在随后的状态中，运转的驱动发电机（MG1）为 HV 蓄电池充电。

3）起动发动机。如果 HVECU 监视的任何项目如 SOC 状态、蓄电池温度、水温和电载荷状态与规定值有偏差，发电机（MG1）将发动机起动。

4）起步工况。电动机（MG2）驱动车辆起步后，车辆仅由电动机（MG2）驱动。这时，发动机保持停止状态，发电机（MG1）以反方向旋转而不发电。电动机（MG2）工作时，如果增加所需驱动扭矩，发电机（MG1）将被起动，进而起动发动机。

5）发动机微加速工况。已经起动的发动机将使发电机（MG1）作为发电机为 HV 蓄电池充电。如果需要增加所需驱动扭矩，发动机将起动发电机 MG1 并转变为"发动机微加速时"模式。

发动机微加速时，发动机的动力由行星齿轮分配。其中一部分动力直接输出，剩余动力用于发电机（MG1）发电。通过变频器的电动输出，电力输送到电动机（MG2）用于作为电动机

（MG2）的输出动力。

6）低载荷巡航工况。车辆以低载荷巡航时，发动机的动力由行星齿轮分配。其中一部分动力直接输出，剩余动力用于发电机（MG1）发电。通过变频器的电动传输，电力输送到电动机（MG2）用于作为电动机（MG2）的输出动力。

7）节气门全开加速工况。车辆从低载荷巡航转换为节气门全开加速模式时，系统将在保持电动机（MG2）动力的基础上，增加 HV 蓄电池的电动力。

8）减速工况。

a. D 挡减速。车辆以 D 挡减速行驶时，发动机停止工作。这时，车轮驱动电动机（MG2），使电动机（MG2）作为发电机运行，为 HV 蓄电池充电。

车辆从较高速度开始减速时，发动机以预定速度继续工作，保护行星齿轮组。

b. B 挡减速行驶。车辆以 B 挡减速行驶时，车轮驱动电动机 MG2，使 MG2 作为发电机工作，为 HV 蓄电池充电，并为 MG1 供电。这样，MG1 保持发动机转速并施加发动机制动。这时，发动机燃油供给被切断。

9）倒车工况。车辆倒车时，仅由电动机 MG2 为车辆提供动力。这时，电动机 MG2 反向旋转，发动机不工作，发电机 MG1 正向旋转但不发电。

（3）普锐斯混合动力（HV）汽车节油操作。

1）利用无级变速器的功能使发动机工作在最佳区域。

2）当低速下行驶时，停止发动机工作，利用蓄电池的能量行驶。

3）当急加速时，在利用蓄电池的能量下，抑制发动机的最高转速以降低油耗。通过选用发动机，使其在混合动力汽车的工作区内效率最高。

4）在以上措施上，利用混合动力系统的显著特点，尽量回收减速时的能量，并将此能量用于对蓄电池充电，即将此能量用做上述 2)、3) 两项的驱动能量,由此实现节油。

5) 充分利用混合动力汽车的特点节油。

6) 在遇到堵车时的燃油消耗量、尾气排放量等要远远低于汽、柴油发动机驱动的车辆,同时混合动力汽车在动力性能、续驶里程、使用方便性等方面又大大优于仅靠电力驱动且需要反复充电的纯电动车。混合动力车结合了内燃机车辆与纯电动车的优点,同时又克服了两者的不足,是一种被广泛应用的节能车型。

137 CNG 汽车有何驾驶技巧?

答: 压缩天然气系统(compressed natural gas, CNG)汽车,是在现成的汽油车上增加一套 CNG 型车用压缩天然气系统而改装成的双燃料汽车。CNG 型车用压缩天然气系统包括天然气储气系统、天然气供给系统、油气燃料转换系统等。

目前,CNG 汽车大多数具备压缩天然气、汽油两用燃料系统,称为 CNG/汽油双燃料汽车。持有国家公安部所发机动车驾驶证,并通过 CNG 汽车驾驶技术培训,取得合格证后方能驾驶 CNG 汽车。CNG 汽车正确使用操作要领如下。

(1) 车辆使用前的检查。

1) 检查工具。每次出车前,要检查随车工具,特别要随车携带灭火器。

2) 检查气量:将点火钥匙打开,转换开关放在 CNG 位置,检查气量指示灯显示的气量情况。

3) 检查泄漏。CNG 供给系统 CNG 储气瓶的紧固和管路及连接处是否有泄漏;是否有其他异常现象,如异味、松动、磨损。若发现泄漏或其他异常现象,要及时修复和排除。确保无误后方可起动汽车。

(2) 车辆充气。

1) 加气站选择。应选择信誉好的加气站,使用的 CNG 应做净化处理,应符合 CNG 气质标准,并索要有关票据。

2) 充气前的准备。取下 CNG 储气瓶充气阀防尘塞,仔细检查 CNG 燃料供给系统各装置、管路、连接头有无松动、脱落现象，如有，则及时修复。

3）车辆充气：车辆进入充气站充气位置后，应拉起手刹，关闭总电源。拿起充气软管，擦净充气嘴，将充气嘴插入车辆加气阀口开始充气。并观察 CNG 储气瓶压力表，充气至 20MPa（储气瓶充气压力不得超过 20MPa）。

4）车辆充气后：应将充气软管上的三通阀拧至 OFF 位置，关闭汽车充气阀上的截止阀，取出充气嘴，安上防尘塞，并检查连接处无泄漏现象后才可以起动车辆。

（3）车辆的使用。

1）正确起动车辆。

a. 车辆起动前，缓慢开启储气瓶高压截止阀，并观察压力表指数。开启截止阀时，人员不得站在截止阀的正面。

b. 使用 CNG 起动：将转换开关放在 CNG 位置，按一般操作程序起动发动机（此时燃气计算机自动用油起动，汽油工作指示灯亮，CNG 工作指示灯闪烁），用油热车后，加大油门，使发动机转速超过 2000r/min 后再松开油门，燃气计算机自动转到用 CNG 工作（此时汽油工作指示灯灭，CNG 工作指示灯亮）。

c. 使用汽油起动：将转换开关放在汽油位置，按一般操作程序起动发动机。

2）正确驾驶车辆。

a. 观察气量显示。在使用天然气行驶时，注意观察气量显示表的指示。当绿灯全熄灭而红灯亮时，表示天然气燃料即将用完。

b. 发生漏气。汽车在行驶中发生天然气泄漏时，应立即停车，并关闭汽车总电源、CNG 储气瓶高压截止阀和手动截止阀，排除后再行车。

c. 储气瓶无法关闭。若管路破裂出现燃气泄漏而无法关闭储气瓶时，应将现场隔离，并远离明火，待天然气散尽后再处理。如果天然气发生火灾，则应用灭火器灭火，因 CNG 储气瓶内部设置有易熔塞和爆破片两种组合式过电压安全装置。CNG储气瓶不会因气瓶本身高压、高温而发生爆炸。

3）行驶中燃料转换。为避免进行燃料转换时发生熄火和行车安全，应尽量在直道、视野良好的情况下，保持发动机在中高转速工况下进行转换。

a. 气换油。发动机在将天然气转换为汽油的过程中，发动机会发生轻微的停顿现象，应转换燃料。直接将转换开关由CNG位置切换到汽油位置（此时CNG工作指示灯灭，汽油工作指示灯亮）。一般不要在交通拥挤的地方进行转换。如果在车辆停驶时进行气/油转换，应预先将发动机的转速提高至一定速度后再进行气/油转换。

b. 油换气。发动机在将汽油转换为天然气的过程中，应将化油器浮子室中的汽油耗完，发动机出现声音发生变化1～2min后，立即将转换开关扳到天然气位置即可。直接将转换开关由CNG位置切换到汽油位置（此时CNG工作指示灯灭，汽油工作指示灯亮）。一般也不要在交通拥挤的地方进行转换。

4）行驶中CNG储气量观察。使用CNG行驶时，要随时观察转换开关上气量指示灯，当气量指示灯由绿灯变成红灯时，表示储气瓶内的天然气即将用完，汽车还可行驶十几千米，此时应到加气站加注天然气。

5）车辆停车。车辆停车后，应关闭高压截止阀、天然气储气瓶手动截止阀等气阀。

CNG—汽油两用燃料车长时间停驶时，应将CNG储气瓶内的压缩天然气用完，将转换开关放在汽油位置。

正确停放汽车。入库停车时，应关闭电源总开关，关闭高压截止阀。CNG汽车长期停放时，应将冷却液和燃油放尽，天然气用完，电源断开，车门及窗口全部封闭，置于通风、防潮、防火、防晒的场所，并且按CNG汽车使用说明书定期保养。

（4）检查与维护。

1）定时检查、维护供气系统。每次出车前，应检查各零件的紧固情况，检查 CNG 储气瓶、管线及各连接处是否发生泄漏，并及时处理；每月检查一次高压管线、滤芯、电磁阀芯，调整三级减压阀压力使之正常；每半年应全面检修减压阀及供气系统；CNG 储气瓶应按照《气瓶安全监察规定》每两年进行一次检测，检验不合格的气瓶应更换。

2）严格安全操作规程。保养车辆时，对于 CNG 储气瓶、减压阀、管线及电磁阀等严禁敲击、剧烈碰撞，附近不得使用明火。

3）及时维护燃料系统。在行车时，若发现 CNG 供气系统有泄漏现象应及时排除，并改用汽油燃料运行。车辆长期燃用天然气时，应定期改烧汽油 1h，以防止汽油供给系统发生故障，保证 CNG/汽油双燃料汽车气/油两套燃料供给系统都能始终保持正常的工作状况。

138 CVT 汽车有何驾驶技巧?

答：具有无级变化传动比的变速器称为无级变速器（continuously variable transmission，CVT）。CVT 常用金属带、金属传动链作为传动介质，称为机械式无级变速器。

（1）特点。

1）无级变速传动效率远高于带有液力传动的有级式自动变速器。在变速过程中，由于没有动力的中断，因而提高了行驶的动力性能。

2）最好的燃油经济性和最低的排放污染，这是因为发动机工作在较高的效率区，和有级式变速传动相比没有动力的中断，传动比变化非常平滑，动力传动系统冲击小，从而使乘坐舒适性得到了进一步提高。

3）能最好地协调汽车的外界行驶条件与发动机负荷，充分发挥发动机的功率潜力，提高整车燃油经济性。

4）无级变速系统可以控制发动机的转速在最小的范围内变化，而使车速在较大的范围内变化。有级式变速器只能一挡一挡地升或降，而发动机的转速随着每个相应的挡位不断地交替变化，造成发动机的工作状态不稳定。

（2）操作与使用要求。

1）起动时变速杆要在驱动轮被固定住的 P 挡或 N 挡进行；当从 D 挡转换为 R 挡或 R 挡转换为 D 挡时，一定踩下制动踏板使车辆完全停止后再操作。

2）在 D、S 或 L 挡行驶时，把油门踩到底，变速比会自动改变，发动机转数上升，能够获得强力的加速，完成换低挡的操作。

3）起动发动机之前，为了防止踩错踏板，请用右脚确认踏板的位置，起动发动机时，为了安全，起动时变速杆要在驱动轮被固定住的 P 挡或 N 挡进行。

4）起步时，为了防止记错位置，请目视确认变速杆的位置。

用右脚紧紧踩住制动踏板，使车不动之后，再进行起步时的变速杆操作。

请不要在踩住油门踏板时操作变速杆，否则会突然起动，引发事故。

发动机起动后，发动机转数自动上升，蠕动现象增强，因此请紧紧踩住制动踏板。

坡路起步时，为了防止车后退，请务必并用手刹，先松开制动踏板并重新踩住油门之后，再松开手刹。

5）行驶时请不要将变速杆挂到 N 挡；否则发动机制动完全不起作用，容易导致意外事故。

上坡时，为了保持速度，踩下油门踏板时，因换低挡的原因，有时发动机转数会突然上升，速度超出预想，请慎重操作油门踏板；避免在易滑路面、转弯处进行急速的油门操作。

下坡时，应使用发动机制动。如果脚刹车使用过度，制动机构过热，则有可能降低制动效果。

6）停车时，为了使车停住不动，用力踩刹车并根据需要拉起手刹。

停车时请不要使发动机空加速。当变速杆挂入 P、N 挡以外的其他挡位时，有可能突然起动造成意外。

7）泊车时，请拉起手刹，把变速杆挂入 P 挡，关闭发动机。以防止变速杆挂入 P、N 以外的其他挡位，因蠕动现象，车辆会自行起动，乘坐时如果误踩油门踏板，有可能突然起动造成意外。

139　CTIS 汽车有何驾驶技巧?

答：汽车轮胎中央充放气系统（central tire inflation/deflation system，CTIS）。CTIS 是一套能够使汽车在行驶中或停驶时均能连续检测和调节轮胎气压，以适应不同的路面，提高汽车通过性的系统，安装 CTIS 后，车辆的机动性，越野能力将得到很大提高。

汽车轮胎中央充放气系统 CTIS 由气源部分、操纵控制系统、旋转密封装置和车轮阀组等组成。其操作与使用如下。

（1）CTIS 充放气操作。

1）起动发动机。

2）按下充放气手控阀。按下需要进行充放气车轮上的充放气手控阀；按下轮胎选择开关"前轮"、"后轮"；为前、后轮或同时选择（同时四个轮胎充放气时，时间会较长）。

3）按下充放气开关。按下"充气"或"放气"开关，充气或放气（在充气工作状态下，充气指示灯会亮；放气时，一直按住开关的放气端）。

4）开关轮边手控阀。充放气结束时，充气/放气开关置于"关闭"（中间）位置关闭轮边手控阀。

5）充放气时间（单桥放气为 8min；左右单桥充气为 11min 左右），越野前轮 150kPa，后轮 250kPa，放气至 80kPa 左右。

6）调整轮胎压力。轮胎气压过低，指示灯亮起应停车，检查并调整轮胎压力。

（2）CTIS 充放气注意事项。

1）若车辆停驶超过72h，应将所有车轮与CTIS断开，否则可能造成轮胎漏气。

2）不能在发动机没有运转时使用电动气泵，防止蓄电池电量用完。

3）轮胎充气完毕，一定要将轮胎充放气开关置于"关闭"位置。

4）装复车轮充放气手控阀时，螺纹上涂少量密封胶。

140 四轮驱动汽车有何驾驶技巧?

答：（1）四轮汽车四驱操纵法是前轮及后轮驱动轴都配有差速器，而换挡杆旁边也配有两驱及四驱换挡杆（H2、H4及L4）选择。H2是高速两轮驱动，是在平坦干爽的路面上使用的，与一般的两轮驱动一样；H4是在较为崎岖的路况或砂石而不平坦的路面下使用的，四个车轮无法同时完全压在地面上，在这样的情况下行驶，部分轮胎是在半打滑地被牵引着；L4是低挡四驱，变速比例较高，适宜爬登或拖拽时使用。

（2）在极其恶劣条件下行驶，例如在泥泞的路面上，单使用H4或L4的功能仍然是不够的，因为只要其中一个前轮和一个后轮同时打滑，车辆就无法开动。这时，就需要将前后驱动轴内的差速器锁止，但这样的装置，只有在真正的越野车上才找得到。

（3）在平坦干爽路面行驶，不使用H4或L4，因为前驱动轴和后驱动轴本身均有差速器用以调节左、右车轮的转速，但是由变速器传至前驱动轴和后驱动轴的传动轴转速是相同的，故车子在转弯时，后驱动轴的转速并没有减慢，而前驱动轴的转速也不能加快，这种情况不但使车辆出现转弯困难，而且若行车速度加快，更会导致翻车的危险。

141 ECT汽车有何驾驶技巧?

答：汽车自动变速电子控制系统（electronic controlled

transmision system，ECT），又称为电子控制变速系统，俗称"电子控制自动变速器"。自动变速就是自动变换汽车驱动车轮的转速与转矩，使其适应汽车负载和道路条件变化的要求。汽车自动变速是指自动变换传动比，它能调节或变换发动性能，经济而方便地传送动力，较好地适应外界负载与道路条件的需要。

自动变速器使用的传动液 ATF 必须满足、适当的黏度和良好的黏度稳定性、良好的热氧化稳定性、良好的抗磨性、良好的抗泡性、对橡胶密封材料具有良好的适应性等要求。自动变速器具有换挡平顺、起步平稳等优点，提高了汽车道路适应性、乘坐舒适性和安全性，减轻了驾驶人操作疲劳——汽车行驶的平稳性以及延长使用寿命等优点，延长了发动机和传动系统的使用寿命。

（1）自动变速器挡位选择。自动变速器按变速杆的安装位置可分为地板式和转向机柱式两种形式，如图 8-5 所示。变速杆的挡位标码分别为 P 挡、R 挡、N 挡、D 挡、S 挡或 2 挡、L 挡或 1 挡。

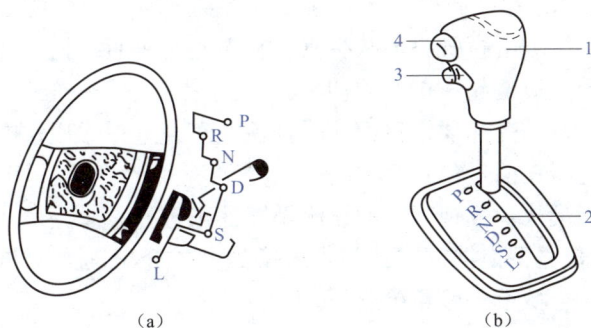

图 8-5　自动变速器选挡手柄
（a）转向机柱式；（b）地板式
1—选挡手柄；2—挡位指示；3—超速（O/D）开关；4—锁止按钮

1）N 挡：发动机熄火，车辆停驶，需要起动发动机或汽车行驶时熄火再重新起动或拖拉时，应将变速手柄挂入 N 挡。

2）P挡：当汽车停驶时，应将变速器手柄挂入P挡，此时，发动机仍可以自如运转，但在汽车行驶时，决不可挂入P挡。

3）D挡：当变速器挂入D挡，汽车可在正常行驶中，变速器可根据发动机的转速自动地升挡或减挡。

4）S挡或2挡：2挡或S挡，只用在交通繁杂的路段或山路行驶中使用。变速器挂入此挡，行驶速度不可超过 70～100km/h，否则将损伤自动变速器。

5）L挡或1挡：L挡或1挡属低速挡，当操纵手柄推入L挡或1挡位时，变速器处于低速挡行驶，不会自动换入高速挡。为获得更大的输出功率，也可挂入L挡或1挡。挂入此挡时，其车速应不超过50km/h，否则易损坏变速器。

6）R挡：当汽车倒车行驶时，应将操纵手柄推入R挡，但应注意的是必须在汽车完全停止后，再向R挡进挡。

7）超速挡：当超速挡开关切断时，变速器挂入后，行驶中可自动地在1～3挡间自动升降，但不会换到超速挡。为保持发动机的经济性，行驶中应将超速挡开关接通。

8）如果用D挡进行下坡行驶，需要发动机充分发挥制动效果，或在缓坡上行驶，为减少汽车在坡路行驶时3挡与超速挡的换挡频繁，应将超速挡开关切断。

（2）自动变速器换挡模式、挡位及车速选择。通常电控液动自动变速器在前进位置有"动力"、"经济"、"普通"等2～3种电控换挡模式，应视行驶的路况及路面来选择。

1）普通型换挡模式：普通型换挡模式介于动力型与经济型之间，适合城市一般路况选用。

2）经济型换挡模式：经济型换挡模式升降挡点的车速较低，汽车燃油的经济性好，适合平坦良好路面选用。

3）平坦路面行驶：车辆在平坦路面行驶换挡手柄应置于D挡位，有超速挡开关时应打开超速挡开关，保持中速行驶，不要用变化油门踏板的方式控制车速。车辆在行驶中也可手动变换挡位，如依照1、2、3、D顺序依次变换挡位，操作方法同传统手动变速器一样。

4）动力型换挡模式：在节气门开度相同的情况下，动力型换挡模式升降挡点的车速比经济型换挡模式升降挡点的车速高，加速动力性好，适合山区上坡及路面较差时选用，相应车辆的油耗会偏高。

5）高速行驶：车辆在高速行驶时，不允许将变速手柄从 D 挡位移至 3 挡或 1、2 挡位，不允许采取"加速—空挡—滑行"的操作方法，防止因换挡频繁而使变速器过早损坏。避免在低挡位长距离高速行驶。

（3）自动变速器使用注意事项：

1）车辆起动。起动发动机前，应将变速手柄推入 N 空挡或 P 驻车挡，发动机才能起动。不允许用拖车或推车的方法起动发动机。

2）车辆起步。车辆起步前，应先踩制动踏板然后再选择挡位，以防制动装置失效。发动机起动后，待发动机运转数秒钟后再起步。汽车起步时，踏下制动踏板，将变速手柄推入前进挡或倒车挡，抬起制动踏板然后再慢慢踏下加速踏板，使车辆平稳起步。

3）发动机高速时不得换挡。发动机处于高速运转时，不允许将换挡手柄从驻车挡位或空挡位置退出，不允许选择挡位与踩油门踏板同时进行，以防换挡执行元件损坏。接通前进挡后，发动机在怠速时，车辆有轻微的"爬行"属于正常现象。

4）一般道路驾驶要领。

a．一般道路驾驶。自动变速器车辆在一般道路上向前行驶时，应将操纵手柄置于 D 挡位，并且将超速挡开关打开。如果有模式开关，则可以把模式开关置于经济模式或者标准模式位置上，这样可以省油。

b．一般道路超车。驾驶装有自动变速器的汽车，在一般道路上需要在短距离内高速超车时，可以在超车之前先猛踩油门，并且踩住不放，此时，汽车会有一点抖动，这是自动变速器自动降了一个挡位，可以使汽车获得足够的转矩来迅速提高车速。在完成超车后，应立即松开油门，使自动变速器自动升一个挡位，恢复正常行驶。因为这种高转速、低挡位的驾驶方法对汽车损害较大，所以不宜经常使用。

5）车辆加速驾驶要领。为使车辆尽快加速，可采用收油门提前升挡操作法使汽车加速行驶。具体操作方法是汽车起步后，踏油门踏板加速，当车速接近升挡速度时，迅速松开油门踏板2～3s，即可从低挡升高一个挡位。

车辆加速时，应慢慢地加大油门（小排量车辆更不能急），应尽量把发动机转速控制在经济转速范围内。汽车起步后，慢慢加油门，当车速达到20km/h左右，或发动机转速达到2000r/min左右时，松开油门，并保持1～2s。

此后，自动变速器就能立刻从一挡升入二挡，同时发动机转速会大幅度下降至1500r/min左右；再加油门，继续加速，当车速到40km/h左右时，或发动机转速到2000r/min左右时；再松油门，使自动变速器从二挡升入三挡，同时发动机转速也会大幅度下降至1500r/min左右；再加油门，继续加速，当车速达到60km/h左右，或发动机转速到2000r/min左右时；再松油门，使自动变速器升入超速挡，继之再加油门可正常行驶。大部分欧洲产轿车属于高转速车，松油门时的发动机转速可以相应地增加2000r/min左右，这样操作在一定程度上可以降低油耗、降低发动机的磨损程度。

6）坡道驾驶要领。当车辆下长坡时，应将换挡手柄置于2挡或1挡位置，利用发动机的牵阻力控制车速，起到辅助制动作用。当汽车上较长坡道时，应视情况及时将换挡手柄从D挡位置移至3挡或2、1挡位置，使发动机保持足够的动力上坡。汽车上长坡道时避免使用超速挡。

7）长陡坡道驾驶要领。长陡坡道是指坡道比较长，而且坡度较大的坡道。在驶上这种坡道之前，可以和在一般道路上一样驾驶。当汽车上坡后车速慢下来，并且觉得动力不够时，可以将操纵手柄置于 3 挡（不用踩刹车，只要松开油门，然后直接把操纵手柄置于 3 挡），然后加油门继续行驶就可以了；如果驶过一段坡后，车速又慢下来，并且觉得动力不够时，可以将操纵手柄置于 2 挡，再继续行驶。

8）下长陡坡道驾驶要领。车辆在这种坡道上下坡行驶时，完全松开油门后，车速仍然太快，而且会越来越快。此时，可以像手动变速器车一样，利用发动机制动来保持低速下坡，这是因为自动变速器在超速挡时，发动机制动的效能很差，而自动变速器在低速挡时，发动机制动的效果就很好。所以在下坡时，先完全松开油门，然后利用刹车将车速降到 40km/h 左右，再将操纵手柄直接挂入 3 挡位，松开刹车踏板就可以了；如果驶过一段坡后，觉得车速仍然太快，可以先利用刹车将车速降到 20km/h 左右，然后将操纵手柄直接挂入 2 挡位，再松开刹车踏板就可以了。

9）减速与停车驾驶要领。车辆在行驶中需要减速或停车时，不必将换挡手柄置于 N 挡位置，只踏下制动踏板即可。遇到红灯信号或堵车临时停车，应将换挡手柄保持在 1 挡位，这样随时可将脚从制动踏板移至加速踏板，及时重新起步行驶。如停车时间较长时，应将换挡手柄置于 N 挡位，拉紧驻车制动杆。

10）车辆驻车停放。用右脚踏下制动踏板使车辆完全停稳后，将变速手柄推入 P 驻车挡。锁止可靠后，拉紧驻车制动，将点火开关关闭并转至锁止位置。

如换挡手柄未完全置于驻车挡 P 挡位，则应在驻车制动未牢靠起作用的情况下，会发生非常危险的车辆溜车事故，应特别注意：

a. 车辆在正常行驶时，如果没有特殊的需要，不要将操纵手柄在 D 挡位、3 挡位、2 挡位和 L 挡位之间来回移动，特别在汽车高速行驶时，禁止将操纵手柄从 D 挡位移入 3 挡位、2 挡位和 L 挡位，否则会严重损坏自动变速器。

b. 当车辆还没有完全停稳时，不可以把操纵手柄从前进挡换入倒挡，也不可以把操纵手柄从倒挡换入前进挡，否则会损坏自动变速器里面的离合器和制动器。

c. 车辆一定要在完全停稳后才能将操纵手柄挂入 P 挡位和 R 挡位，否则会损坏自动变速器的停车锁止机构及其内部的齿轮和摩擦片等零件。

d. 车辆要注意按标准调整好发动机怠速，怠速太高和太低都会影响自动变速器的使用效果。怠速太高，会使车辆在挂挡时产生强烈的窜动；怠速太低，有时挂挡会熄火。当在坡道上起步时，如果松开刹车后没有及时加油，车辆就会溜坡。

e. 车辆挂上挡、松开刹车后不要急加油门。如果松开刹车后，在没有加油门的情况下汽车没有移动，应检查变速器油，大多数原因是变速器油缺乏，加够油后应该没问题了。如果还有这样的问题，应尽快到修理厂去检查，把问题解决在萌芽状态。

11）车辆倒车要领。车辆需要倒车时，应在车辆完全停稳后进行，即在发动机怠速转动的情况下，将变速操纵手柄推入倒挡 R 挡位，松开刹车，不需要加油门，以怠速慢慢地倒车；如果倒车中要越过台阶、突起物或者要爬坡时，应缓慢地加大油门，而在越过台阶、突起物或者爬完坡后应及时松开油门，并且立刻踩刹车控制车速。

12）当发动机出现故障，车辆不能行驶时，如拖动车辆行驶，此时发动机不能运转，变速器油泵停止工作，变速器润滑油路无循环滑油润滑。因此，如果长时间拖动，易损坏变速器。

13）自动变速器传动液 ATF 使用：

a. 更换变速器油时，应将发动机发动着火，直到运转到变速器温度正常后，再将原有油液全部放尽。

b. 加注新变速器油时，除注意规格及油质外，千万要注意油液加注量，加注油量不足时，会烧毁变速器各离合器片、制动部分以及油封等。

c. 自动变速器油冷却器内以及管路和泵体内的润滑油全部放出后，加油时不可只凭发动机停止运动时油面的高低来决定加注量是否充足。应将发动机起动着火，使之怠速运转，并将排挡杆由 N 挡挂入 1 挡、D 挡，再由 D 挡逐步挂入 1 挡、N 挡和倒挡，按上述方法反复两三次，然后再检查油面是否达到要求。

d. 传动液 ATF 绝对不能错用、混用；应该注意油量加入不可过多，否则工作时油液易产生大量气泡，造成变速器工作时，气泡进入管路，使变速器工作失灵，并出现气阻，过热及加重磨损等故障；散热器工作良好；通风塞必须保持畅通。

14）电控自动变速器系统使用注意事项。

a. 表中带"﹡"号的电路可用故障诊断测试仪进行检查。

b. 在进行自诊断测试时，如显示代码为正常代码而故障依然存在，则应根据故障诊断表按规定顺序进行检查。

c. 检查排除故障时，首先检查第一部分，如第一部分列出的控制部件及其线路全部正常，则进行第二或第三部分检查。如第一部分至第三部分列出的部件及其线路都正常，但故障依然存在，需检查或更换 ECT ECU。

d. 检修完毕应进行道路试验或其他试验，确认系统工作良好。

142 多挡变速器汽车有何驾驶技巧？

答：多挡变速器指具有 9 个前进挡，1 个倒挡的变速器。使用时应注意：

（1）使发动机处于经济的转速范围，尽可能用高速挡位行驶，使发动机功率充分利用。

（2）下坡时应充分利用发动机的制动作用。

（3）离合器的使用。车辆换挡时，离合器踏板应踏至底，如果未踏到底或离合器调整不好（不能完全分离），换挡会出现问题，而且，变速器同步器和接合套将受到较大磨损。规定的踏板间隙和离合器的可靠分离应经常检查。

（4）多挡变速器换挡。彻底踏下离合器踏板（为此，驾驶员的座椅必须正确调整），平稳而准确地推动变速杆到所需挡位。在某一位置，将遇到一定程度的阻力，同步机构开始起作用。在变速杆上逐渐加力，不要猛然一推，随之松开离合器挡板，在这个位置上切勿抓住变速杆猛烈地冲击。几分之一秒（同步时间）后，挡位便可很容易地换上。换挡过程为退挡—同步—接合。

（5）在加速时，可用抢越一个挡位的操纵，充分利用经济转速范围。

（6）预先考虑交通情况，无必要时，不使用制动或加速，要充分利用车辆的惯性。换倒挡只能在停车时进行，否则，可能损坏换挡接合套。

143 发动机排气制动汽车有何驾驶技巧?

答： 车辆发动机排气制动系统一般安装在柴油车上，在发动机排气管处设置排气阀。在需要缓速时，关闭排气阀，阻塞排气通道，同时喷油泵停油，这种方法又称为排气缓速法。

电磁气压控制的排气制动装置是最常见的形式。如图 8-6 所示为电磁—气控汽车排气辅助制动系统。该系统主要由排气制动开关、离合器开关、油门踏板开关、电磁阀、气缸和蝶形阀组成。

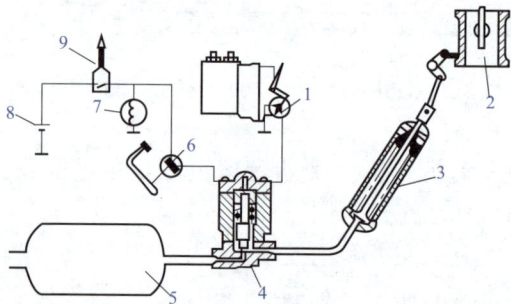

图 8-6 电磁—气控汽车排气辅助制动系统示意图

1—加速踏板开关；2—蝶形阀；3—活塞气缸；

4—电磁阀；5—贮气筒；6—离合器开关；

7—指示灯；8—蓄电池；9—排气制动开关

车辆根据行车需要接通排气制动开关，抬起油门踏板和离合器踏板，使相应的离合器和油门踏板开关都接通，电磁阀才打开气路，来自贮气筒的压缩空气推动气缸活塞，使蝶形阀关闭。实现排气制动，若关闭排气制动开关，电磁阀就切断来自贮气筒的压缩空气，气缸活塞，在弹簧力的作用下复位，打开蝶形阀，解除排气制动。当驾驶员抬起油门踏板和离合器踏板而使电磁阀线圈通电时，阀芯被吸引，克服弹簧的弹力上移，打开气路，推动蝶形阀关闭。

柴油车易于实现汽车排气缓速制动，提高制动效果。使用排气制动可减轻行车制动系统的负担，有效防止车辆打滑；不可脱挡滑行；高速、大负荷工况下不使用。排气制动是安装在现代柴油车上的最常见的辅助制动系统，是一种没有任何摩擦的辅助制动系统。

发动机排气制动汽车使用注意事项：

（1）排气辅助制动装置的工作原理是利用排气阻力，以增加发动机进、排气和压缩等行程的功率损失来使汽车减速的，因此发动机必须与传动系统处于动力传递状态中，当踩下离合器（发动机与变速器分离）或变速器在空挡位时，排气辅助制动装置不能起降低车速的作用。

（2）使用排气辅助制动装置时，变速器应选择低速挡，这样可以获得较好的制动效果，同时可以防止因发动机速度过高而损坏发动机的故障。在下长坡时，使用排气制动装置可以减轻车轮制动器的负担，节约压缩空气；而在泥泞和冰雪路面上使用排气制动装置，可以防止车辆侧滑或甩尾。

（3）在雨天或雪天，道路附着系数较低的情况下，在下坡路段行驶，需要一般减速的路况下（如前方车辆拥挤或弯道等），合理使用排气辅助制动装置可以减少行车制动系统的工作频率，从而减少行车制动系统材料的磨损消耗和轮胎因制动而增加的磨耗，并能减少制动跑偏现象的发生。雨天、雪天行车，常用排气制动控制车速。

（4）在排气辅助制动开关接通，排气辅助制动指示灯点亮，显示排气辅助制动装置在工作状态时，如果驾驶员踩下油门踏板或离合器踏板，则电磁阀电流被临时切断，排气制动阀开启，排气制动作用中止；当上述踏板被释放，则排气辅助制动装置又重新工作。

144 电涡流缓速制动器汽车有何驾驶技巧?

答：（1）电涡流缓速器功用。

1）提高车辆的安全性。电涡流缓速器可以在相当大的车速范围内（10km/h 以上）提供很大的制动转矩（车速为 20km/h 时达到最大制动转矩），缩短车辆的制动距离，大大降低车轮制动器的温度，避免爆胎的发生，从而确保车辆的行驶安全。

2）提高舒适性。电涡流缓速器利用电磁力产生制动转矩，使车辆的制动比较平顺和柔和。

3）减少环境污染。电涡流缓速器减少了制动鼓与制动摩擦片的摩擦时间，从而减少了制动摩擦片的磨损粉尘对环境的污染，同时也减少了制动噪声对环境的污染。

4）减少维修费用。电涡流缓速器能够提供大部分制动转矩，大大延长车轮制动器的使用寿命（4～7 倍），同时也延长轮胎的使用寿命，因而能节省车辆制动系统的维修费用。电涡流缓速器的定子与转子不接触，不产生磨损，因此电涡流缓速器本身的故障率极低，维修费用也极低。

（2）电涡流缓速器操作与使用。

1）接通点火开关时，缓速器指示灯中的电源指示灯应亮，表示电涡流缓速器的供电正常，这时不管是否踩下制动踏板，电涡流缓速器都不会工作。当车辆起步后车速达到 10km/h 时，准备工作灯亮，电涡流缓速器进入工作待命状态，可以指令电涡流缓速器工作；当车辆速度下降到 8km/h 时，准备工作灯熄灭，缓速器不工作。

2）电涡流缓速器只是车辆制动系统中的辅助制动装置，只能起减速作用，不能使车辆完全停驶，所以车辆进站或停车时还必须用车轮制动器制动。

3）制动时应缓慢踩下制动踏板（紧急状态下例外），以充分发挥电涡流缓速器的制动作用。

（3）电涡流缓速器的维护。

1）日常维护。

a. 检查变速器转矩输出端（或后桥转矩输入端）油封是否漏油，如漏油，则更换油封。

b. 检查电涡流缓速器的接地线、线束和线束连接器的连接是否良好，如连接不良，则予以修复。

c. 检查制动空气压力传感器、控制器和车速传感器的固定是否牢固，如不牢固，则应固定牢固。

2）清洗。车辆每行驶 5000km 应清洗 1 次电涡流缓速器，如车辆在粉尘或泥浆多的地区或在冬季撒盐的道路上行驶，则应注意及时清除转子和定子上的污物，以保证电涡流缓速器工作时产生的热量得到有效地散发。清洗电涡流缓速器应注意如下事项：

a. 清洗前必须断开电源总开关。

b. 转子表面可用高压水冲洗，但定子和线束连接器只能用低压水冲洗。

c. 电涡流缓速器必须冷却至常温后才能清洗，否则，其磁盘会变形。

d. 不能用有挥发性及腐蚀性的溶剂清洗电涡流缓速器。

145　倒车雷达汽车有何驾驶技巧？

答：倒车雷达是一种良好的辅助设备，倒车雷达是躲避后方障碍物，可以极大地减少后视镜的盲区，避免发生倒车时碰撞的警示设备，对许多驾驶员来说，倒车雷达可以起到一定的辅助倒车作用，成了必不可少的汽车安全装置之一。但是也必须摆正它的存在地位，绝对不能完全依赖于它的提示，有了倒车雷达并不代表倒车安全有了绝对的保证，还需要正确地操作。而且需要定期进行检查，出现故障应当及时维修，免得造成隐患。倒车雷达操作使用注意事项：

（1）在倒车前，不管有没有安装倒车雷达，最好先下车看看车后方和左右方，尤其要注意一些大石头、钢管、消防栓和水管之类的障碍物，更要注意车后有没有水沟或是小河什么的，这些更加危险。

（2）倒车雷达的操作。进入倒挡，听到"嘀"一声倒车雷达自动起动，开始探测障碍物。

（3）在进入倒挡的同时，系统立即进行自检。正常：无显示；异常：在显示屏上分别显示对应探头出现的故障。倒车行驶可分为直线倒车和转向倒车，由于受视线的限制，看不清车后的道路情况，又加上倒车雷达存在不少盲区，不能盲目信任，因此要想安全倒车，必须掌握一些正确的方法。

（4）在倒车转动方向盘时，驾驶员要前后来回多观察。许多车友在倒车时只向后看，车头并不注意，实际倒车中，前面左右碰擦的情况并不少见。

（5）对于高于或低于传感器探头的车后障碍物，倒车雷达不能探测到，这一点应注意。

（6）非常光滑的球状体（由于反射平面很小探测不到物体所在）。

（7）非常光滑的斜坡（探测波全部被折射掉）。

（8）倒车速度过快，使雷达探测反应迟钝。

（9）高吸音棉物体（探测波全部被吸收掉）。

（10）探头损坏或被污垢、雪霜、泥沙封盖，可能削弱倒车雷达的功能；倒车雷达仅做辅助用途，不能减轻驾驶人在危急情况下控车的责任；听到报警声音时，要继续降低车速；倒车时不需要踩油门加速，便于控制车辆；如果有随乘人员，则找个人在车后指挥是最可靠的。

146 防盗系统汽车有何使用技巧？

答：使用防盗系统汽车应当注意以下几点：

（1）洗车时不要离开汽车。到洗车场洗车时，如果有事需要离开，则应带走汽车钥匙，以免被人复制。到修理厂修车时，千万不可将钥匙交到他人手中，以免有人趁机复制钥匙而后盗走你的爱车。

（2）养成妥善保存汽车钥匙的习惯。平时要养成良好的习惯，停车后务必取出钥匙。即使下车仅一小会儿，也要将发动机熄火，从点火开关上取下钥匙并将车窗关好，车门锁好。千万不要小瞧这一小段时间，往往是一时的大意就会失掉爱车。

（3）离车时全面检查。离开汽车时一定要注意检查车窗是否关好，车门和后备箱是否锁好，确认并起动防盗系统之后方可离开。

（4）慎重选择汽车停放地点。避免将汽车停放在离家太远的避荫处或视线以外，以免防盗器发出报警也来不及救援。汽车应尽可能停放在正规的停车场所内，且尽量不要将汽车停放在第一个或最后一个车位，因为边缘处停放的车辆驶出停车场十分方便。

（5）下车时将收音机打开并把音量调大。盗车贼一般只注意设法解除报警信号，当电源接通时收音机响声就会吓得盗车贼手忙脚乱，同时也可起到一定的报警作用。

（6）提高警惕，以假乱真。在车内较明显的位置放置有关法制、公安方面的书刊或带有公安警察标志、形象的物品，这样可使窃贼产生车主警惕性高或与公安系统有联系而动摇下手盗窃的念头。

（7）防人之心不可无。千万不要将金钱或贵重物品遗留在车内显眼位置，以免引狼入车。

（8）采取必要的技术措施。汽车长时间停放时，可将各气缸点火高压线的位置交换一下，也可将蓄电池搭铁线或高压线拆下带走，使盗车贼无法起动发动机。

第9篇

汽车养护技巧

147 汽车养护有何常识?

答:(1)汽车养护的概念。随着使用时间的增长和行驶里程的增加,汽车相互配合的机件将产生磨损,使其几何尺寸发生变化,技术状态逐渐变差,最后丧失运动能力,使汽车的动力性、经济性、可靠性下降,甚至丧失运行能力。因此,必须通过养护来恢复原有的技术性能,使汽车能正常可靠地行驶,以提高车辆的完好率。

汽车养护就是采取各种修理工艺以恢复汽车原来的动力性、经济性和可靠性。汽车养护工作是恢复和改善汽车技术性能的重要手段,是延长车辆使用寿命,安全可靠、充分发挥其使用效能的重要保证。

(2)汽车养护的好处。做好汽车的养护工作有助于节省修理费用、节省油料、延长使用寿命、提高车辆的完好率。精心地养护汽车会带来意想不到的好处,在养护方面的投资实际是很合算的。

1)降低排放控制。经过整车养护调整后,汽车在怠速行驶时排出的一氧化碳(CO)量平均降低了45.37%。

2)节省燃油。国外某火花塞公司曾完成一项两年的养护试验计划,并断定需要调整养护的汽车,在调整到汽车厂的技术规划时,获得了11.36%的燃料节约效果。

3)延长润滑油、变速器油的使用期。实践表明:使用优质的高科技养护产品,对发动机润滑系统清洗保护后,发动润滑油使用1万公里,仍然清洁如新。

4）改善汽车的性能，降低车辆故障发生的频率，节省大笔的维修费用。

（3）汽车养护常见误区。汽车经常性养护是不可忽视的，但也不要走向极端，也下几点值得注意：

1）不要修车过勤。频繁地拆修不但使车辆的整体性能下降，还会浪费时间和金钱。

2）不要随意扩大修理范围。对修理的部件大拆大卸这种做法对车辆极为不利，不但影响汽车之间的磨合良好的配合面，还会破坏机件装配的精确度，使车辆性能下降。

3）不要以修代养。日常的精心养护，是保持良好车况的前提条件。车辆常见故障基本上是可以通过日常养护得以避免的，不要等到发生故障时才去修理。

4）不要长期不用车和短途用车。长期不用车和长期短途用车都是很伤车的。最好的办法是每隔几天就用一下车，时间三四十分钟。

5）不要随意加燃油油液。轿车对燃油、润滑油制动液等都有相应的技术指标要求。用户应该参照使用手册中规定的油液品种和标号选用优质油液，保质保量添加或更换。避免不加区别随意使用油品，否则，将给车辆造成很大的损害。

6）不要随意调整和检修。轿车结构、原理比较复杂，调整一些精密器件、养护具备一定专业知识和技能，而且必须有相当的经验和设备才能准确、精当。如果在对车辆结构、部件原理和性能一知半解的情况下，按照理论介绍盲目地调整、检修、往往会因毫厘之差，弄巧成拙。

7）不要自行改装添加其他装备。一些车主自己动手在车内加装各种设备进行改装，如果处理不妥当，往往对汽车性能以及操纵的方便可靠带来不利影响，留下后遗症或影响行车安全。

8）不要过度洗车打蜡。洗车打蜡每月一次就可以了，过度进行反而会让车体亮度渐渐退去。

（4）汽车做预防性养护。汽车预防性养护是通过定期记录车辆工作过程中数据变化的规律，便于及时发现故障，从而给其故障预测、预防、诊断与排除带来直观的参考数据。

车辆预防性养护方法是对润滑油进行定期抽样检验分析。这种方法是从车辆不同部位抽取用过的润滑油油样进行一系列诊断试验并加以分析，测量和比较油中机件磨损材料的含量，依据这些数据来判断发动机、传动、液压系统和齿轮箱的磨损趋势，从而及时地了解车辆的运转情况。通过监测磨损趋势来判断零件达到使用极限的程度，在零部件损坏之前及早发现潜在的问题，预防正常磨损的相关故障，在故障发生之前适时修理，从而降低车辆维修成本和误工时间，最大限度地提高车辆的利用率。

（5）汽车养护内容。汽车养护内容主要是指常规养护，其主要工作包括检查、清洁、调整、紧固、润滑、补给、不解体养护等项内容。

1）检查。检查是通过对汽车的检查确定零部件的变化和损坏，其主要工作是检查汽车各总成和机件的外表、工作情况和连接螺栓的紧度等。

2）清洁。清洁工作是提高汽车养护质量、防止机件腐蚀、减轻零部件磨损和降低燃油消耗的基础。其主要工作内容包括对汽车外表的护理和对各总成，零部件内外部的清洁。

3）调整。调整工作是保证各总成和零部件长期正常工作的关键。其主要工作内容是按照技术要求，恢复总成、部件和仪表的正常配合间隙及工作性能。

4）紧固。紧固工作是为了使各机件可靠地连接，防止机件松动的养护作业。紧固的工作重点是对受负荷大且经常变化的各种机件的连接部位，以及对各连接螺栓进行必要的紧固和更换。

5）润滑。润滑主要是减少机件间的摩擦力，减轻机件磨损。其主要工作包括对汽车各部位进行充分的润滑并适时进行更换和补充。

6）补给。补给工作是指在汽车养护过程中，对汽车的燃油、润滑油及特殊工作液体进行加注补充；对蓄电池进行补充充电，对轮胎进行充气的作业。

7）不解体养护。除常规养护外，近年来兴起的还有汽车不解体养护方法。其主要工作内容是应用先进的免拆洗净化设备和高科技产品对汽车各主要总成进行内部清洗。保护、修复和制止渗漏。这种方法尤其适用于高级轿车的养护作业。

（6）汽车养护安全问题。安全是做一切工作的基础。汽车养护工作较简单，不会有太大的危险，但如果不注意安全问题，也会发生令人不快的事情。进行汽车养护工作时应注意以下安全问题：

1）机械伤害防护。对汽车养护操作时，应用设置明显的作业标志，以防其他人的误操作而伤害。

2）汽油伤害防护。汽油不仅易燃易爆，而且有毒。汽油中的添加剂会损害人的神经系统和消化道。另外，含有高浓度硫化物的汽油，由于其产生硫化氢也有一定的毒性。作业中，千万不要用嘴去吸取汽油，若将汽油吸入肚内，会导致中毒或死亡。万一吸入，应逼迫自己呕吐并及时到医院治疗。

3）化油器清洗剂伤害防护。大部分的化油器清洗剂中都含有甲基氯化物、芳香族类和乙醇，这些物质都有一定的毒性。因此，这些物质被吸入鼻内，或溅在眼睛上很危险。

4）旧润滑油致癌伤害防护。长时间接触用过的旧润滑油，将会导致皮肤癌。新润滑油没有致癌伤害，因此在接触旧润滑油后，应及时用肥皂清洗干净，以免染病。

5）防冻液伤害防护。防冻液是由乙二醇为主体制成的。乙二醇是一种有毒、带甜味、糖浆状的液体。平时应注意对防护液进行保存，防止被儿童误食。如果误食防冻液，应立即呕吐并马上送医院治疗。

6）废气排放伤害防护。发动机排出的废气含有一氧化碳，长时间处于低浓度的一氧化碳中，会引起头痛、呼吸急促、恶心呕吐、体虚目眩、心里混乱甚至大脑损伤等症状。因此在房内起动车辆时，应将房门打开或打开排风装置，以便随时将废气排出。如果在露天作业，也不要在工作中的发动机排气管附近长时间停留。

7）电解液伤害防护。电解液中主要成分是硫酸，硫酸具有强烈的腐蚀性，若溅入眼睛、皮肤和衣服上，应立即用清水冲洗干净。

8）旋转机件伤害防护。在发动机运转时，注意手、衣物和工具必须离开旋转的风扇和风扇皮带。最好取下戒指、手表和领带等，以防触到风扇及驱动皮带。

9）制动液伤害防护。制动液对汽车的漆膜（包括皮鞋的漆膜）有损害作用，制动液能很快地溶解漆膜。制动液对眼睛是有害的，如果制动液溅入眼睛，必须用清水立即清洗。

10）失火防护。进行汽车养护时，在工作场所不能吸烟或使用明火。在油箱和蓄电池附近，油箱溢出的可燃气体和蓄电池逸出的氢气是很容易被引燃的。在养护汽车时，经常需要使用油料、清洗剂等易燃、易爆物品，请别忘了消防措施，备好灭火器，以防万一。

11）烫伤防护。刚刚熄火的发动机，由于发动机的各部（水箱、排气管道、动力转向液箱和火花塞等）温度都比较高，必须小心接触，以防烫伤。如果发动机温度较高，千万不要取下水箱盖或松开放水开关，以防烫伤。

12）车下作业伤害防护。如果需要在车下作业时，应设置明显的标志，并将汽车用掩车木掩好。用千斤顶支车时，千斤顶要放置平稳；驾车前应准备好驾车工具（驾车凳），禁止用砖块等易碎物体。总成安装时，千万不要用手试探螺孔、锁孔等以免轧断手指。

13）发动机工作伤害防护。发动机工作时，应让其他人离开驾驶室，以防发动机突然转动或他人操纵机构，造成误伤。发动发动机时，不得在车下作业。

14）试车伤害防护。在起动汽车试车前，应注意变速器的挡位情况，以防汽车误动伤人。试车时，汽车各部状况应能保证安全停车和方向有效。路试的汽车必须有明显的试车标志。试车时人员必须乘坐安全,并在专门的试车道上进行。

15) 注意工作场所的清理。在关闭发动机舱盖或其他总成盖时,应检查有无工具、抹布和拆下的零件等物品被遗忘,待确认正常后,才可以关闭上述部位的舱盖。

(7) 汽车拆卸注意事项。汽车的拆卸不需要很高的技术,也不需要很精密的工具和复杂的设备,但在拆卸中如果不注意会造成零件的损伤,有时甚至达到报废的程度。因此,拆卸的好坏直接关系着汽车维修养护的质量和养护时间。

1) 注意用正确的方法拆卸零件,以免零件损坏。

2) 汽车在拆卸前应进行外部清洗,以清除泥沙、油污,需要维修养护的总成应放出燃油和润滑油。

3) 拆卸总成时,应按分解的顺序进行,先外后内、先附件后主体。对有公差配合要求和不许互换的机件,在拆卸时应检查有无记号,如果没有记号,应重新做好记号。

4) 拆卸静配合的销、轴、衬套时,应用钢冲或铜冲,不可直接敲击机件,以防损伤。

5) 不要用油手触摸电气元件和橡胶零件。

6) 当机件锈蚀不易拆卸时,可用柴油(或煤油)浸润或加热后再进行拆卸。

7) 零件拆除后,最好用一个零件盘装好,以免遗失。

(8) 汽车零件清洗注意事项。

1) 对离合器摩擦片和制动蹄摩擦片,不能使用煤油、柴油或金属清洗剂进行清洗,只能用布蘸汽油擦洗。

2) 有油污的金属零件可用煤油、汽油或柴油作清洗剂,但需注意防火。也可以使用金属清洗剂,如能加热使用效果更好。

3) 拆下的金属零件应进行彻底清洗,整齐放好,以便检查和装配。

4) 皮质零件用抹布擦净即可。

5) 对橡胶零件,只能使用无水乙醇或制动液清洗,不能用煤油、柴油或金属清洗剂清洗，以防变形。

6）电气元件不能用煤油、柴油或金属清洗剂清洗，电气元件部分只能用汽油擦拭，其他外壳和回转的金属部分可以正常清洗。

（9）汽车外观养护注意事项。

1）注意经常清洗车辆。汽车保持干净，只靠用布擦一擦是不够的，要经常进行清洗。因汽车行驶，要接触一些有害气体或含盐、酸、碱等腐蚀性的灰尘，必须经常清洗车辆。

2）注意擦车时应用软棉纱或软毛巾，不能用硬质布料。当汽车车身上落上有色灰尘（如在石油、冶炼、化工等工厂内行驶的车辆）时，应及时清洗掉，否则这类物质可能会渗入油漆层中，使表面失去光泽。

3）注意不应在强烈的阳光下清洗车辆。清洗后不擦干水珠也不要在阳光下曝晒。

4）注意沿海地区或者化学污染地区的车辆，每周用软水清水洗。不能用去污粉、洗衣粉等碱性高的洗涤用品。用清洗剂时，要使用专用清洗剂或碱性小的肥皂。否则，洗掉灰尘的同时也会将油漆层上的油脂洗掉了，会引起油漆表面老化，失去光泽。

5）注意雨后及时擦车。被雨淋过的车辆，最好及时将雨水擦掉，特别是被雨淋过之后不经擦拭就在阳光下曝晒，这对油漆表面有很大的影响。

6）注意对镀光金属件的养护。清洗镀光金属件时应使用炭精清洗剂，不能使用硬质物品刮除脏物。镀光件应定期上蜡，以保护镀层不氧化，在冬季或沿海地区，镀光表面应涂上一层较厚的蜡层进行保护。

7）注意定期上光。车辆使用一段时间后要进行表面上光、上蜡处理。上蜡前要进行清洗，清洗剂有两种，一种是化学清洗剂，可以溶解老油漆，以便擦掉。使用时先把车体洗干净，擦干，涂上擦洗膏或清洗剂，用毛巾擦洗；另一种是磨料型，可以擦除掉表面旧漆层、氧化物。打蜡时，最好使用软布或专用工具，均匀涂上。打蜡时应避免在阳光直射下打蜡，否则表面会出现斑点。上蜡后不要过早地将蜡擦掉，待蜡干燥后再用软布擦掉。

8）注意防锈。车辆上有油漆和电镀的部位是不易生锈的。可是车上有不少焊点和接缝，给生锈提供了条件。车辆各个排水口应定期检查，保持畅通，各个接口不漏水，车辆清洗后应及时擦干，洗车或雨天行驶中，灯具或其他密封部位如进水，应及时排除，对旧车底盘要定期进行油漆防锈。

9）注意塑料外观件的处理。现代汽车上使用塑料的部件很多，特别是微型经济汽车更多。对于上了油漆的塑料件，要使用上好的清洗剂，上蜡时不要过重，防止穿透油漆露出底色。

10）注意及时修补。对于汽车外观的小擦伤，要及时进行修补。修补前要彻底清洁，然后进行防锈、喷漆处理。

11）注意车辆不能长期停放在阳光下。暂时不用的车要用车衣罩起来。

（10）汽车发动机养护禁忌。

1）忌直接敲打零件工作面。拆卸静配合的销、轴、衬套时，应隔以铜质铣头等软金属物，忌直接用榔头敲打，否则易损坏工作面。

2）忌乱拆乱撬。拆下气缸盖时，缸盖螺栓应从两端向中间交叉均匀拆卸；抬下缸盖时应用手锤木柄在气缸盖四周轻轻敲击使其松动后，平稳抬下。忌用起子等尖锐物乱撬缸盖，否则易损坏缸盖及气缸衬垫。

3）忌热机拆卸发动机。必须在冷却状态下进行分解，否则由于材料热胀时强度下降，因受力不均导致缸盖部分塑性变形。装复时无法再与缸体密合而漏气失效。

4）忌拆卸零件不做记号。要防止有精密配合要求的同类零件位置错乱，例如气门，大、小瓦盖及其配带的垫片等，拆卸时要做好记号。

5）忌乱用机工具。要合理选用扳手、套筒，尽量少用活动扳手，以免损坏螺母。钳子、旋具、扳手不得代替手锤和铣子使用，拆卸齿轮、皮带轮等过渡配合件应用专用压具或拉器，拆卸活塞环时，要用专用活塞环钳，忌硬扳硬敲，否则会导致机件损坏。

（11）汽车养护易被忽视部位。汽车在养护中，常常因为忽视一些小问题而误事。在养护中不可忽视的部位如下。

1）不可忽视曲轴箱通风空气过滤器的畅通。曲轴箱都有强制通风的进气滤清器，若该滤清器堵塞，会使曲轴箱内压力失去平衡、造成窜气增加、润滑油加快变质。

2）检查进气歧管上单向阀（PCV 阀）工作是否正常。若单向阀工作不良，会造成发动机怠速不稳或曲轴箱窜气增多，密封部位漏油等故障。

3）变速器和驱动桥上的通气孔要保持畅通。其作用是将工作时产生的气体排出。若通气孔堵塞，壳内压力增高，会引起各密封部位漏油。

4）蓄电池的通气孔要畅通。若该孔堵塞，在充、放电时产生的气体会使电池内压力升高，易引起爆炸。

5）不可忽视分电器中小毛毡的润滑油量。分电器中的毛毡加上润滑油后，是用来随时润滑分电器主动轮的，从而减少主动轮与继电器胶木的磨损，所以应保持毛毡中润滑油的含量。

6）制动蹄回位弹簧结合要保证性能良好。如回位不良，则造成制动故障。

7）不可忽视润滑刮水器的齿轮。许多车辆刮水器的被动齿轮是塑料的，在养护时应予以润滑，否则会加速齿轮的磨损，造成其过早损坏。

8）不可忽视汽车前后牵引钩要定期检查和润滑。如果性能不良，在牵引车辆时造成松脱有可能发生人身伤亡事故。

（12）汽车漏油处理。车辆漏油是常见故障之一，它会导致汽车润滑不良，冷却不足，或者导致机件的早期磨损，严重者会使一些机件提早报废或导致车辆无法使用。面对车辆漏油，在日常养护中应注意以下几点。

1）新车首次做养护时，一定要彻底对底盘、发动机、离合器、变速器、转向助力、刹车系统、减振器、球笼等进行全面检查，发现渗漏要及时修复。

2）检查各油液。如亏损的要及时补充，并且要检查为什么会产生亏损，因为车上的各种润滑油液一般在正常使用中是不会大量地损耗的，这时一定要做到及早发现、及时解决；发现油液添加太多的，一定要及时抽放掉，按车辆规定的油液高度加注。

3）漏油问题解决不但治标同时还要治本。如有些问题是因为通风管堵塞而造成的油液渗漏，这时不但要处理渗漏部位同时要处理机器的通风装置，从根本上解决问题，如变速器的通风管、发动机的 PVC 强制通风装置等。

4）进行过一次漏油处理的车辆，处理后又发现原处理部位有漏油现象，这就要细心检查是什么原因导致的，不要盲目地再次处理就完事。例如是接合面处再次漏油，要检查衬垫是否安装正确，或结合面是否清理干净就进行了装配造成的；还有就是如一些弹簧圈的密封件之类的零件，要重点检查其上所运动的部件是否有松旷、变形、拉伤等现象，造成的密封圈过早损坏。

5）漏油问题处理一定要具体问题具体分析，避免夸大问题的严重性，而导致一些不需要进行拆解的渗油问题。有些渗漏是由于润滑油长时间地在密封处渗透而导致的轻微渗漏（这种渗漏一般表现为在机件的某个地方会看到有一点轻微的油痕或潮湿），像这样的问题可以不做处理，只需要注意观察就可以了；有些渗漏是由于进行大肆地拆解导致小毛病弄成了大故障。

6）汽车配件品质差别太大，在维修漏油问题时要注意选择正品配件，选择正规的维修站，避免敲打锤击的安装操作。避免有可能造成其他部件的损坏以致问题严重化。

（13）润滑油变质预防措施。随着车辆使用时间的增长，润滑油润滑性能将逐渐降低甚至变质，从而使发动机机件磨损加剧，出现故障，影响使用，缩短寿命。防止润滑油变质的措施如下。

1）防止杂物进入润滑系统。润滑油在保管和加注时要注意清洁，空气滤清器和汽油滤清器要保持良好。

2）防止脏污加速润滑油变质。定期放出油底壳的润滑油。放出的润滑油要进行较长时间的沉淀和滤清，同时要彻底清洗润滑油道、油底壳和滤芯，以免润滑油因脏污而加速变质。

3）防止杂物进入机件摩擦表面。保持润滑油滤清器的滤清效果。要定期更换滤芯，装复时要将滤芯拧紧，以防止脏物、杂质进入运动机件摩擦表面。

4）防止上窜下漏。气缸、活塞及气门导管应及时检修，使其保持良好的密封状态，以免润滑油窜入燃烧室，并防止混合气漏入曲轴箱。

5）防止油底壳内温度过高。油底壳内的温度不能过高，一般应保持在70～80℃。为此，通风装置必须良好，以防止润滑油过热。装有润滑油散热器的车辆，当气温在20℃以上或大负荷低速行驶时，应打开润滑油散热器开关，使润滑油得到冷却。

（14）汽车电控元件养护防护措施。

1）正确连接蓄电池电源线。连接蓄电池电源线时要格外小心，不可将正极线装到负极上或将负极线装到正极上。

2）正确拆卸蓄电池电源线。当点火开关转到"运转"（START）位置时，不要拆装蓄电池。

3）正确拔插传感器连线。拔插传感器连线时，应断开蓄电池地线或关闭点火开关，以免产生电脉冲或短路击穿电子元件。

4）正确拆卸电控元件。在拆卸养护发动机电子控制元件时，应特别小心，以防损坏电子元件。

5）正确防潮防湿电控元件。不要在没有对电子元件防潮防湿的情况下用水枪喷洗发动机机舱。

6）正确使用电弧焊。不要在装有电脑的汽车上进行电弧焊，除非关闭电脑开关，否则，会损坏电脑。

7）正确断开蓄电池电源线。对于电脑控制程度较高的汽车，不要轻易断开蓄电池电源线。存储在电脑存储器中的任何程序，如电子量程表的计数器、ABS 系统数据、音响防盗系统等，在蓄电池连线断开时，就有可能被清除，汽车将无法起动。即使再重新连上，也无济于事。这样只能让专业维修人员或生产厂家来解开密码，恢复汽车的使用。

（15）汽车配件更换注意事项。

1）注意厂名、厂址、出厂合格证明。要看汽车零配件的包装上有没有中文标明的厂名、厂址、出厂合格证明。出厂合格证明并不是一张简单的合格证，上边应该有检验员标志和出厂年月日。

2）注意买拼缝件要慎重。到汽车配件商店买配件，卖家称要到库里提货，或者到别处调货的配件，往往不是好件。到修理厂换件时，要了解修理厂所换零件的真正品质。

3）注意要买原厂件。一般原厂件的外包装印刷、着色都很精细，产品本身的做工也十分精致。

4）注意不要买副厂件。汽车配件销售部门，往往称这种产品是其配套厂生产的，其实里面的内容很复杂。

5）如果对所买汽车配件、防冻液、润滑油等存疑虑，感到其不合格，可向当地技术监督局投诉。

（16）汽车零件有如下几方面"怕"。

1）汽车怕热的零件。发动机温度过高易导致过热烧熔而发生抱缸；起动机、发动机、调节器等电气设备的绕组或线圈过热极易烧毁报废；各轴承过热会使润滑油很快变质，最终导致轴承烧毁，车辆损坏；橡胶密封件、三角胶带、轮胎过热易过早老化，性能下降，缩短使用寿命。

2）汽车怕冻的零件。水箱、发动机缺体、缸盖、水泵、节温器、润滑油（液压油）冷却器等都是水循环的通道或存水部件，在寒冷的冬季，一旦冷却水放不干净，就会发生冻结而胀裂零件，造成较大的经济损失。为防止冻裂发生，一是可给发动机加注防冻液；二是只能在室外存放，又不能加注防冻液时，必须在停车后及时彻底放净发动机内的冷却水；三是冬季尽量把车辆存放在暖库。

3）汽车怕脏的零件。空气滤清器、燃油、燃油滤清器、润滑油滤清器、液压油滤清器及各类滤网等零件，过脏会导致滤清效果变差，过多的杂质进入油路或气缸内，加剧润滑系统、进/排气系统、燃料系统、液力系统机件的磨损，增加故障的发生。严重堵塞，还会导致车辆不能正常工作。风冷发动机缸体和缸盖散热片、水箱散热片、冷却器散热片等零件过脏会导致发动机及润滑油散热不良，温度过高。因此，对上述"怕脏"的零件必须及时地进行清洁养护。

4）汽车怕缺的零件。在车辆维修时，有些小件可能会因疏忽而漏装，甚至认为装与不装无所谓，这是十分危险的。

a. 水箱盖，加润滑油口盖、油箱盖丢失，会因风砂、尘土等侵入冷却、润滑、燃油系统内，加剧各部机件磨损。

b. 发动机连杆螺栓、飞轮螺栓、转向横直拉杆、传动轴螺栓上安装的开口锁、锁紧铁丝、保险片（锁片）或弹簧片等防松装置，一旦漏装，在使用中会导致严重故障发生。

c. 发动机气门锁片，应成对安装，如漏装或缺失会导致气门失控而撞坏活塞等件。

d. 活塞锁坏，会导致从该处严重漏油，使发动机润滑油压力过低。

e. 黄油嘴是为车辆在相对运动部件间润滑而设，如漏装或丢失，无法注油润滑，加剧相对运动部件的磨损。

5）汽车怕反的零件。

a. 发动机风扇叶片安装时也有方向要求，风扇一般分排风和吸风两种，不可弄反，否则会导致发动机散热不良，温度过高。

b. 发动机气缸垫安装时不能装反，否则导致缸垫过早烧蚀损坏。

c. 特殊形状的活塞环（如扭曲环、锥形环等）也不可装反，防止漏气及"泵油"现象产生，应根据不同机型的要求进行装配。

d. 有方向花纹的轮胎。如人字形花纹轮胎，安装到车辆上时，一般来说，安装后的地面印痕，应使人字尖指向后部，以保证具有最大的驱动力。对于并装的两只轮胎，不同的车型也有不同的要求，不可随意安装。

6）汽车上怕油的零件。汽车上有很多零件都离不开润滑油，但有些部件却忌油。

a. 干式滤清器的纸质滤芯也切忌沾上油，否则尘埃会吸附在上面而将滤芯孔堵塞，就会造成化油器混合气过浓；气缸充气不足而使油耗增加，发动机功率下降。

b. 发电机、起动机的炭刷和转子如果粘上润滑油或润滑脂，工作就不正常。

c. 干式离合器的摩擦片、制动蹄片，不能用油洗，否则会打滑而失去效用。

d. 轮胎V形带、胶管等橡胶制品怕润滑油、润滑脂柴油，尤其怕汽油，若与油类接触会很快老化、降低其使用寿命。

（17）汽车养护的安全规则。汽车养护的安全规则是用来消除因生产而引起的伤、病和其他不幸事故的一种预防措施。因此，必须严格遵守和认真执行，必须彻底了解汽车修理安全知识后，方可开始实习作业。

1）一般安全规则。①首要的是思想上要高度重视，明确汽车维修安全节约的重要性。思想上的骄傲、麻痹和急躁是发生事故的根源。因此，必须加强思想教育，克服骄傲、麻痹和急躁情绪，才能从根本上防止事故的发生。②必须有高度的纪律性，严格遵守一切规章制度。③必须熟悉操作规程，不要盲目蛮干。④维修场地内应随时保持清洁整齐。⑤维修工作时必须穿工作服。⑥维修工作时要全神贯注，要有细心研究的态度，不疏忽大意，不可嬉笑打闹。⑦维修工作时要互相关怀，注意个人安全，同时要注意别人的安全。⑧一切工作人员不得在与本人工作无关的维修场所停留观望。⑨工具放置应排列整齐，便于取放，并注意稳妥，以防翻倒、跌落损坏。⑩使用起吊设备前应做试验，合格后方能再次使用。⑪不得使用载重量未知的起重设备，使用时不得超过其核定载重量。⑫当吊装发动机或其他总成时，应小心操作。⑬不得在悬空起吊的机件下工作。⑭在拆卸耗费体力大以及在不方便的部位工作时，应使用专用工具。

2）安全防火规则。

a. 在车间必须遵守下列安全防火规则。

a）修理和保养场，车间内，禁止吸烟和使用烟火。

b）在修理和保养场。车间内，应随时保持清洁整齐，用过的擦洗材料，如油污棉纱，应放入规定的地点或专门指定的容器内，严禁随地乱扔，并及时加以清理。

c）在车间存放的易引火物质和易燃液体，在数量上不得太多，洗刷零件用的洗油和各种润滑油料，必须放在专门的指定地点妥善保管。

d）车场区域的道路必须经常保持畅通，车间车场的出入口附近禁止堆放物质和停放车辆。

e）对泄漏在地面上的油液，应及时用沙土掩盖后消除。

f）使用火炉。喷灯等加热器具时，要小心谨慎，尤其注意周围是否有容易引起火灾的物资。

g）对消防设备应注意保管，平时禁止动用。

h）发生了火灾，不要慌乱，除立即设法灭火外，应及时报告给有关部门。

b. 灭火措施。

a）用防火布灭火。在火不大时，用防火布或浸湿的被褥衣服等铺在燃烧的物体上，使燃着的物体与空气隔绝而熄灭。

b）用水灭火。在燃着的物体上泼水，能使燃烧物的温度降低，同时生成水蒸气也能使空气与燃烧物隔绝。但在汽油着火时，不得用水灭火。

c) 用砂土灭火。在较大的火焰上大量用沙土隔空气，即可使火熄灭。

d) 用灭火器灭火。灭火器的种类很多，这里仅介绍泡沫灭火器和四氯化碳灭火器。

泡沫灭火器。外壳是一个金属筒，内装碳酸氢钠（小苏打）和泡沫药水，筒内上方固装一个玻璃瓶，内装有硫酸铝溶液，外壳上方装有喷口和玻璃瓶口开关（有的没有开关），使用时，首先打开玻璃瓶口开关，然后将灭火器倒置，使瓶内的硫酸铝溶液与碳酸氢钠和泡沫药水发生化学反应而产生二氧化碳泡沫，由于气体增加产生很大的压力，泡沫即从喷口喷出，附着在燃烧物上，使燃烧物得不到空气而熄灭，使用泡沫灭火器时应注意：①携取灭火器时，不可倾斜待到达目的地后，再打开熔断器开关（打开前应先用铁丝疏通一个喷口）；②使用时，注意灭火器底、盖不可对向人身，以防可能因喷口堵塞而爆炸伤人。

扑灭油类火灾时，必须从燃烧物液件边缘逐步覆盖，不可直射到液体中心，以防其飞溅而扩大燃烧面积。

四氯化碳灭火器。装在汽车驾驶室内，适应于局部电器、清洁而珍贵或物品小型灭火。这种灭火器的特点是使用后比较清洁，不留任何痕迹，但灭火范围小，其使用方法：①泵式使用时，把弹簧柄旋松拉出后，即可抽打喷射。②储压式使用时，把弹簧柄旋松拉出后，可把喷嘴用手指抵住抽打二十多次，待气压充足后，再向火源边抽边喷射，其最大射程是 7.6m，时间 55s。

在室内使用时，要防止不通风而中毒。

3) 汽车养护防火措施。汽车上有许多易燃物，如汽油、蓄电池等，这些易燃物在使用和养护中，如果处理不当很容易引起火灾。所以，汽车养护工作中的防火应注意以下措施：①忌用汽油擦车和用涤纶棉丝擦车。用汽油擦洗车辆很危险，应杜绝。用涤纶棉丝擦车时，由于相互摩擦产生静电，容易点燃汽油。②忌漏油、漏气。油箱、汽油滤清器及气门室垫、排气管垫应无漏油、漏气现象，排气管过热或排出火星等点燃汽油而着火。③忌就车"刮火"试验。就车"刮火"试验很容易使导线过热，一旦遇到易燃物，就很可能引起火灾。④忌线路短路。在单线制的汽车上，如果输送电流的绝缘体导线搭铁或电器搭铁都会造成短路，严重时会引起火灾。所以一旦发现电流表指示大电流放电，闻到胶皮臭味或见到仪表盘内和机罩盖缝隙处冒白烟时，应立即切断全车总电源，及时查找原因，排除故障。⑤忌停车后不关点火开关。在停车时有些车辆往往会自然熄火。熄火后，忘了关闭点火开关，若此时分电器断电器触点正好处于闭合状态，点火线圈长时间通电发热而引起火灾。⑥忌就车进行电、气焊作业。电焊是以强大的电流，用焊条作焊料，使被焊接物之间受高温熔化后结合在一起的，因此，最好不要就车进行电、气焊作业。如必须就车作业时，应做好防火工作：刮净焊接部位的油、漆，以防油、漆高温而着火；断开全车总电源，防止损坏电器设备（特别是防止烧坏交流发电机的整流二极管）；在汽油泵、油箱附近焊接时，最好把其拆下，防止发生火灾或爆炸；装备空调的汽车，应将空调系统的制冷剂放净，否则制冷剂会发生化学反应而失效；带电控燃油喷射系统及其他电控系统的汽车，应将电控单元的连接线缆断开，必要时拆下并拿走。⑦忌随车灭火器失效。车上配备的灭火器每年都要更换一次灭火液，以防止灭火液失效而不起作用。特殊情况需要使用灭火器时，先拉掉保险销，对准火苗，按下手柄即可。

4) 发动发动机安全规则。发动发动机应注意：①发动前，应首先检查机油和散热器的冷却水是否符合标准，变速杆是否在空挡位置，并拉紧驻车制动杆。②每一辆被调整及被试验的车，应具有良好的起动性。如用手摇柄起动时，所有手指应在手摇柄的一侧。当心点火时间过早曲轴反转伤人。③注意汽化器回火伤人或引起火灾。④在车间内起动发动机进行检查调整试验时应打开门窗，使空气畅通，必要时将排气管接至室外。⑤起动后应注意各仪表的工作情况是否正常。新修过的发动机应注意机油表，检查机油是否循环。一般是在未发动之前，将油道或机油管螺栓拧松，待发动后，看是否来油，如没有来油，应立即熄火，停止运转，查明原因，排除故障后再发动。⑥发动机工作时，应注意安全，防止被风扇打伤。⑦经常检查点火线圈的温度，一般用手应能忍受，否则，温度过高时，就有爆炸的危险，以致伤人或损坏机件。

5）使用汽油安全规则。汽油是有毒的，当汽油溅到破损皮肤上或吸入人体内，就可能引起中毒。因此，汽车一般染有红色、黄色和蓝色。为了避免中毒，在使用时应遵守下列规则。

a. 维修场地必须充分通风，使汽油气体和废气容易排出。

b. 在修理与接触发动机零件和燃料系统时，应该认为是有毒的，因在其上可发现有毒的铅质沉淀物。如气缸、缸盖、活塞、气门，进排气歧管及燃料系统等。

c. 必须仔细地处理积炭，因它是含毒性较大的物质，清除时，应先用洗油将其浸透，以免刮下的粉末飞扬而被人吸入体内。

d. 修理油箱前，应用洗油或纯净的汽油仔细清洗，完全清除沉淀物和积垢。油箱内必须装满水后方可进行维修，安全难以保证。

e. 绝对禁止用嘴吸、吹通化器量孔、油泵、油道和油管等，应用打气泵吹通。

f. 维修工作完毕，必须用洗油洗手，然后用热水和肥皂洗净。

g. 最好不要将接触汽油的工作服带出车间。

6）用电安全规则。

a. 一切用电设备的外露金属部分必须和安全地线连接，全部电线和设备应很好地绝缘。

b. 使用电器设备，如电烙铁等，脚下应垫木板。

c. 在检修带电装置的机具时，应先切断电源。

d. 发现电气装置漏电时，立即停止使用，请电工或相关技术人员修理好后，方能使用。但不应做任何试验性的修理。

7）使用蓄电池安全规则。蓄电池内的电解液是具有很强的腐蚀性和灼伤作用的液体。

a. 在搬运蓄电池时，要轻拿轻放，不要使蓄电池接触衣服，以防电解液溅到衣服或皮肤上。

b. 检查电解液比重或液面高度时，不得将仪器提得过高，以免电解液溅到衣服或零件上。

c. 禁止将油料容器及各种金属物放在蓄电池上。

d. 配制时，应使用陶瓷和玻璃容器，将硫酸慢慢倒入水中，绝对禁止将水倒入硫酸中，因为水倒入硫酸时，温度急剧上升，以致产生大量蒸汽，使硫酸四溅，烧伤皮肤和衣服，甚至使容器发生爆炸。

8) 车底维修工作安全规则。

a. 在进行修理的汽车应挂上如"正在修理，切勿转动发动机!"的警示牌，如修理制动，则应拉紧驻车制动杆，或用三角木塞住车轮。

b. 在车底下进行维修工作时，不要躺在地上，尽量使用卧板。

c. 用千斤顶顶车时，千斤顶应放置平稳，人应在车的前后位置。

d. 顶车前，应先选地面平、地质硬的地方和找好顶车工具，严禁用砖头或其他易碎破的物体。

e. 凡是用千斤顶顶起卸下车轮的汽车不得在其车上或车下工作。

f. 放千斤顶时，要稳、慢，在放之前，应检查周围是否有障碍物或可能压到自己的危险。

g. 在装配总成时，不得采用不正确的操作方法（如用手试探螺孔、销孔等），以免轧断手指。

h. 当试验发动机时，不得在车下工作。

(18) 汽车养护标准。车辆经过维修养护后应达到以下要求：

1) 发动机"三滤"（空气、燃油和润滑油滤清器）清洁有效。起动容易、运转均匀、排烟正常，水温、润滑油压力符合要求，转速身高或降低灵敏度，无异常响声。

2) 各传动皮带齐全、进度适度、无异常磨损。

3) 蓄电池性能良好。蓄电池应清洁良好，固定可靠；液面高度、电解液密度和负荷电压符合要求；各通风孔畅通，接头牢靠。

4) 发电机、起动机、仪表、照明、信号、按钮、开关以及其他附属设备齐全、完整，工作正常；全车线路整齐完好，连接固定、可靠。

5) 变速器、后桥和轮边减速器，以及万向传功装置等，应润滑良好，连接可靠，无异常响声和过热现象；无跳挡、换挡困难现象；各总成外部清洁，无漏油现象。变速器、后桥突缘螺母紧固可靠。

6) 离合器踏板自由行程符合要求（自由行程通常为 30～40mm）；离合器操纵轻便，分离彻底，结合平稳、可靠，无异常响声；液压操纵系统管理密封良好无遗漏，储油箱内存油量合适，油质无浑浊胶黏现象。

7) 方向盘游动间隙和前轮前束符合要求。转向轻便、灵活、可靠，行驶时前轮无上下跳动、左右摆头和偏向一边的现象。转向臂、转向横、直拉杆工作可靠，锁销齐全有效，转向杆球头无松旷现象。

8) 转向器、变速器、后桥与轮边减速器的润滑油面应在检视下沿 0～15mm 处（当汽车处于停驶状态），通风孔应畅通。各润滑脂油嘴齐全有效、安装位置正确，所有润滑点均已润滑、无遗漏，轴销端应有被挤出的油迹。

9) 制动踏板自由行程和制动器配合间隙符合要求；行车制动（脚刹车）、驻车制动（手制动）和辅助制动系统作用良好，无制动跑偏和制动不能解除的现象；制动系统应无漏油、漏气现象，制动液无变质现象，且储液量适当。

10) 轮胎气压正常，胎面无嵌石及其他硬物，且装配合理，钢板弹簧整洁完好，固定可靠；轮毂轴承紧度适当，润滑良好。

11) 发动机前、后悬挂、进排气歧管、散热器、钢板弹簧 U 形螺栓、轮胎、传动轴、半轴、车身、车厢、附件支架等外露螺栓、螺母需齐全、紧固、无裂纹，各垫圈完好。全车清洁，车身正直，车厢坚固、漆层完好；无漏油、漏水、漏气和漏电现象。

12）试车中，发动机、底盘运行正常，无异响；各总成部件符合技术要求；转向、制动系统灵敏可靠；各部件固定无松动。试车后，检视各部件无漏水、漏油、漏气、漏电现象。

148 汽车养护有何安全规则?

答： 汽车养护的安全规则是用来消除因生产而引起的伤、病和其他不幸事故的一种预防措施。因此，必须严格遵守和认真执行，必须彻底了解汽车修理安全知识后，方可开始实习作业。

（1）一般安全规则。

1）首要的是思想上要高度重视，明确汽车维修安全节约的重要性。思想上的骄傲、麻痹和急躁是发生事故的根源。因此，必须加强思想教育，克服骄傲、麻痹和急躁情绪，才能从根本上防止事故的发生。

2）必须有高度的纪律性，严格遵守一切规章制度。

3）必须熟悉操作规程，不要盲目蛮干。

4）维修场地内应随时保持清洁整齐。

5）维修时必须穿工作服。

6）维修时要精神贯注，要有细心研究的态度，不疏忽大意，不可嬉笑打闹。

7）维修时要互相关心，注意个人安全，同时要注意别人的安全。

8）一切工作人员不得在与本人工作无关的维修场所停留观望。

9）工具放置应排列整齐，便于取放，并注意稳妥，以防翻倒、跌落、损坏。

10）起吊设备使用前应试验后，方能再使用。

11）不得使用不知能量的起重设备，使用时不得超过额定能量。

12) 当吊装发动机或其他总成时, 应小心操作。

13) 不得在悬空起吊的机件下工作。

14) 在拆卸耗费体力大以及在不方便的地方工作时, 应使用专用工具。

(2) 安全防火规则。

1) 车间安全防火规则。

a. 保养场、车间内, 禁止吸烟和使用烟火。

b. 修理和保养场。车间内, 应随时保持清洁整齐, 用过的擦洗材料, 如油污棉纱, 应放入规定的地点或专门指定的容器内, 严禁随地乱扔, 并及时加以清理。

c. 车间存放的易引火物质和易燃液体, 在数量上不得太多。洗刷零件用的洗油和各种润滑油料, 必须放在指定地点, 并妥善保管。

d. 车场区域的道路必须经常保持畅通, 车间车场的出入口附近禁止堆放物资和停放车辆。

e. 对流淌在地面上的油液, 应及时用锯末或沙土掩盖后消除。

f. 使用火炉、喷灯等加热器具时, 要小心谨慎, 尤其注意周围是否有容易引起火灾的物资。

g. 对消防设备应注意保管, 平时禁止动用。

h. 发生了火灾, 不要慌乱, 除立即设法灭火外, 应及时报告有关部门。

2) 灭火措施。

a. 用防火布灭火。在火不大时, 用防火布或浸湿的被褥衣服等盖在燃烧的物体上, 使燃着的物体与空气隔绝而熄灭。

b. 用水灭火。在燃着的物体上泼水, 能降低燃烧物的温度, 同时生成水蒸气也能使空气与燃烧物隔绝。但在汽油着火时, 不得用水灭火。

c. 用沙土灭火。在较大的火焰上大量用沙土隔绝空气可使火熄灭。

d. 用灭火器灭火。灭火器的种类很多，这里仅介绍两种常用的。

A. 泡沫灭火器。

外壳是一个金属筒，内装碳酸氢钠（小苏打）和泡沫药水，筒内上方固定安装一个玻璃瓶，内装有硫酸铝溶液，外壳上方装有喷口和玻璃瓶口开关（有的没有开关），使用时，首先打开玻璃瓶口开关，然后将灭火器倒置，使瓶内的硫酸铝溶液与碳酸氢钠和泡沫药水发生化学反应而产生二氧化碳泡沫，由于气体增加产生很大的压力，泡沫即从喷口喷出，附着在燃烧物上，使燃烧物得不到空气而熄灭，使用泡沫灭火器时应注意：

携取灭火器时，不可倾斜，待到达目的地后，再打开保险开关（打开前应先用铁丝疏通一个喷口）。

使用时，注意灭火器底、盖不可对着人的身体，以防可能因喷口堵塞而爆炸伤人。

扑灭油类火灾时，必须从燃烧物液件边缘逐步覆盖，不可直射到液体中心，以防其飞溅而扩大燃烧面积。

B. 四氯化碳灭火器。

装在汽车驾驶室内，适应于局部电器、清洁而珍贵或物品小型灭火。这种灭火器的特点是使用后比较清洁，不留任何痕迹，但灭火范围小，其使用方法如下：

泵式使用时，把弹簧柄旋松拉出后，即可抽打喷射。

储压式使用时，把弹簧柄旋松拉出后，可把喷咀用手指抵住抽打二十多下，待气压充足后，再向火源边抽打边喷射，其最大射程是 7.6m，时间为 55s。

在室内使用时，要防止不通风而中毒。

（3）汽车养护防火措施。汽车上有许多易燃物，如汽油、蓄电池等，这些易燃物在使用和养护中，如果处理不当很容易引起火灾。所以，汽车养护工作中的防火应注意以下措施：

1）忌用汽油擦车和用涤纶棉丝擦车。用汽油擦洗车辆很危险，应杜绝。用涤纶棉丝擦车时，由于相互摩擦产生静电，容易点燃汽油。

2）忌漏油、漏气。油箱、汽油滤清器及气门室垫、排气管垫应无漏油、漏气现象，排气管过热或排出火星等点燃汽油而着火。

3）忌就车"刮火"试验。就车"刮火"试验很容易使导线过热，一旦遇到易燃物，就很可能引起火灾。

4）忌线路短路。在单线制的汽车上，如果输送电流的绝缘体导线搭铁或电器搭铁都会造成短路，严重时会引起火灾。所以一旦发现电流表指示大电流放电，闻到胶皮臭味或见到仪表盘内和机罩盖缝隙处冒白烟时，应立即切断全车总电源，及时查找原因，排除故障。

5）忌停车后不关点火开关。在停车时有些车辆往往会自然熄火。熄火后，忘了关闭点火开关，若此时分电器断电器触点正好处于闭合状态，点火线圈长时间通电发热而引起火灾。

6）忌就车进行电、气焊作业。电焊是以强大的电流，用焊条作焊料，使被焊接物之间受高温熔化后结合在一起的，因此，最好不要就车进行电、气焊作业。如必须就车作业，应做好以下防火工作：

a.刮净焊接部位的油、漆，以防止油、漆高温而着火。

b.断开全车总电源，防止损坏电气设备（特别是防止烧坏交流发电机的整流二极管）。

c.在汽油泵、油箱附近焊接时，最好把其拆下，防止发生火灾或爆炸。

d.装备空调的汽车，应将空调系统的制冷剂放净，否则制冷剂会发生化学反应而失效。

e.带电控燃油喷射系统及其他电控系统的汽车，应将电控单元的连接线缆断开，必要时拆下并拿走。

7）忌随车灭火器失效。车上配备的灭火器每年都要更换一次灭火液，以防止灭火液失效而不起作用。特殊情况下需要使用灭火器时，先拉掉保险销，对准火苗，按下手柄即可。

（4）发动发动机时的安全规则。

发动发动机时应注意：

1）发动前，应首先检查机油和散热器的冷却水是否符合标准，变速杆是否在空挡位置，并拉紧驻车制动杆。

2）每一辆被调整及被试验的车应具有良好的起动性能。如用手摇柄起动时，所有手指应在手摇柄的一侧。当心，点火时间过早曲轴反转伤人。

3）注意气化器回火伤人或引起火灾。

4）在车间内起动发动机进行检查调整试验时，应打开门窗，使空气畅通，必要时将排气管接出室外。

5）起动后应注意各仪表的工作情况，看是否正常。新修过的发动机，特别应注意机油表，检查机油是否循环。一般是在未发动之前，将油道或机油管螺丝拧松，待发动后，看是否有来油，如没有来油，应立即熄火，停止运转，查明原因，排除故障后再发动。

6）发动机工作时，应注意安全，防止风扇打伤。

7）经常检查点火线圈的温度，一般用手摸应能忍受，否则，温度过高时，就有爆炸的危险，以致伤人或损坏机件。

（5）使用汽油安全规则。汽油是有毒的，当汽油沾到破损皮肤上或吸入人体内时，就可能引起中毒。因此，汽车一般染有红色、黄色和蓝色。为了避免中毒，在使用时应遵守下列规则。

1）维修场地必须充分通风，使汽油气体和废气易排出。

2）在修理与接触发动机零件和燃料系统时，应该认为是有毒的，因在其上可发现有毒的铅质沉淀物。如气缸、缸盖、活塞、气门，进排气歧管及燃料系统等。

3）必须仔细地处理积炭，因它是含毒性较大的物质，清除时，应先用洗油将其浸透，以免刮下的粉末飞扬而吸入人体内。

4）修理油箱前，应用洗油或纯净的汽油仔细清洗，完全清除沉淀物和积垢。油箱内必须装满水后方可进行维修。

5）绝对禁止用嘴吸、吹通化器量孔、油泵、油道和油管等。应该用打气泵吹通。

6）维修工作完毕，必须用洗油洗手，然后用热水和肥皂洗净。

7）最好不要将接触汽油的工作服带出车间。

（6）用电安全规则。

1）一切用电设备的外露金属部分必须和安全地线连接，全部电线和设备应良好地绝缘。

2）使用电器设备，如电铬等，脚下应垫木板。

3）在检修带电装置的机件时，应先切断电源。

4）发现装置有漏电时，应立即停止使用，请电工修理好后，方能使用。不应做任何试验性修理。

（7）使用蓄电池安全规则。蓄电池内的电解液是具有很强的腐蚀性和灼伤作用的液体。

1）在搬运蓄电池时，要轻拿轻放，不要使蓄电池接触衣服，预防电解液溅到衣服或皮肤上。

2）检查电解液比重或液面高度时，不得将仪器提得过高，以免电解液溅到衣服或零件上。

3）禁止将油料容器及各种金属物放在蓄电池上。

4）配制时，应使用陶瓷和玻璃容器，将硫酸慢慢倒入水中，绝对禁止将水倒入硫酸中，因为水倒入硫酸时，温度急剧上升，以致产生大量蒸汽而使硫酸四溅，易烧伤皮肤和衣服，甚至使容器发生爆炸。

（8）车底维修工作安全规则。

1）在进行修理的汽车应挂一个"正在修理切勿转动发动机！"的牌子，如来修理制动，则应拉紧驻车制动杆，或用三角木塞住车轮。

2）在车底下进行维修工作时，不要躺在地上，尽量使用卧板。

3）用千斤顶顶车时，千斤顶应放置平稳，人应在车的前后位置。

4）顶车前，应先选地面平、地质硬的地方和找好顶车工具，严禁用砖头或其他易碎物体。

5）凡是用千斤顶顶起卸下车轮的汽车不得在其车上或车下

工作。

6）放千斤顶时，要稳、慢，在放之前，应检查周围是否有障碍物或可能压到自己的危险。

7）在总装配总成时，不得采用不正确的操作方法（如用手试探螺孔、销孔等），以免轧断手指。

8）当试验发动机时，不得在车下工作。

149 汽车养护需何种工具？

答：自己动手养护汽车，首先应为养护汽车准备必备的工具。汽车的一般养护并不需要许多工具，普通常用工具就可以完成汽车大多数的养护工作。

（1）活动扳手。活动扳手的活动尺寸在一定范围内可任意调整（见图 9-1）。在工具不合适时，没有活动扳手是不行的，但在使用中尽量使用开口扳手、梅花扳手或套筒扳手。迫不得已使用活动扳手时，一定要调整好开口的尺寸使之与螺帽棱角配合紧密，小心使用，以防损坏螺栓棱角。常用型号有 200～24mm、300～36mm 等规格。

使用活动扳手时，要将活动扳手扳口调整合适，使其套在螺帽或螺栓上不松动。工作时必须注意拉动方向，使拉力施在固定扳口上，否则扳手易折断或滑脱。活动扳手开口的固定一侧要在用力的一边，活动端要在支持的一侧，否则容易损坏活动扳手，如图 9-2 所示。

图 9-1　活动扳手

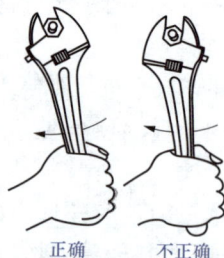

图 9-2　活动扳手的使用

(2) 梅花扳手也是汽车养护中最常见的工具之一。梅花扳手的用途与开口扳手相似，梅花扳手的工作部分是封闭的环状，用起来螺栓或螺母的棱角损害程度很小，使用时不易滑脱，具有更安全可靠的特点。常用的梅花扳手有 7-9、8-10、9-11、12-14、14-17、13-15、17-19、19-24、24-27 等 6 件套和 8 件套两种，如图 9-3 所示。

图 9-3　梅花扳手

(3) 开口扳手是汽车养护中最常用的工具之一。开口扳手用来拆装一般螺栓、螺帽。

结构形式有单头、双头和异型扳手之分，其开口大小不等。双头开口扳手多为套件，常用开口扳手有 6-9、8-10、9-11、12-14、14-17、13-15、17-19、21-23、22-24 等 6 件套和 8 件套两种，如图 9-4 所示。

图 9-4　开口扳手

开口扳手的正确使用方法：

1) 选用各种扳手时，开口扳手在使用时应选择合适的尺寸型号，扳口大小必须符合螺帽或螺栓头的尺寸，如果不当，容易使螺栓或螺母的棱角损坏而无法拆装，如图 9-5 所示。如扳口松旷，则易滑脱，损坏扳手或螺帽、螺栓头的棱角，甚至会碰伤人。

2）使用开口扳手时，为使扳手不致损坏和滑脱，应使受力大的部位靠近扳口较厚的一边，如图 9-6 所示。

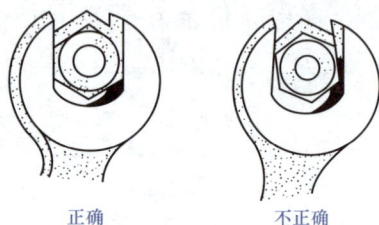

正确　　　　　　不正确

图 9-5　开口扳手选择

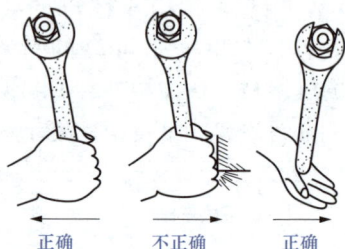

正确　　不正确　　正确

图 9-6　开口扳手使用方法

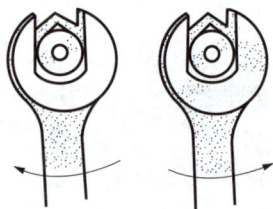

图 9-7　开口扳手拉动方法

3）使用任何扳手时，要想得到最大的扭力，拉力的方向一定要和扳手成直角。

4）在使用扳手时，最好的效果是拉动。倘若必须推动时，只能用手掌来推，并且手指要伸开，以防螺帽或螺栓突然松动碰伤手指，如图 9-7 所示。

5）使用任何扳手时都应以拉力为主，必须推动时，也只能用手掌推，以防滑脱伤人和损坏工具。

使用开口扳手和梅花扳手时，扳手的平面一定要和螺帽平行且用力适度。在使用扳手遇到有过紧的螺栓和螺母时，不可用力过猛。需要注意的是还要注意运动方向有没有尖锐的物体，以防螺栓突然松脱，手撞到尖锐物体上而受伤。

（4）内六角扳手。现代汽车上使用内六角螺栓的地方越来越多，因此养护现代汽车时必须准备合适的内六角扳手，如图 9-8 所示。使用时需要选用尺寸合适的内六角扳手，否则容易损坏扳手或螺栓。

图 9-8　内六角扳手

（5）螺丝刀。螺丝刀是用来拆装有槽口的螺栓或螺钉的工具。偏置螺丝刀是用来拆装其他螺丝刀难以拆装的螺栓。这种螺丝刀两端都有螺丝刀口，在扭动螺栓时可以变换使用。

常用螺丝刀有平螺丝刀（标准）、十字螺丝刀、重级螺丝刀和偏置螺丝刀，如图 9-9 所示。

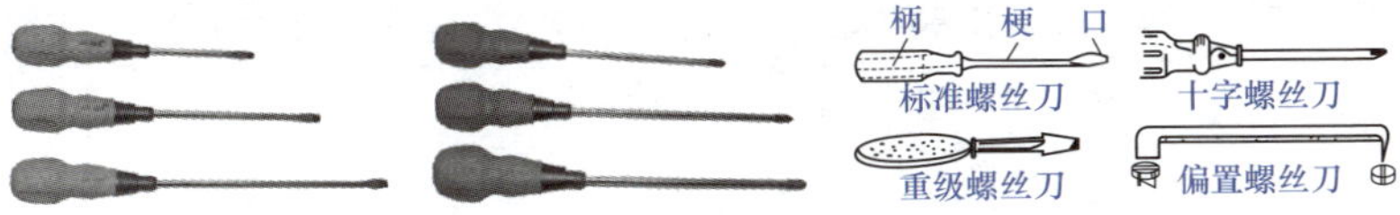

图 9-9　常用螺丝刀

正确使用方法：使用螺丝刀时，螺丝刀的头部一定要确实嵌入螺帽的槽中，扭动螺丝刀时，不要将零件在手上进行拆装，这样螺丝刀滑出易伤手，如果需要用手拿着零件，要谨慎操作。

1）选用螺丝刀时，螺丝刀口应与螺栓或螺钉槽口相适应，否则会损坏螺丝刀或螺栓（螺钉）槽的口。

2）使用前应擦净螺丝刀口上的油污，以免工作时滑脱。

3）使用时，以右手握持螺丝刀，手心抵住柄端，使螺丝刀口与螺栓或螺钉槽口垂直吻合，并先用力压紧螺丝刀，然后扭动，如图 9-10 所示。使用较长的螺丝刀时，可用右手压紧和拉动手柄，左手握螺丝刀柄中部使它不致滑脱，以保证操作安全。

4）使用偏置螺丝刀时，因所施的压力很小，所以必须使螺丝刀口与螺钉槽口完全吻合，才能顺利拆装螺钉。

5）禁止用螺丝刀当撬棒、凿子等使用，如图 9-11 所示。

图 9-10　螺丝刀使用 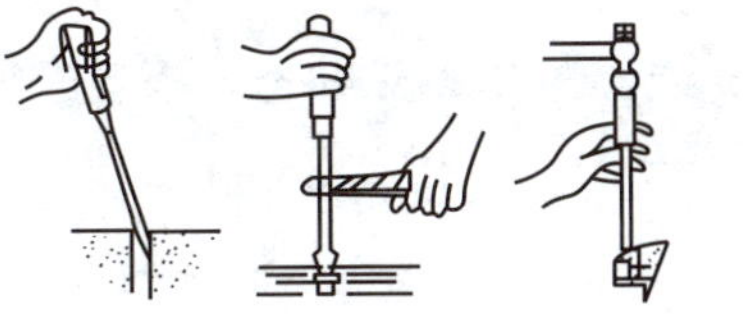　　　　图 9-11　螺丝刀错误用法

（6）钳子。鲤鱼钳可剪断金属丝，扭弯金属材料及夹持各种

小型工作物。尖嘴钳可用来夹持一些小零件。

常用的钳子主要有鲤鱼钳和尖嘴钳两种，如图 9-12、图 9-13 所示。其规格有 150、165、200、250mm 等多种。

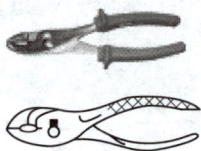
图 9-12　鲤鱼钳

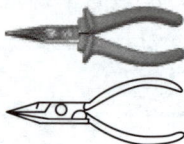
图 9-13　尖嘴钳

钳子的正确用法：

1）使用前、后应保持清洁，便于使用和保管。

2）使用时必须先将工作物夹牢，然后再用力剪断或扭弯。使用鲤鱼钳夹持较大工作物时，可放大钳口。

3）钳子使用注意事项：①要根据工件大小，选用相应规格的钳子。②不得用钳子代替扳手紧、松螺栓。③禁止用钳子代替扳手、撬棒使用，也不可用钳子代替锤子，如图 9-14 所示。④不可用钳子夹持过热的工件或夹持工件在火中加热，以防钳口退火。

图 9-14　钳子的错误用法

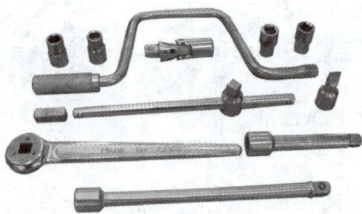
图 9-15　套筒扳手

（7）套筒扳手是一种组合型工具，如图 9-15 所示。套筒扳手是使用最方便、灵活而且安全的工具。使用中螺帽的棱角不易损坏，可以任意组合使用，特别是在使用空间较小的地方，只有使用套筒扳手才能解决问题。常用的套筒组有 13 件套、17 件套、24 件套等。

使用时可以根据需要装配各种不同规格的套筒和使用不同类型的扳柄。具有功能多、使用方便、安全可靠等特点，快速扳柄可用来快速拆装螺帽或螺栓。与扭力扳柄装配使用，即为扭力扳手。

（8）厚薄规。厚薄规又称塞尺、间隙片、千分片，它是用来测量两平行面之间的间隙，例如测量气门间隙的测量、分电器触点间隙的测量、火花塞间隙的测量和制动鼓片间隙等。

它是由一组厚度不同的薄钢片组成，各片上都印有标明该片厚度的数字，如图 9-16 所示。常用的尺寸分为 0.05～1.2mm。

使用厚薄规时，将测量处擦拭干净，用单片或数片重叠在一起塞入间隙内，以不松不紧，拉动时有一定阻力或拉动厚薄规感到略有摩擦力时合适，即为被测间隙的尺寸。这时片上的数字或数字的总和，即为所测间隙的大小。由于厚薄规钢片比较薄，如在使用中力量过大，插入被测的零件间隙中，不要硬塞进去，应选用合适的测量片进行。容易折损变形，故使用时要小心操作，用后应擦净涂油，折合到框夹内。使用时还应保持厚薄规的清洁，不能随意弯曲和摔打。

（9）火花塞套筒。火花塞套筒扳手是汽油发动机汽车的必备工具之一，用于拆装火花塞。火花塞套筒扳手构造如图 9-17 所示。火花塞套筒扳手是拆装火花塞的必备工具，其他扳手根本无法拆装火花塞。

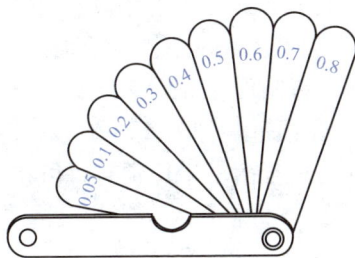

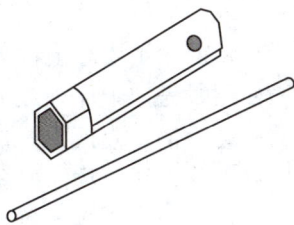

图 9-16 厚薄规　　　　　图 9-17 火花塞套筒

在发生火花塞故障或检查养护时，没有火花塞是不能工作的，千万不要试图用钳子或其他扳手拆卸或安装火花塞。车子抛锚，尤其在下雨天，因此火花塞套筒扳手在多雨的季节尤为重要。

使用火花塞套筒扳手时，一定要确实对准火花塞并套牢后才能扭动。如果扭阻力很大，应查明原因后再动手，不要用大力拆装，转动时另一只手应稍微压住套筒的另一端，以确保操作安全。

（10）千斤顶。千斤顶是维修时举升汽车用的。车上使用的千斤顶型式比较多，目前小型车上使用的千斤顶多为机械式。

汽车上使用的千斤顶多为液压式，分为立式和卧式，如图9-18所示。汽车用千斤顶有3t、5t、8t等型式。

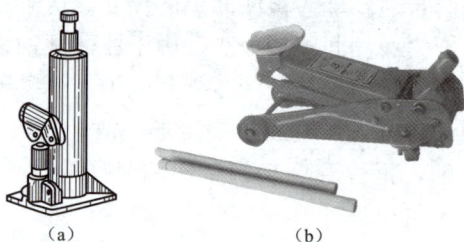

图9-18　液压式千斤顶
（a）立式；（b）卧式

使用千斤顶时一定要注意顶车的位置和支车的高度，确保安全。千斤顶应放在坚硬平坦的路面上，必要时在千斤顶下面垫一厚木板或类似物品（千万不要使用砖头等易碎品垫千斤顶），使用千斤顶前，不要忘记将车轮掩住，以防溜车。

使用时先把千斤顶放好，对正要顶起的部位，然后关闭开关、压动手柄，被顶物体就逐渐升高；当落下千斤顶时，可将开关慢慢扭开，被顶物体就会逐渐下降。

千斤顶使用注意事项：

1）在顶车前应用三角木将车轮塞好。

2）如在松软路面上顶车时，应在千斤顶下面加垫木板，以减小对地面的压强。

3）在千斤顶起升和下降时，绝对禁止在车下工作。不得用千斤顶长期顶车。

4）千斤顶缺油时，应加注规定的油液。

5）冬季不可烘烤千斤顶，以防损坏油封、皮碗等密封零件。

（11）轮胎套筒扳手。轮胎套筒扳手如图 9-19 所示。轮胎套筒扳手是随车工具之一。这种轮胎套筒扳手形式简单、使用方便、用于轮胎的拆卸及安装，如在紧急情况下还可临时充当撬杆用，主要用于拆卸和安装轮胎。

（12）气门芯扳手。气门芯扳手的主要用途：气门芯扳手主要是拆装轮胎气门芯。气门芯扳手如图 9-20 所示。

图 9-19　轮胎套筒扳手　　　　图 9-20　气门芯扳手

（13）手锤。手锤（榔头）是用于錾削、矫正、弯曲、铆接和装拆零件等敲击工具。手锤由锤头和木柄两部分组成，如图 9-21 所示。

 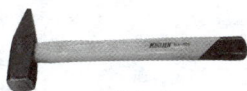

(a)　　　　　　　　　　(b)

图 9-21　锤子组成与种类
(a) 圆头锤子；(b) 横头锤子

常用的有圆头锤子和横头锤子两种。

锤头的质量大小用来表示手锤的规格，常用的有 0.25、0.5kg 和 1kg 等。锤头用 T7 钢制成，两个端部经淬硬处理。木柄用比较坚固的木材做成，如檀木、白蜡等。常用的柄长为 350mm 左右。

木柄安装在锤头中必须稳固可靠，以防脱落造成事故。为此，装木柄的孔做成椭圆形，且两端（孔口）大、中间小。木柄敲紧在孔中后，端部再打入楔子，如图9-22所示，就不易松动了。木柄也做成椭圆形，其作用除了可防止其在锤孔中发生转动外，握在手中也不易转动，便于准确地锤击。

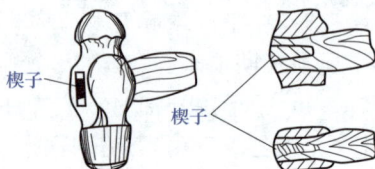

图 9-22　锤柄端部打入楔子

手锤的握法：手锤紧握法如图9-23所示。用右手五指紧握锤柄，大拇指压在食指上，虎口对准锤头方向（木柄椭圆的长轴方向），木柄尾端露出 15～20mm。在挥锤和锤击过程中，五指始终紧握。由于手锤握得较紧，容易疲劳或将手磨破，所以应尽量少用。

手锤松握法如图9-24所示。只用大拇指和食指始终紧握锤柄，在挥锤时，小指、无名指、中指应依次放松；在锤击时，又以相反的次序收拢握紧。这种握法的优点是不易疲劳，且锤击力大，因此较常用。

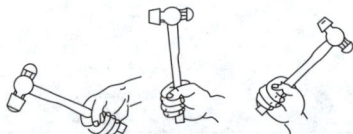

图 9-23　紧握法

图 9-24　松握法

手锤挥锤方法：有腕挥、肘挥和臂挥三种方法。

手锤的腕挥方法如图9-25（a）所示。腕挥是仅用手腕的动作进行锤击运动，采用紧握法握锤，一般用于錾削余量较少或錾削开始或结尾。

手锤肘挥方法如图9-25（b）所示。肘挥是用手腕与肘部一起挥动作锤击运动，采用松握法握锤，因挥动幅度较大，故锤击力也较大，应用最广。

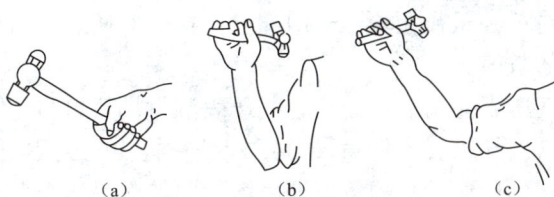

图 9-25　挥锤方法
(a) 腕挥；(b) 肘挥；(c) 臂挥

手锤臂挥方法如图 9-25（c）所示。臂挥是用手腕、肘和全臂一起挥动，其锤击力最大，用于需要大力錾削的工作。

手锤使用注意事项：

1）手锤木柄安装要求。木柄安装在锤头中必须稳固、可靠，以防脱落造成事故。为此，装木柄的孔做成椭圆形，且两端（孔口）大、中间小。木柄敲紧在孔中后，端部再打入楔子，如图 9-22 所示，就不易松动了。木柄也做成椭圆形，其作用除了可防止它在锤孔中发生转动外，握在手中也不易转动，便于准确地锤击。

2）使用前，要注意检查锤子的安装是否牢固。

3）要擦干净手上和锤柄上的汗水、油污，以防工作时手锤从手中滑脱。

4）锤击时要用手握牢锤柄的后端靠手腕的运动来锤击。

（14）轮胎气压表。轮胎气压表是测量轮胎气体压力的量具。轮胎气压表最常用的有标杆式和指针式两种，如图 9-26 所示。

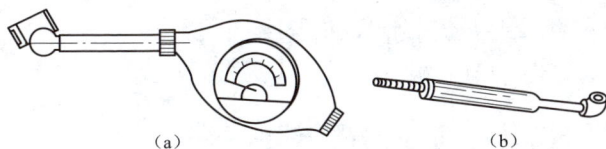

图 9-26　轮胎气压表
(a) 指针式；(b) 标杆式

轮胎气压表的构造和工作原理与气缸压力表相同。使用时将它的槽口对正并压紧在轮胎气门嘴上，这时气压表的指标便反映轮胎气压的数值。

轮胎气压表的用法：必须将气压表测量端槽口与轮胎上气门嘴对正压紧。气压表指针偏转（或标杆被推出）到不再移动时，指针指示（标杆显示）的数值即为该轮胎的充气压力。

150 汽车养护何时做？

答：为了恢复与保持汽车的动力性、经济性和可靠性，汽车按时做养护才能延长车辆使用寿命，安全可靠、充分发挥其使用效能。汽车做养护的时机分为以下几个方面：

（1）汽车出车前。

（2）新车磨合时。

（3）发动机起动后。

（4）行车途中。

（5）收车后。

（6）日常养护。

（7）每周养护。

（8）每月养护。

（9）每半年养护。

（10）每年养护。

（11）每隔两年养护。

（12）换季养护。

（13）夏季养护。

（14）夏季进入冬季养护。

（15）寒冬季节养护。

151 汽车出车前有何养护技巧？

答：保证车辆正常工作的基础，就是做好车辆日常养护。汽车日常养护是以清洁和外表检查及加注燃油、润滑油和冷却水为重点。驾驶员必须每日进行车辆检查，车辆有异常时要立即养护，切不可带"病"上路。日常养护的好坏直接影响到行车的安全。为了预防事故和保证行车安全，汽车出车前必须检查，检查内容如图 9-27 所示。

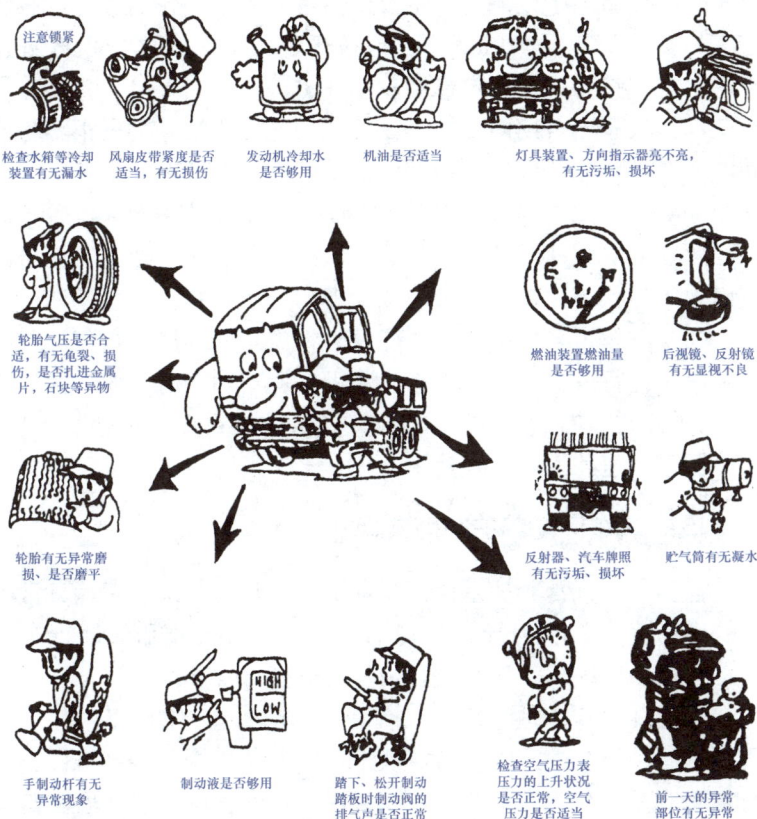

检查水箱等冷却装置有无漏水

风扇皮带紧度是否适当，有无损伤

发动机冷却水是否够用

机油是否适当

灯具装置、方向指示器亮不亮，有无污垢、损坏

轮胎气压是否合适，有无龟裂、损伤，是否扎进金属片、石块等异物

燃油装置燃油量是否够用

后视镜、反射镜有无显视不良

轮胎有无异常磨损、是否磨平

反射器、汽车牌照有无污垢、损坏

贮气筒有无凝水

手制动杆有无异常现象

制动液是否够用

踏下、松开制动踏板时制动阀的排气声是否正常

检查空气压力表压力的上升状况是否正常，空气压力是否适当

前一天的异常部位有无异常

图 9-27　汽车出车前检查内容

152　新车磨合养护有何技巧?

答:新车在磨合期间应注意以下几方面的养护工作:

(1) 新车使用前，应检查全车外部螺栓和螺母，加足冷却水和冷却液，各润滑部位按规定加注足够的润滑油或润滑脂。

（2）行车中每日应对车辆进行清洗、调整紧固等例行养护。

（3）行车中要特别注意润滑油压力和发动机冷却水的温度，经常检查变速器、后桥、轮毂的温度，如果发现异常发热现象，应及时找出原因予以调整或维修。

（4）汽车走合 200km 后，应按规定力矩和顺序拧紧气缸盖及进、排气歧管螺栓、螺母和轮胎螺母。

（5）汽车走合期内，由于零件磨损速度较快，磨屑很容易使润滑油变脏，为此应注意检查各运动零件润滑情况。一般走合行驶 500km 后，须更换发动机润滑油；走合行驶 1000km 后，应将变速器、主减速器和转向器的齿轮油全部更换。换油时注意汽车应处于热状态，以免因未清洗干净的铁屑、脏物等堵塞油道。

（6）汽车走合期结束后，应及时将汽车开到厂家指定的维修站对汽车进行一次全面的检查、紧固、调整和润滑作业，使汽车达到良好的行驶状态。只有经检查确认已达到良好走合状态后，方可拆除限速片投入正常使用。

153 汽车日常养护有何技巧？

答：车辆日常养护是保证车辆工作正常的基础。车辆日常养护的好坏直接影响到行车的安全。为了预防事故和保证行车安全，车辆在使用时，驾驶员必须坚持进行日常养护。

车辆日常养护是坚持"三检"、"四洁"和"四漏"。"三检"即出车前、行车中、收车后检视车辆的安全机构及各部机件连接的紧固情况；"四洁"，即保持润滑油、空气、燃油滤清器和蓄电池的清洁；防止"四漏"，即防止漏水、漏油、漏气和漏电；保持车容整洁。

日常养护通常可以由驾驶员自己完成，如果发现了不正常现象，应及时送修理站维修。

154 发动机起动前有何养护技巧？

答：出车时发动机起动前的检查应在起动发动机之前或停机

30min 后进行，检查之前应将车停放在平坦的场地上。将点火开关钥匙拧到关闭位置，把手制动杆放到制动位置，变速杆放到空挡位置。

（1）检查发动机润滑油的油量及质量应符合要求，并检查是否有渗漏现象。

（2）检查车辆燃油箱的油量应能满足本次出车的需要。

（3）检查制动液的液量位置应在贮液罐的上限（H）与下限（L）刻线之间或标定位置处。如发现制动液量显著减少时，应注意查找渗漏部位并及时修复，防止制动失灵。

（4）检查仪表指示信号装置如转向灯、刹车灯是否正常。

（5）检查挡风玻璃和倒车镜。检查挡风玻璃及驾驶室内外各后视镜面是否完好有效并擦拭干净。

（6）检查冷却液的数量及质量是否符合要求，并注意是否有渗漏现象。

（7）检查蓄电池电解液面高度及存电情况。

（8）检查离合器液压油的液面高度并检查有无渗漏现象。

（9）检查轮胎及轮胎螺栓紧固情况。

（10）检查调整发动机风扇皮带及其松紧度是否符合要求。

（11）检查方向盘游动间隙。

（12）检查全车泄漏情况。发现渗漏严重时，应排除故障后，才能行车。

155　发动机起动后有何养护技巧？

燃油表

油压表

驻车制动指示灯

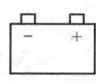
充电指示灯

图 9-28　仪表与指示灯

答：（1）将点火开关转至 ON 至起动位置，检查仪表和指示灯，此时只有燃油表、油压表工作，润滑油压力报警灯、驻车制动指示灯、充电指示灯亮，如图 9-28 所示，如果还有其他指示灯亮，需要做相应的检查。情况都正常后，可以起动发动机。当起动发动机后，所有报警指示灯均应熄灭，否则应检查并排除故障后方能出车。

（2）发动机起动后，在怠速动转情况下，待发动机水温超过40℃时，检查发动机在不同转速下运转是否平稳无异常响声；检查发动机排气情况是否正常；并注意燃油、润滑油、冷却水等液体有无渗漏。

（3）检查灯光、喇叭、刮水器和车窗洗涤器是否正常，发现故障应及时排除。

（4）检查制动和转向系统技术状况是否良好，必要时应进行修复和调整，以确保制动与转向正常。

（5）检查证件、随车工具、药品箱、附件是否带齐，车上物资装载是否安全、可靠。

156　行车途中有何养护技巧？

答：（1）通常情况下，在高速公路行驶超过两小时后应停车逐一检查轮毂轴承、轮胎、制动液、变速器和车轮制动器等部位，看其温度是否正常。这些部位的温度如果用手贴上后感到难以忍受时，属于温度过高。检查中如果发现温度过高时，应停车使其自然冷却。禁止采用浇冷水的方式给轮胎降温。否则，会造成轮胎早期损坏，缩短其使用寿命。

（2）在行驶中应随时注意各仪表的显示，注意发动机和底盘的工作状况。当发现异常时，应立即停车检查。

（3）检查全车有无漏油、漏水、漏气和漏电现象。如发现有渗漏现象时，应立即检查相关的总成，缺少时，应及时补充和修理。

（4）检查底盘各部件的固定情况。如有异常，应立即修复，不得带故障继续行驶。

157　收车后有何养护技巧？

答：如果在停车前发动机曾在重负荷下工作，不要使发动机立即熄火，应以怠速运转一段时间后再熄火。在车辆收车后或途中宿营时，除执行行车中的检查内容外，还需检查下列项目：

（1）清洁全车外部和驾驶室、车厢内部。

（2）检查全车各部有无损伤、漏气、漏油、漏水和漏电现象，及时调整和修理存在的问题。

（3）检查补充燃油、润滑油、冷却液和润滑脂。

（4）处理好发动机的防冻问题。在严寒季节未使用防冻液时，应完全放净冷却水（要保证确实全部放出，以防冻坏缸体）。

（5）检查、紧固发动机、底盘和车厢各部的连接螺栓，并检查其安全锁止装置。

（6）清洁蓄电池外部，检查极柱与线缆的连接情况。

（7）检查、补充轮胎气压，清除轮胎胎冠上的杂物。

158 汽车日常养护有何技巧?

答：勤于养护是保证新车走合质量、延长汽车使用寿命的重要措施。为了安全，在每次出车前，最好做好以下检查：

（1）检查轮胎的外表情况及轮胎气压是否正确；检查车门、发动机舱盖、行李舱盖和挡风玻璃的状况，检查刮水器的状况。

（2）检查发动润滑油油面高度、制动液液面高度和动力转向储油罐液面高度，检查冷却液液面高度、风窗清洗液液面高度，并检查有没有漏油、漏水等泄漏情况。

（3）清理干净脚坑内的物品，防止影响脚踏板的操作。

（4）打开点火开关钥匙（不起动发动机），检查各报警灯和指示灯的点亮情况。

（5）将变速杆位于空挡，将离合器踩到底，起动发动机检查各报警灯是否正常熄灭，查看指示灯是否正常点亮。查看油量表的指示，必要时补充燃油。

（6）环视汽车，查看灯光装置有没有损坏，后视镜的位置是否正确，车身有没有倾斜。

159 汽车每周养护有何技巧?

答：（1）清洗汽车外表；清洁车内各部位。

（2）查看发动机各部件的固定情况；查看发动机各结合面有没有漏油、漏水的情况；检查调整皮带松紧度；查看各部分的管路和导线固定情况；检查补充机油；检查补充冷却液；检查补充电解液；检查补充动力转向机油；清洁散热器外表；补充挡风玻璃清洗液等。

（3）检查调整轮胎气压，清理轮胎上的杂物。注意不要忘记对备胎进行检查。

160 汽车每月养护有何技巧?

答：汽车在每月要做养护时，应重复周的养护项目。但所进行的检查工作应更细致。

（1）清洁汽车外表，去除车体上的油污并修补车体脱漆的部位。

（2）彻底清扫汽车内部，清理行李舱的多余物品，不要让车变成移动仓库；清洁水箱外表、润滑油散热器外表和空调冷凝器外表上的杂物。

（3）检查轮胎的磨损情况，出现或接近轮胎的损耗记号时应更换轮胎；检查轮胎有没有鼓包、异常磨损、老化裂纹和硬伤等情况。

（4）检查底盘各部有没有漏油现象，发现有漏油痕迹，应检查漏油部位并进行适当的补充；对底盘所有的润滑脂油嘴进行充分的补脂作业。

（5）巡视汽车，检查灯泡及灯罩的损坏情况；检查车体饰物的固定情况；检查倒车镜的固定情况。

161 汽车每半年养护有何技巧?

答：汽车每半年进行的养护，一般安排在春秋两季进行。

（1）清洁或更换发动机"三滤"和润滑油。"三滤"即空气滤清器、燃油滤清器和润滑油滤清器。用压缩空气吹去空气滤清器的灰尘；视情况更换燃油滤清器并清洗管路接头的滤网；结合更换润滑油更换润滑油滤清器。

（2）清洗发动机外表，清洗时注意对电气部分做防水处理。如果电气部分对防水要求较高（如汽车上的电脑与传感器），则应避免用高压、高温的水枪来冲洗发动机，可用毛刷蘸清洗剂清洗发动机外表。

（3）检查补充冷却液，清洁水箱的外表。

（4）检查调整手制动拉杆工作行程；调整脚制动踏板的自由行程；检查车轮制动器蹄片磨损情况，如果达到损耗记号应更换制动蹄片；检查调整车轮制动器的蹄片间隙；检查补充制动液等。

（5）检查轮毂轴承预紧情况，如有间隙应调整预紧度。

（6）检查轮胎的磨损情况，对轮胎实施换位。

（7）检查底盘各部分管路情况，查看有没有泄漏情况；检查紧固所有金属连接杆件，并检查橡胶轴套有没有损坏的情况；对底盘所有润滑点进行补脂润滑。

（8）检查底盘重要螺栓或螺母的紧固情况，特别是转向系统的重要螺栓和螺母，发现有松动或缺损情况时，应补充拧紧。

（9）彻底清洗汽车的内、外部，并对脱漆和破损部位进行修补。

（10）检查修理汽车灯光，检查养护制冷、取暖装置，清洁音响系统等。

（11）检查蓄电池接线柱部分有没有腐蚀现象，用热水冲洗蓄电池外表，清除蓄电池接线柱上的腐蚀物。测量调整蓄电池的电解液比重。配备免养护型蓄电池的车型没有此项养护。

162 汽车每年养护有何技巧？

答：虽然每半年的汽车养护已很全面，但还是应该对汽车每年进行一次比较深入的检查。每年的养护是和每第二个半年养护一并进行的，即在半年的养护项目中再加上以下内容。

（1）检查调整气门间隙。国内轿车仍有部分发动机装有普通气门，应检查调整气门间隙。对于装用液力挺柱的发动机，则不检查调整气门间隙。

（2）检查调整汽油发动机的点火正时情况（现代很多车型的点火正时不可调，由电脑自动调整）。点火正时的检查与调整最好到修理厂进行。

（3）清洁发动机舱盖、车门和行李舱铰链机构的油污，重新调整并润滑上述机构。

163 汽车每隔两年养护有何技巧？

答：（1）更换制动系统和离合器传动系统的液力油。由于制动液的吸湿性，制动液应每两年更换一次。

（2）更换防冻液并清洗冷却系统。防冻液一般的使用年限为两年，届时应在年度养护中更换防冻液，并对冷却系统进行彻底的清洗。

除上述驾驶员自己可以完成的养护外，还应按汽车生产厂家的规定，将汽车送到修理厂，由修理厂进行汽车的二级养护和定程养护项目，完成一些自己不能做的养护工作。现代一些中高档轿车的仪表板上有一个养护指示灯（SERVICE），当该指示灯亮时，表示到了养护时间，应尽快到特约维修站进行养护。

164 汽车换季养护有何技巧？

答：我国地理和天气的差别很大。在这些情况下使用汽车，汽车各总成或部件的工作状况有显著变化，使汽车性能变坏。因此，掌握气温变化的特点并采取相应的措施，汽车在恶劣条件下的合理使用，改善汽车使用性能，减少机件磨损，防止机件损坏，确保行车安全。

凡全年最低气温在 0℃ 以下地区，在入夏和入冬前需要进行季节性养护。

换季养护一般是驾驶员负责完成的，其作业内容为更换符合季节温度要求的润滑油、冷却液，检查冷却系统、取暖或制冷系统的工作情况，调整燃油供给系统和充电系统。

换季养护是一次对汽车进行全面的养护工作，应结合换季养护将汽车的状态调整好，并且有针对性地排除以往常出现的故障，以便能够顺利、安全地行驶。

（1）调整、紧固和清洁。由于冬季天冷，作业困难，因此，有些可能在冬季里进行的养护作业，可以在换季时提前进行，比如对全车各部位的调整、紧固和清洁工作。

（2）养护蓄电池。由于低温使蓄电池容量降低，如果蓄电池使用时间较长，应对蓄电池进行补充充电，使蓄电池保持良好的使用状态。

（3）更换防冻液。将防冻液按厂家的规定，调制成符合要求的冷却液，加注到发动机中。在加注防冻液之前，应对发动机冷却系统进行清洗，以保证发动机良好的冷却效果。

（4）更换润滑油。如果汽车使用的是单级润滑油（只适应夏天或冬天），在换季养护时，必须更换符合季节温度要求的润滑油；如果使用的是适应冬夏的多级油，只需要根据换油间隔，更换润滑油即可。

要尽量使用多级润滑油（润滑油、齿轮油等），多级油具有适应范围大，省油，节省费用等许多优点。

（5）清洁燃油系统。进入冬季前，应对燃油系统做一次彻底的清洁工作。进入冬季在天寒地冻的情况下，开展养护或故障排除作业是很难受和痛苦的事情。因此，应在换季养护时，彻底清洗所有滤网，清洗或更换燃油滤芯，放出油水分离器的污水并进行清洗，消除掉可能发生故障的隐患。

1）汽车夏季养护技巧。切忌让发动机过热。在炎热的夏天行车时，应注意观察水温表，水温有上升趋势时应注意驾驶方法。应尽快将汽车停在安全地带，将变速杆推回到空挡，低速空转发动机以降低发动机的水温。不要急于熄火或拧开水箱盖，更不能用泼冷水方法降温。待发动机温度降低后，再检查冷却系统的水量。

给轮胎适当放点气。高温天气，汽车又处于烈日曝晒下，就该注意汽车的轮胎了，测量一下轮胎胎压是否正常，必要时稍稍放些气，以保平安。

给车身加个保护膜。若想给车身加个保护膜，可进行封釉处理。用专用的振抛机将类似釉的保护剂通过振动挤压进入漆的细孔内，配合红外线灯的照射，使之形成如同网状的牢固保护层，可以大大降低紫外线对车漆的损伤，并能在很大程度上防止酸、碱等化学成分对车辆的腐蚀。

使用方便实用的遮阳板。遮阳板既有硬纸板的，也有铅箔的，价格不高。停车时，打开遮阳板放在前挡风玻璃内，既可保护仪表盘，也可使座椅不那么烫。

如果汽车密封性不太好，特别是中、低档车，可购买金属亮条将车门四周密封。这种密封条贴上后既可以美化车身，又可以留住车内的冷气。

随身携带及时贴。及时贴用起来很方便，开着车，哪边晒，便随手贴在哪边。靠静电吸在车窗上，不用固定，若开窗，一揭就下来，玻璃上也不会有任何痕迹。单向透视，不会影响视线，价格也很低。

使用凉垫和冷色座套。夏天可用竹凉垫、麻凉垫，或是随温度变化的冰垫，但最好不要用玉石类的凉垫，因为这种坐垫冷的时候冰凉，垫的时候吸热，特别是长时间停车曝晒时，很烫。

2）汽车夏季转入冬季养护技巧。冬季对汽车是苛刻的季节。当气温下降后，冷却水会结冰，发动机润滑油黏度增大，道路上的冰雪会使车轮打滑，失去控制，因此在入冬前应做好充分养护。

使用冬季防滑轮胎。经常行驶在冰雪路较多的地区，应使用冬季防滑轮胎。防滑轮胎的花纹磨损到花纹深度的50%～60%

时，会失去防滑的性能应及时更换。

使用耐寒润滑油。有些发动机没有使用多级油（冬夏通用），在冬季来临时应将发动机润滑油更换成多级油或冬季用润滑油。否则在气温低的情况下，会出现发动机起动困难和润滑不良的故障。

使用长效防冻液。当冬季来临时，为未使用防冻液的发动机加注长效防冻液，并根据当地可预测的最低气温，调整防冻液的冰点温度。

蓄电池的调整。蓄电池最怕低温。在冬季来临之前应补充蓄电池的电解液，调整好比重并检查蓄电池存电情况。在温暖的地方正常使用的蓄电池，到了寒冷的天气后，蓄电池会突然失灵（没有电）。

3）汽车寒冬季节养护技巧。选用防冻液。防冻液不仅能够防冻、防锈及防止产生水垢，还能够提高冷却液的沸点，因此应长年使用防冻液。不同品牌的防冻液不可以混用，北方应选用具有－35℃以上防冻能力的防冻液。

更换为冬季润滑油。寒冷地区汽车发动机、空气压缩机、润滑油滤清器中的润滑油，应将夏季润滑油更换为冬季润滑油。变速器、分动器、差速器及转向器中的齿轮应按季节更换。更换的同时还要对零部件技术状况进行检查调整。

检查保温装置。检查汽车的百叶窗，增加发动机的保温装置及驾驶室挡风装置。

检查雨刷装置（刮水器、雨刷片、雨刮支架等）。寒冷的冬季在使用雨刷之前，最好先用手将雨刷片与挡风玻璃分离，以防止因雨刷片冻结，在起动雨刷时造成雨刷臂、电动机以及连动机构损坏。

调整蓄电池性能。调整发电机调节器的限额电流和限额电压；调整蓄电池电解液的比例。

检查玻璃与密封条。雨雪天气过后，车门玻璃易与密封条冻在一起，因此在使用玻璃升降器（无论是手动的还是电动的）之前，应从外侧向内侧轻轻敲击、振动玻璃，使其与密封条分离，以防止电动机强行拉动被冻结的玻璃，造成玻璃升降器内固定钢丝上的连接片（塑料制品）损坏。

165 汽车发动机养护有何技巧？

答：（1）发动机冷却系统水垢清洗养护技巧。汽车发动机冷却系统内如沉积过多的水垢，会减少冷却水的容量，影响冷却水的循环，造成功率降低和燃耗增大。由于水垢层的导热性能不良，发动机出现过热现象，使发动机润滑条件恶化，某些零件不能保持正常间隙，且机械性能变坏；积炭增多产生爆燃。因此，当汽车行驶一定的里程后，应结合养护对冷却系统进行一次清除水垢的作业。

以往维修中采用的除垢方法主要是手工捅除、碱煮和用盐酸直接清洗。但这些方法的除垢效果很差，且对水冷系统金属腐蚀严重。近年来随着化学清洗技术的发展，市场上已经有了不停车汽车散热器清洗剂。这种清洗剂去除率在85%以上，6～8h即可达到清洗目的，且不会对冷却系统造成腐蚀。

（2）发动机冷却系统养护用品。冷却系统养护用品的方法很简单，易于操作，可手工操作，也可使用装用设备。发动机冷却系统的养护方法如下

1）水箱保护方法。优质的水箱保护剂能够有效地控制水、锈蚀和酸性物质的生成，预防有害现象的发生，提高冷却效果，防止出现发动机过热和散热器内水沸腾等，水箱保护剂同时具有防锈、防腐和增强冷却效果的功能。水箱保护剂的使用方法：每6个月清洗一次。换冷却液后直接加入水箱中即可。每瓶（325mL）可兑冷却液5～20L。

2）水箱清洗方法。优质的水箱超强力清洗剂具有安全、超效的清洗能力，能够彻底清除冷却系统中的水垢、锈蚀等有害物质，迅速恢复冷却系统功能。水箱清洗剂有两种类型：酸性水箱清洗剂（pH值<6）和碱性水箱清洗剂（pH值>8）。水箱清洗

剂的使用方法：每6个月清洗一次。使用时，先起动发动机到正常工作温度后熄火，按每瓶产品5～20L冷却液的比例加入水箱中；起动发动机，打开暖风开关运行20～30min，节温阀保持在最高工作点关闭发动机，将系统放空，用清水按冷却水流动的反方向冲洗，或配合设备使用。

3）水箱止漏方法。优质的水箱止漏剂能在冷却系统渗漏部位迅速凝集、固化，阻止渗漏，大大减少维修时间和费用，延长的使用寿命。水箱止漏剂使用方法：定期养护每6个月使用一次，或在冷却系统发生渗漏时使用，用前应摇匀，起动发动机至正常温度，打开节温器和暖气装置，按每瓶兑20L冷却液的比例加入水箱中即可。

（3）汽车发动机积炭清洗养护技巧。汽车发动机工作时生成的积炭，不仅能缩短发动机的使用寿命，还会影响发动机的正常工作。例如：积炭的存在，不仅会减少燃烧室的容积，使燃烧过程中出现许多炽热点，引起混合气先期燃烧，将活塞环黏在活塞环槽中，还能污染发动机润滑系统，堵塞油路和滤油器等。

影响积炭性质的主要因素有发动机的结构、工作状况、油料种类，特别是工作状况中的温度因素。积炭的化学组分可分为易挥发物质（油、羟基酸）和不易挥发的物质（沥青质、油焦质、碳青质、灰粉）。发动机工作温度越高，易挥发物质的含量越低，不挥发物的含量则越高，形成的积炭也就越硬，越紧密，与金属粘结得也越牢固。

发动机的活塞顶、燃烧室、进气门、排气门等部位，由于其工作温度不同，而粘附其上的积炭性质及化学组成也有很大的不同。

用化学方法去除发动机积炭，就是使用除炭剂去掉发动机零件表面产生的胶状沉积物。化学除炭法有两个显著特点：一是提高了清洗效率，二是保障了零部件表面的粗糙度。

除炭剂与积炭接触后，首先在积炭层表面形成吸附层。吸附层形成之后，由于分子间的运动，以及除炭剂分子与积炭分子性基极的相互作用，就会使除炭剂分子逐渐向积炭层内部扩散，并能在积炭网状分子之间的极性基间生成链合，使网状分子之间的极性力减弱。最终发生积炭网状聚合物的溶解。

无机除炭剂是用无机化合物配制，其毒性小，成本低，原料易得，但除炭效果较差；有机除炭剂是用有机物质配制而成，成本较高，但除炭能力强。

多数除炭剂都由溶剂、稀释剂、活性剂、锈蚀剂四种组分组成。

（4）发动机养护诀窍。

1）发动机皮带更换技巧。当发动机皮带表面出现龟裂裂纹、磨损以及剥落等现象，或出现滑磨声（皮带松也会出现），或是达到了规定的行驶里程时，应检查发动机皮带是否即将损坏，并进行更换。对并排驱动同一皮带的轮的多根皮带，如果在相同压力下两根皮带的张力不同，或一根尚好但另一根损坏，均需把两根皮带一起更换。

更换发动机皮带时，先松开发电机的固定螺栓将发电机向缸体方向推进，使皮带松弛，将皮带取下，必要时可以一边转动皮带轮边向外拉皮带。

在取下发动机皮带时，应记好皮带安装绕行的位置以防装错。安装时按与拆卸相反的顺序操作即可。

2）发动机皮带安装状态检查技巧。在将皮带安装到皮带轮时应检查皮带与皮带轮的配合情况，如图9-29所示。如果皮带轮之间配合不好，皮带的使用寿命会受到很大影响。最后当安装

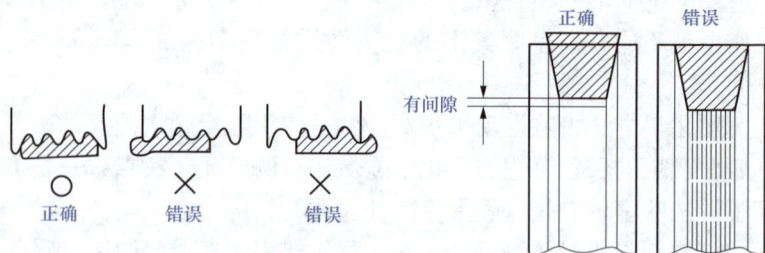

图9-29 皮带与皮带轮配合

皮带并调整完毕，还应检查皮带轮的皮带是否运转在同一平面上。如果不在同一平面上会使皮带出现早期磨损或损坏。

3）发动机皮带张紧度检查调整技巧。检查发动机皮带的张力时，可以用拇指强力地按压两个皮带轮之间的皮带，压力约为98.0665N。如果压力量在10～15mm，则认为皮带的张力恰好合适。如果皮带张力不合适，必须进行调整。

调整这根皮带的张力时，可以用拇指强力地按压两个皮带轮之间的皮带，压力约为98.0665N，如图9-30所示。如果压力量在10～15mm，则认为皮带的张力恰好合适。如果皮带的张力不合适，则必须进行调整。

调整这根皮带的张力时，用梅花扳手或套筒扳手把发电机的固定螺栓（螺母）拧松，如图9-31所示，移动一下发电机或动力转向油泵的位置。

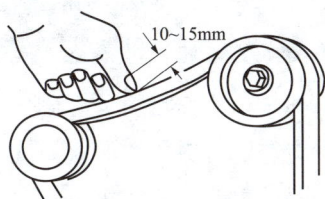

图9-30　检查发动机皮带张紧度　　图9-31　调整发动机皮带张紧度

4）发动机空气滤清器养护技巧。拆卸空气滤清器。首先找到空气滤清器在车上的位置。松开空气滤清器锁扣，卸下固定滤芯的螺母，如图9-32所示，取下空气滤清器盖（见图9-33），笔直地拔出滤芯。取出空气滤清器滤芯（见图9-34），要注意防止杂质异物，特别是拆卸下来的螺栓不要掉入化油器或发动机进气管内，用抹布堵住内孔，如图9-35所示。用抹布蘸汽油（不能用润滑油）擦拭空气滤清器壳内、外部。

养护空气滤清器。检查滤芯污染的程度并进行清洁。当滤芯积存干燥灰尘时，如果有空气压缩机，可用压力不高于5ks/cm

图 9-32　拆卸空气滤清器固定螺母

图 9-33　取下空气滤清器盖

图 9-34　空气滤清器滤芯

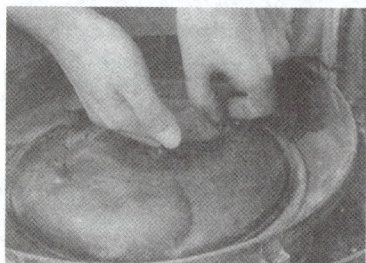

图 9-35　拆卸空气滤清器体

的压缩空气，从滤芯内侧开始，上下均匀地沿斜角方向吹净滤芯内外表面的灰尘，如图 9-36 所示。如果没有压缩空气，可用起子柄轻轻敲打滤芯，如图 9-37 所示，再用毛刷刷净外部污垢。

图 9-36　清洁空气滤清器滤芯

图 9-37　清洁空气滤清器滤芯

　　操作时，不得用大力敲打或碰撞滤芯，在清洁时，如果发现滤芯损坏，应更换滤芯。正常使用的纸质滤芯按规定间隔更换。

在养护空气滤清器时，仔细检查空气滤清器所连接胶管的状况，如果发现胶管开裂、老化等现象，应更换该胶管。

空气滤清器滤芯检查清扫后。用照明灯点亮放在滤芯里面从外部观察有无损伤、小孔或变薄的部分，检查橡胶垫圈有无损伤。如有异常，应更换滤芯和垫圈。

安装空气滤清器。滤芯清洁完毕或将新的空气滤清器按与拆卸相反的顺序，将各部件安装好。注意可靠地装好滤芯。不宜用手或器具接触滤芯的纸质部分，尤其不能让油类污染滤芯。

进气管道在安装时，应保证其密封性，特别要注意进气接头护套处的密封。

5）空气滤清器的养护周期。空气滤清器的滤芯是由经过树脂处理的微孔滤纸制成的，是保护发动机活塞缸套的一道重要防线，具有滤清器效果好、养护方便等特点。汽车行驶一定里程后，必须对空气滤清器进行清洁养护或更换，在沙尘程度较大的地区养护的间隔应相应缩短。

当汽车行驶里程达到空气滤清器养护规定的间隔里程，或空气滤清器堵塞指示灯报警时（不论行驶里程的多少），必须清洁空气滤清器。

国内常见车型空气滤清器养护间隔里程见表9-1。在对空气滤清器进行养护时，应遵照汽车制造厂家规定的使用里程进行养护，也可参照此表进行。

表9-1　国内常见车型空气滤清器养护间隔里程　　单位：km

车　型	清洁间隔里程	更换间隔里程
微型面包车	8000（沙尘较大地区为3000）	40 000
一汽捷达	15 000	30 000
一汽红旗	15 000	30 000
一汽奥迪	7500	15 000
上海桑塔纳	7500	7500
上海别克	25 000	50 000
北京切诺基	12 000	48 000
神龙富康	7500	75 000
广州本田雅阁	10 000（或每6个月）	20 000（或每12个月）

6）空气滤清器使用养护技巧。大多数空气滤清器采用纸质滤芯，由于其滤清效果好，且具有成本低和维修养护方便等特点，因此广泛应用于干式空气滤清器上。在使用与养护时有以下五点注意事项：

a. 注意购买不求质量。由于不能认清空气滤清器的重要性，贪图便宜，不求质量，随意购买，以致装用不久发动机便出现异常。应慎重选购，始终坚持"质量第一"的原则。

b. 注意沾油污。一旦沾上油污，就会使进气阻力大大增加。

c. 注意使用中不要随意拆除。发动机必须装用空气滤清器，这是有科学依据的。如果随意将空气滤清器拆除，使发动机直接吸进未经过滤的空气工作，这将加剧对发动机气缸、活塞和活塞环的磨损。

d. 注意用水或油清洗。需要清洁时，一般是将纸质滤芯从壳中取出，然后轻轻拍打其端面，使灰尘脱落，切忌敲打滤芯外表面，以防损坏滤芯；也可用压缩空气从滤芯内部向外吹，并不断振动滤芯，将灰尘吹净。

e. 注意养护与更换不从实际出发。空气滤清器使用说明书中，虽然规定以行驶里程或工作小时作为养护或更换的依据。但实际上空气滤清器的养护或更换周期还与环境因素有关。经常行驶在含尘量多的环境中的汽车，空气滤清器的养护或更换周期就应短些。

7）汽油滤清器养护技巧。一般情况下，汽油滤清器装在油箱与发动机的化油器或喷油器之间，如图9-38所示。有的车型还设有两极汽油滤清器，通常情况下，汽油滤清器形式达到20 000～40 000km后就应进行更换，具体的数据参阅随车使用说明书。

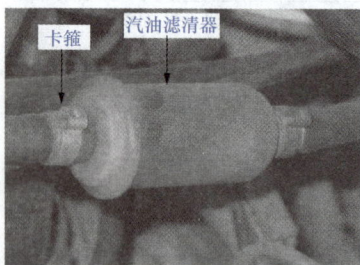

图9-38 汽油滤清器

特别注意，在更换滤清器

时不能吸烟，并且要远离明火！

将软管上固定滤清器的上卡箍松开（见图 9-38），如果是螺钉固定，就将螺钉松开，用螺丝刀将卡箍推向一边，用手握住软管将其拆出。有时软管很紧，这时要轻轻地边转动边拆，必要时要借助于钳子。有时在拆出软管时会有汽油喷出，因此最好是在接口处裹一层软布。

如果软管的边缘已磨损，应剪去磨损部分，但要注意不可剪得过多，以免管子长度不够。如果管子不够或是发现管子上有小裂纹，一定要更换一根新管。将新的滤清器装入后，复原软管位置，并将卡箍拧紧。

8）汽油标号选择技巧。我国多数机动车加油站供应的无铅汽油有 90、93、97 号三种标号。不同的标号指的是次标号汽油辛烷值的大小，如 93 号汽油，是指汽油的辛烷值是 93，辛烷值表示此标号汽油的抗爆性能，汽油的标号越高，越不容易发生爆燃，也就是说燃烧室发动机的抗爆性越好。一般情况下应根据发动机的压缩比选用汽油，压缩比高的车辆应该选用高标号汽油，从而保证在发动机不发生爆燃的情况下功率输出最佳、成本最低。

在汽车的日常使用过程中，应严格按照汽车说明书要求的标号选用汽油，一般情况下，在汽车加油盖的里面有本车使用的汽油标号要求。如果其抗爆性不能满足该车型时，应选用更高一级标号的汽油。一般情况下，发动机压缩比在 7.0～8.0 的汽油应选用 90 号汽油，压缩比在 8.0 以上的应选用 93 号或 97 号汽油。

选择汽油时千万不要为了降低成本，随意使用低标号汽油。高压缩比的发动机如选用低标号汽油，发动机容易产生爆燃，发动机爆燃过久，容易造成活塞环断裂、活塞烧顶、环岸烧损等情况，加速机件损坏。所以通过降低汽油标号来节省开支得不偿失。

当然也不能热衷于使用高标号汽油，有些人甚至错误地认为汽油的标号就是油品纯净度和质量的标准。其实，汽油标号的高低只是表示汽油辛烷值的大小，绝不能把标号与纯净度和质量混为一谈。如果使用低标号油的发动机硬要用高标号油就会出现"滞燃"现象，即压缩终了它还不能燃烧，一样会出现燃烧不完全现象，对发动机也没有好处。

9）润滑油使用与更换技巧。

a. 检查润滑油数量与质量。每次出车前都应检查润滑油数量与质量。润滑油数量正常时应处于润滑油尺两刻度之间，润滑油不宜太多，以免增大曲轴运转阻力，并使大量润滑油被激溅到缸壁上，从而窜入燃烧室，不仅使缸内积炭增多，而且增加机件的磨损。

应在起动发动机之前或停机 30min 以后进行机油数量的检查。检查之前应将车停放在平坦的场地上。将起动开关钥匙拧到关闭位置，把驻车制动器操纵杆（手制动杆）放到制动位置，变速杆放到空挡位置。

打开发动机舱盖，抽出机油尺，将机油尺用抹布擦净油迹后，插入机油尺导孔，拔出查看。油位在上下刻线之间即为合适。如果超出上刻线，应放出机油；如果低于下刻线，可从加油口处添加，待 10min 后再次检查油位。补充时应严格注意清洁并检查是否有渗漏现象。

b. 机油质量检查。运用"一看、二闻、三捏、四想"的方法，可简便、迅速、准确地判断发动机机油是否变质。

一看：用机油标尺取两滴机油分别滴在一张洁净的中性滤纸（若无，可临时用白纸替代）和一张塑料纸上，过 10min 左右，颜色若逐渐变得暗淡，甚至完全失去光泽，说明机油失效。

二闻：靠近滤纸上的机油扩散斑点闻气味，若闻到有汽油的味道，说明机油里混有汽油。

三捏：取一滴机油，放在食指、拇指间搓捏并感觉，若有细粒感，说明机油含杂质较多；将两手指分开，机油丝的长度若大于 3mm，则表明黏度过大；两手指搓捏无滑腻感，手指分开油丝长度小于 2mm，则说明机油过稀。

四想：把发动机近来存在的有关机械故障和由"看、闻、捏"而知的现象加以联系，科学分析，辅助判断，做出机油是否变质的正确结论。

c. 趁热更换润滑油。更换润滑油时，为使发动机内的旧润滑油连同杂质一起排出，应在发动机熄火后立即趁热拧下放油螺塞，待油底和壳内的润滑油流净后再拧上。

d. 清洗油路。更换润滑油时应根据需要清洗油路。向油底壳注入 3/4 柴油和 1/4 润滑油组成的混合清洗油，油面至油尺上下刻线之间；然后起动发动机，空转 2～3min；接着放净清洗油，一次性的润滑油滤清器应同时予以更换。

e. 清理铁屑。现代轿车的油底壳螺栓一般都是带有磁性的，拧下来后应将其上面的铁屑清理干净。油底壳放油螺塞一定要拧紧，否则该螺塞松脱将导致润滑油流失，引起烧瓦等事故。

f. 机油的选用。更换发动机机油时，应尽量使用多级油，按车型要求使用合格牌号的机油。

由于发动机的结构和使用条件不同，为保证低温时顺利起动和高温时的润滑性能，表 9-2 是汽车生产厂家推荐的机油最低操作温度，供选用机油时参考，也可按图 9-39 所示进行选用。

表 9-2　　　　　部分推荐的机油最低操作温度

SAE 黏度级号	最低操作温度（℃）	SAE 黏度级号	最低操作温度（℃）
5W	−32	10W140	−23
5W130	−32	20W	−12
10W	−23	20W/30	−12

g. 机油的更换。

a）换油时机。正常的换油时机一般为 7500～12 000km。如果汽车在一年中行驶里程达不到上述里程时，应每年更换一次机油。如果使用质量较高的机油，换油间隔可适当延长（按机油生产厂家的建议执行）。更换发动机机油时，按车型要求使用合格牌号的机油。

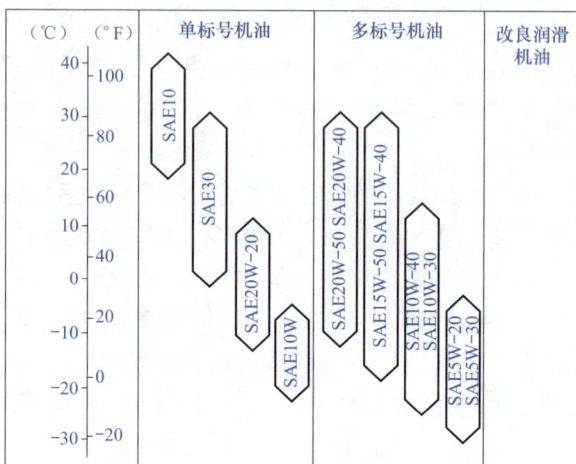

图 9-39　机油的选择

b）机油质量适用范围。通常是根据汽车随车手册的规定来选择机油。

c）更换机油。更换机油时，应起动发动机使之运转达到正常的工作温度（80℃以上），然后将发动机熄火，在热车状态下放出机油盘和滤清器内的旧机油。有些车型的机油盘放油螺塞为磁性螺塞，待机油放净后，应将放油螺塞吸附上的铁屑清除干净后再拧上。

10）润滑油滤清器的养护技巧。润滑油滤清器是用来去除润滑油中的金属碎屑和各种杂质，以免进入润滑系统，破坏机件。润滑油滤清器使用一段时间之后，滤芯上会聚集许多油泥和金属碎屑，会造成滤清器堵塞，影响润滑系统正常工作。此时，应更换润滑油滤清器。厂家一般都规定了润滑油滤清器更换的间隔里程和时间，但在一般情况下，应与润滑油一同更换。

现代轿车的润滑油滤清器通常是整体式，如图 9-40 所示，滤芯一般不能拆卸，应整体更换。

更换润滑油滤清器时，应先将车架垫高，将油盆放到发动润滑油底壳的放油螺塞处，卸下放油螺塞，放掉润滑油。用滤清器扳手（见图9-41）卸下润滑油滤清器。操作时注意不要让润滑油到处淌，以免弄脏发动机和操作环境。

图 9-40　润滑油滤清器　　　　图 9-41　机油滤清器扳手

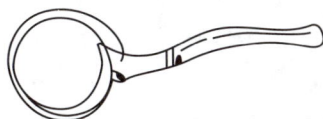

在安装新润滑油滤清器时：①先将润滑油滤清器灌满清洁的新润滑油；②在润滑油滤清器油封表面均匀地涂上少许润滑油；③用手装上润滑油滤清器；④待油封与接合面接合上时，再用手拧紧3/4圈。注意不要用润滑油滤清器扳手拧紧润滑油滤清器，否则，会损坏螺纹或润滑油滤清器。

起动发动机，在怠速情况下，观察润滑油滤清器有无泄漏。如有泄漏，应拆检润滑油滤清器油封胶圈，以排除漏油现象。

11）汽车防冻液选用技巧。现代汽车常用防冻液的种类有乙二醇—水型防冻液、无水乙醇—水型防冻液和甘油—水型防冻液等3种。

a. 乙二醇是一种无色微黏的液体，沸点是197.4℃，冰点是－11.5℃，能与水以任意比例混合。这种防冻液用后能回收（防止混入石油产品），经过沉淀、过滤，加水调整浓度，补加防腐剂，还可继续使用，一般可用3～5年。

b. 无水乙醇—水型防冻液的沸点是78.3℃，冰点是－114℃。能与水可任意比例混合，组成不同冰点的防冻液。一般地区行车应定期检测无水乙醇的含量，及时补充。

c. 甘油—水型防冻液不易挥发和着火，对金属腐蚀性也小，但甘油降低冰点的效率低，配制同一冰点的防冻液时，比乙二醇、无水乙醇的用量大。因此，这种防冻液用得较少。

12）防冻液使用技巧。防冻液使用冰点较低的物质加入水中，以降低冷却水的冰点，防止冷却系统冻结。在使用中应注意以下问题：

a. 各类防冻液由于配制时的比例、成分不同，其冰点也不相同，这时应根据当地的气温条件来选用。一般选用防冻液的冰点应低于当地的低气温 10～15℃，以防防冻液失效。

b. 不同型号的防冻液不能混合使用，以免引起化学反应，生成沉淀或气泡，降低使用效果。在更换防冻液时，应先将冷却系统用净水冲洗干净，然后再加入新的防冻液和水。

c. 乙醇防冻液容易挥发，使用中应注意防火。在发动机水温过高时，不要打开水箱盖，也不要让发动机立即熄火，以免因防冻液急剧升温而突然喷出，造成人员损伤或失火。因乙醇挥发液面降低时，可用 80％的乙醇加注补充。

d. 乙二醇是有机溶剂，使用中要注意不得将其溅洒到橡胶制品或油漆表面上，更应注意不要接触皮肤。若不慎溅洒，应立即用清水冲洗以免造成机件腐蚀或皮肤损伤。

e. 使用中，若因冷却系统渗漏而使液面降低时，应补充同类型的防冻液；若是因为蒸发引起的，应向冷却系添加蒸馏水或软水；当发现冷却水中有悬浮物、沉淀物或变质有异味时，应全部更换，并清洗冷却系统。

f. 应保持常年使用防冻液。优质防冻液每年更换一次，而对于运行时间短的车辆可两年更换一次。

13）冷却液检查与更换技巧。

a. 更换冷却液。排放冷却液，待发动机温度降低后，旋开冷却液储液罐（见图 9-42），在发动机下放置一个干净的收集盘，拧开放水塞或松开散热器的下水管（见图 9-43），放出冷却液。

b. 加注冷却液。加注冷却液至冷却液储液罐最高点标志处（见图 9-42），旋紧储液罐盖子，使发动机运转 5～7min。检查冷却液液面，必要时加注冷却液到最高点标志处。

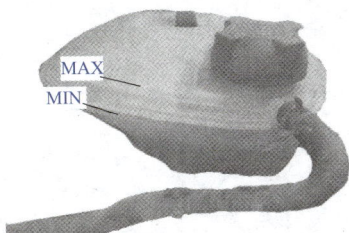

图 9-42　冷却液储液罐液面标志

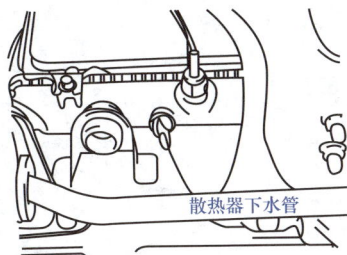

图 9-43　放水塞或松开散热器下水管

c.冷却液渗漏检查。检查确认冷却液液面已注入最高点，安上散热器帽检验器，施以 160kPa 的压力检查散热器软管或接头有无渗漏。

166　汽车电气养护有何诀窍?

答:（1）蓄电池养护诀窍。蓄电池寿命一般在 2～3 年，如果使用和养护得当，可以使用到 4 年以上。如果使用和养护不当，几个月就会损坏。蓄电池养护工作比较简单，做好蓄电池电解液的补充、蓄电池、极柱的清洁和蓄电池的比例控制等工作，就能有效地延长蓄电池的使用寿命。

1）检查蓄电池固定情况。拆下蓄电池防尘罩，检查蓄电池及各极柱导线夹头的固定情况，应无松动现象。

2）检查蓄电池壳体损坏情况。应无开裂和损坏，极柱和夹头应无烧损。否则，应将蓄电池从车上拆下修复。

3）清洁蓄电池。用布或毛刷清除蓄电池外部灰尘、极柱桩头上的污物和氧化物，擦净连接线外部及夹头，如果表面溢出有电解液，则可用布块擦去脏污或用热水冲洗，然后用布擦干，清除安装架上的脏污。疏通加液口孔盖通气孔并将其清洗干净，如图 9-44 所示。在安装时，在极柱和夹头上涂一薄层工业凡士林。

4）蓄电池的安装。安装蓄电池时，应固定牢靠;严禁用工具敲打极柱、夹头;在搬运过程中，应避免有较大的冲击。不要将工具和其他金属物品放在蓄电池上，如图 9-45 所示。

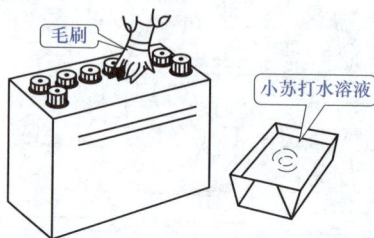

毛刷

小苏打水溶液

图 9-44　蓄电池外部清洁

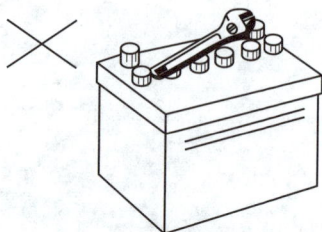

图 9-45　不能将工具等金属物
放在蓄电池上

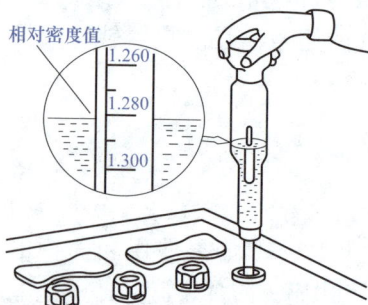

相对密度值

1.260
1.280
1.300

图 9-46　电解液比重检查

（2）免养护蓄电池养护诀窍。免养护蓄电池在整个使用期间不需添加蒸馏水，在汽车充电系统正常的情况下，不需从车上进行补充充电。但免养护蓄电池还是应对其电解液的比例进行检查，如图 9-46 所示。

大多数免养护蓄电池设有一个孔形液体比重计。它会根据电解液相对密度的变化改变颜色（见图 9-47），指示蓄电池性能。若指示需要充电或更换，应进行充电或更换。显示为绿色时，说明该蓄电池性能正常；显示为黑色时，说明该蓄电池需要充电；显示为淡黄色或红色时，说明该蓄电池已接近报废。

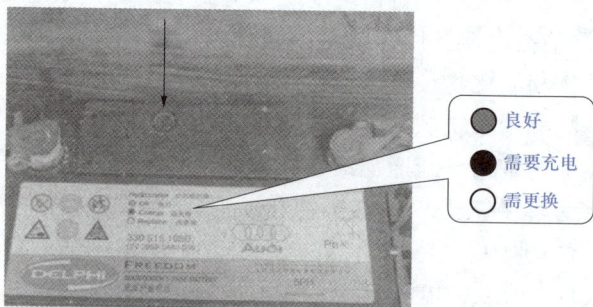

● 良好
● 需要充电
○ 需更换

图 9-47　免养护蓄电池性能指示

免养护蓄电池充电方式与普通蓄电池充电方式基本一样。充电时每单格电压应限制在 $2.3\sim2.4V$。注意使用常规方法充电会消耗较多的电解液，充电时充电电流应稍小些（5A以下）。

注意：①免养护蓄电池不能进行快速充电，否则，蓄电池可能会发生爆炸，导致伤人。②当免养护蓄电池的比重计显示为淡黄色或红色时，说明该蓄电池已接近报废状态。此时再充电只能为救急的权宜之计。

（3）蓄电池进行补充充电的方法。使用中的蓄电池，应定期进行补充充电。补充充电的工艺步骤如下：

1）清洁蓄电池，检查电解液液面高度，并将液面高度调整到高出隔板或护网15mm位置或与蓄电池壳体上的上液面线平齐。当液面过低时，一般只需补充蒸馏水。

图9-48 补充电解液

2）补充电解液。用蒸馏水或蓄电池专用补充液（见图9-48）将蓄电池的电解液液面调整到规定的高度（液面高度高出隔板 $10\sim15mm$，见图9-49）。

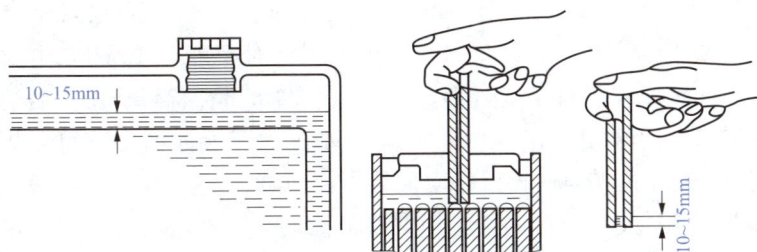

图9-49 调整电解液液面高度

3）连接蓄电池。充电前按照充电设备的额定电压和额定电流将要充电的蓄电池连接起来。

4）选择充电电流。定电流充电的充电电流是根据蓄电池的容量来选择的。定电流充电分两个阶段进行：第一阶段的充电电流为蓄电池额定容量数值的 1/10，在第一阶段充电时，当被充蓄电池的单格电压达到 2.4V 时，转入第二阶段充电，第二阶段的充电电流为蓄电池额定容量数值的 1/20。

5）及时了解充电情况。在充电过程中，为了及时了解情况，应每隔 2～3h 测量记录一次单格电压、电解液密度和温度的变化情况。当电解液中将产生大量均匀细密的气泡，单格电压稳定在 2.5～2.7V，并在 2～3h 内电解液相对密度和端电压都不再继续上升时，可以停止充电。

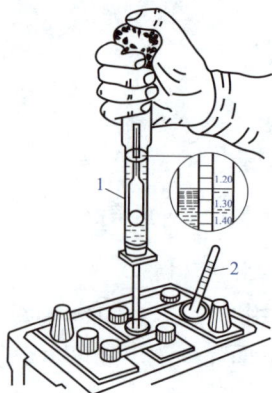

图 9-50　电解液相对
密度检查

蓄电池充电终了的特征：

a. 蓄电池内产生大量气泡，即出现"沸腾"现象。

b. 蓄电池端电压和电解液相对密度均上升至最大值，且在 2～3h 内不再增加。

6）检查蓄电池电解液相对密度。蓄电池充电终了时，应检查蓄电池的电解液相对密度（见图 9-50）。如果电解液相对密度不符合要求，可先将原格内的电解液抽出，如果原相对密度过小，可加入相对密度 1.40 的浓电解液；如果原来相对密度过大，可加入蒸馏水进行稀释。调整后的各单格电解液相对密度相差不应超过 0.01，液面高度应符合规定。相对密度调整后再以小电流继续充电 0.5h，并复查电解液相对密度，必要时进行调整。根据蓄电池的充电特性，蓄电池充足电时，单格电压可达 2.7V。

电解液相对密度（电解液相对密度）一般为 1.23～1.30g/cm³。电解液的纯度是影响蓄电池电气性能和使用寿命的重要因素。

（4）火花塞的选用。火花塞的类型很多，不同汽车发动机使用的型号不同，它们之间不能互换。在更换前，要知道所使用的汽车发动机火花塞的型号。

1）火花塞的型号。国产火花塞的型号由三部分数字或字母组成：

a. 第一位数字：表示火花塞的螺纹直径。数字1、4和8分别表示螺纹直径为10、14mm和18mm。

b. 第二位数字：表示火花塞旋入气缸部分的长度。用D、Z、C等字母分别表示不同的级别。

c. 第三位数字：表示火花塞的热型值。热型值分为热型、中型和冷型三种。数字1、2、3表示热型火花塞，5、6表示中型火花塞，7以上表示冷型火花塞。如果型号前附加了字母G则表示防干扰火花塞，加字母SG则表示防水、防干扰火花塞。

2）火花塞型号的判定。在知道所用汽车的火花塞型号规格后，就可以更换火花塞。在更换火花塞时，应比较新、旧火花塞螺纹部分的长度，如果螺纹部分长了，则火花塞可能在燃烧室中碰撞活塞顶，如图9-51所示。

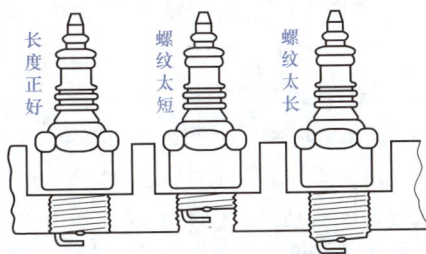

图9-51　火花塞型号判定

3）火花塞的正确使用。使用中如果发现火花塞经常积炭，表示太冷，应用热型火花塞；若发现其有炽热点火现象、气缸中发出冲击声，即表示过热，应换用冷型火花塞。

4）火花塞的安装。安装火花塞时紧度要适当，以防造成漏气、垫圈损坏或绝缘体温度过高等现象。某些火花塞有密封圈，有的则没有。如果旧火花塞拆下有密封圈，那么更换新的火花塞也应装密封圈。

（5）火花塞养护诀窍。

1）火花塞的养护时间。发动机长期工作，火花塞的电极会逐渐烧蚀，加大电极间隙或产生污垢时，就无法产生正常的火花。汽车每行驶5000km左右就应对火花塞进行一次养护。

2）火花塞绝缘体的检查。

a. 检查火花塞绝缘体时，如有油污和积炭应清洗干净，瓷芯如有损坏、破裂，应予以更换。

b. 火花塞积炭和污垢清除。在火花塞养护工作中，最常遇到的就是火花塞积炭和污垢现象。清除方法多用汽油或柴油擦拭，但效果并不理想。清除积炭和污垢的方法：一是用苛性钠（NaOH）、重铬酸钾和水，按20：1：2000的比例配成溶液，清除火花塞上的积炭，效果很好；二是用苛性钠、液态肥皂和水，按50：1：5000的比例配成溶液，清除火花塞上的油污，效果也很好。

采取上述两种方法，首先都要将配好的溶液加热到70～90℃，然后用毛刷或干净的抹布蘸溶液擦拭零件，擦净积炭和污垢后，再用热水将零件上的溶液清洗干净，并用压缩空气吹干。

清除积炭时，也可用铜刷的尖部把中心电机及其周围刷净，如图9-52所示。注意不要用火焰烧烤火花塞来清除积炭。

3）火花塞工作情况判断。从外观上逐一检查火花塞，如果有电极严重烧蚀或积炭甚至有污迹或其他异常现象，表明该火花塞有问题或发动机其他系统有故障；如果火花塞的电极呈现灰白色，而且没有积炭，则表明该火花塞工作正常，燃烧良好，如图9-53所示。

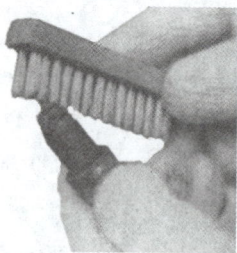

图9-52　清除火花塞积炭

工作不正常　　工作正常

图9-53　外表判断火花塞工作情况

4）火花塞性能检查。火花塞性能检查，将火花塞放置在缸体上（火花塞能与缸体导通），用从点火线圈出来的中央高压线触到火花塞的接柱上（不能有间隙），打开点火开关使高压线跳火，让高压线通过火花塞，如图 9-54 所示。如果从火花塞间隙处跳火，说明火花塞是好的；如果不从间隙处跳火或跳

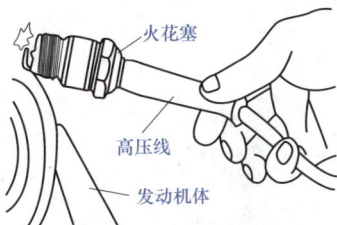

图 9-54 跳火试验判断火花塞工作情况

火较弱，则火花塞内部磁体的绝缘已被击穿或存在短路，必须更换这只火花塞。上述跳火试验仅可在传统化油器汽车上运行，注意电子控制燃油喷射系统的汽车不允许进行跳火。

（6）火花塞电极间隙的检查与调整。火花塞的间隙对发动机的点火性能影响很大。间隙过大，所需的穿透电压增高，发动机不易起动，而且在高转速时容易发生"缺火"现象；间隙过小，则火花微弱，并且还因积炭而产生漏电事故。目前，使用的火花塞间隙在 0.6～0.9mm。

1）厚薄规检查火花塞电极间隙。如果有厚薄规，则可用来测量火花塞电极间隙，如图 9-55 所示。

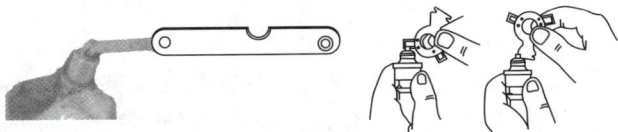

图 9-55 厚薄规和火花塞专用量规检查测量与调整火花塞电极间隙

2）锯片或刀片检查火花塞电极间隙。如果没有厚薄规，则可用折断的钢锯锯片或刀片来代替量规，测量火花塞间隙。

3）用螺丝刀柄调小火花塞间隙。火花塞间隙太大时，可用螺丝刀柄轻轻敲打侧电极来调整，如图 9-56 所示。但不要用力过大，否则侧电极可能因过度弯曲而损坏。

4）用"一"字螺丝刀调大火花塞间隙。如果间隙过小，则可用"一"字头的螺丝刀插入电极间，扳动螺丝刀把间隙调整到达到要求为止，如图 9-57 所示。

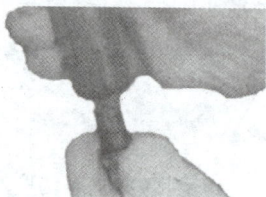

图 9-56　螺丝刀柄调整
火花塞电极间隙

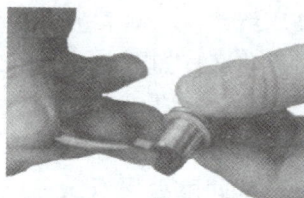

图 9-57　"一"字螺丝刀
调整火花塞间隙

火花塞间隙调整好之后，侧电极与中央电极应大致成直角，如果过度偏曲或电极烧蚀成圆形，则该火花塞不能再使用，应更换新品。

（7）火花塞拆卸与安装注意事项。

1）火花塞的拆卸。

a. 拆下火花塞高压分线。依次拆下火花塞的高压分线。在拆下高压分线时，应做好各缸的记号，以便重新安装，不会装错。拆卸高压分线时，不要抓住电线猛拉，应该抓住高压分线末端的防尘套扭转着卸下电线，如图 9-58 所示。

b. 清除火花塞孔处杂物和灰尘。拆卸火花塞前，要清除火花塞孔处的杂物和灰尘。如果不易吹掉，可用抹布、刷子和螺丝刀进行清除；如果火花塞孔处有灰尘和杂物，则可用嘴吹去灰尘和杂物。

c. 拆卸火花塞。用火花塞套筒逐一卸下各缸的火花塞。拆卸时火花塞套筒要确实套牢火花塞，如图 9-59 所示。否则，会损坏火花塞绝缘磁体，引起漏电。为了稳妥，可用一只手扶住火花塞套筒并轻压套筒，另一只手转动套筒来卸下火花塞，卸下的火花塞要记住安装顺序。

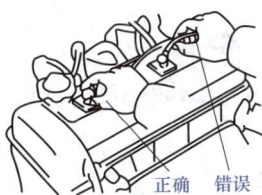

图 9-58　火花塞高压分线拆下方法

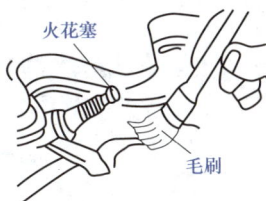

图 9-59　火花塞拆卸

d. 堵住火花塞孔。用不起毛的布块堵住火花塞孔，确保火花塞拆卸后不会有杂物掉进气缸里，如图 9-60 所示。

2）安装火花塞。安装火花塞时，先用手抓住火花塞的尾部，对准火花塞孔，慢慢用手拧上几圈，然后再用火花塞套筒拧紧。如果用手拧入感觉有困难或费力，则应把火花塞取下来，再试一次，千万不要勉强拧入，以免损坏螺纹孔。为使火花塞安装顺利，可以在火花塞螺纹上涂抹润滑油。

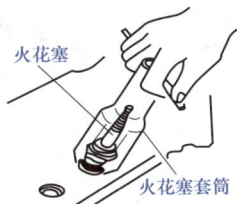

图 9-60　堵住火花塞孔

3）连接高压线。连接高压线时，要注意各缸线的顺序，不要插错。起动发动机，查看有没有严重的抖动或放炮声。如果有抖动或放炮声，说明高压线插错了，应重新插高压线。

（8）熔丝更换注意事项。

1）查明熔丝烧坏原因后再更换。汽车使用中熔丝烧断都是突然的，一般都没有前兆。其产生的原因有：电气元件过载；线路破损、老化造成短路；更换的电气元件功率与原件不符；发动机输出电压过高。若熔丝经常烧断，应认真检查电路，查明原因。

2）熔丝熔断后不能再用。熔丝都是一次性元件，一般不能修复再用。因此，一般在熔丝盒里都有备件，用完后应及时补充。行驶途中无备件时，可以临时借用其他暂不使用的电气设备上同容量的熔丝，例如收放音机、加热器、点烟器、时钟等电路上的熔丝。

3）更换的熔丝容量应与原件相同。熔丝一般有 30、20、10、5、3A 若干种规格，外表分别涂以不同颜色以区别熔丝的不同容量（见图 9-61）。若换用的熔丝一换用即被烧断，则应检查该支路上的电气设备，排除故障后再换上新的熔丝；既不允许换用容量小的，否则极易再次烧坏，也绝对禁止换用容量大的，因为电路一旦发生故障，熔丝将不起作用，很可能将电气设备或线路烧坏，严重时还会引起火灾。

图 9-61　熔丝

4）更换熔丝前应关闭相应的控制开关，以切断电路。

（9）熔丝的更换。现代轿车的电子设备很多，为了保护线路及各电气设备，在电路中都串接了熔丝。当某电气设备、线路短路或过载时，熔丝便立即"烧断"而使电路断开，以防电路与电器设备损坏。熔丝更换步骤与方法：

1）阅读该车使用说明书，从中找出熔丝和继电器的位置。通常情况下，熔丝盒位于发动机舱（引擎室）内（见图 9-62）或位于方向盘左下侧（见图 9-63）。

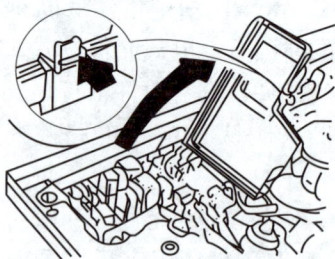

图 9-62　位于发动机舱熔丝盒

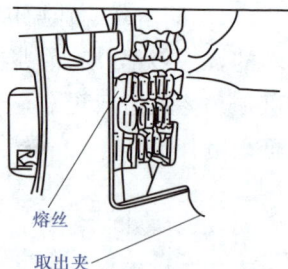

熔丝

取出夹

图 9-63　位于方向盘左下侧熔丝盒

2）关闭点火开关，打开熔丝盒，查看每个熔丝和连接设备。熔丝所连接的电气设备一般对应地印在熔丝盒上，如图 9-64 所示。

3）拔出出现故障电气设备的熔丝，观察熔丝是否被烧断，如图 9-65 所示。若已

图 9-64　熔丝与其连接电气设备

烧断，应更换相同规格的熔丝。若换上新熔丝后又被烧断，则需求助汽车维修电工人员排除短路故障。

4）有时候熔丝并没有烧断，可能是由于汽车的振动，导致熔丝松脱了，可以逐个按压或拔下后重新插上，故障就排除了。

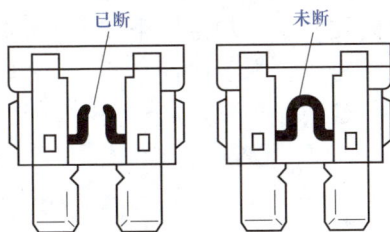

图 9-65　观察熔丝断否

（10）照明灯和指示灯灯泡的更换。

1）小灯的更换。现代汽车小灯型式大致有三种，如图 9-66 所示。按原车小灯种类安装。

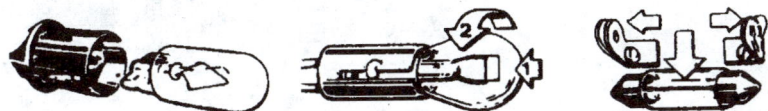

图 9-66　小灯灯泡型式

2）前车灯的更换。不同车型，其前车灯外壳型式及其安装方式也不完全一样。更换时可按车型找出外壳固定螺栓并将其拆下。有些汽车车后方的灯座要从行李箱中拆卸。拆卸时将后行李

箱中整个灯座拆下。有些汽车前大灯灯泡采用弹簧片，拆卸时只要拆下扣夹即可更换灯泡，如图 9-67 所示。

3）车宽灯的更换。车宽灯的更换方法如图 9-68 所示，有些汽车是用螺钉固定的。

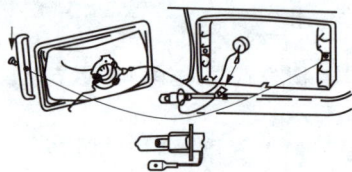

图 9-67　前车灯的更换

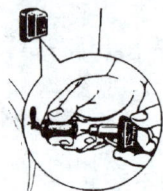

图 9-68　车宽灯的更换

4）车室灯的更换。车室灯的更换，如图 9-69 所示。

（11）前大灯光束的调整。汽车灯光检查与调整工作比较简单，却是一个比较容易让人忽略的工作。为了保证夜间行车安全，在汽车定期养护中，应对前照灯光束照射的方向和距离进行检验，必要时予以调整前大灯光束，以符合国家规定的要求，见表 9-3。

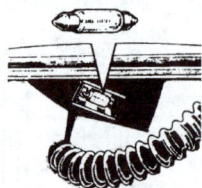

图 9-69　车室灯的更换

表 9-3　　　　　　　　前大灯光束的调整规范　　　　　　　　单位：mm

前灯类型	幕墙距离（m）	光束中心高度	数据		
近光灯	10	$0.75\sim0.8H$	左灯	左侧	≤100
				右侧	≤100
			右灯	左侧	≤100
				右侧	≤100
远光灯	10	$0.85\sim0.9H$	左灯	左侧	≤100
				右侧	≤100
			右灯	左侧	≤100
				右侧	≤100

注　H—大灯的安装高度。

大灯光束调整方法有调试仪调整和屏幕调整，其中后者应用较广，具体方法如下：

1）汽车轮胎气压符合标准，前照灯表面清洁，汽车空载。

2）将汽车置于黑暗空间内平坦的地面上，前照灯距屏幕10m，屏幕（幕墙）垂直于地面且与前照灯表面平行，如图9-70所示。

3）检查调整大灯光束。接通前大灯开关，遮住一侧前照灯或将其电路插接件拆开，拆除前照灯的塑料装饰罩，拧动上下左右光束调整螺钉，使光束（光束最高点）处于规定高度。上下左右调整大灯时，必须拧入调整。如需拧松调节时，应完全拧松，然后拧松调整拧动其调整螺钉，直到符合要求为止。大灯光束调整部位如图9-71所示。调整车灯只需要几分钟时间，而且趣味多多。

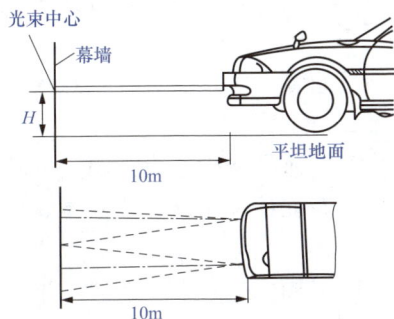

图 9-70 检查大灯光束

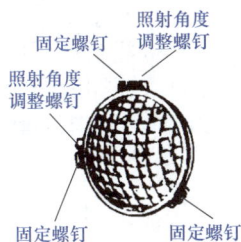

图 9-71 大灯光束调整部位

（12）汽车电气仪表的正确使用与养护。常用汽车电气仪表主要有电流表、燃油表、水温表及润滑油压力表等。为保证各仪表能正常工作，准确指示各有关部分的性能和状态，必须对其正确使用和及时养护。

1）仪表表面清洁。经常擦拭各仪表的表面，一方面防止灰尘和油污浸入仪表内部损坏表芯，另一方面也便于观察仪表指针的动态。

2）观察各仪表动态。起动发动机时，必须观察各仪表的动态，发现异常，及时处理；发动机运转及汽车行驶过程中，也应经常观察各仪表的动态，以便掌握各相关系统的工作情况。

3）掌握仪表性能。掌握各仪表的性能及仪表指示状态与发动机有关部分工作状况的关系，以便根据仪表指示状态，判断发动机的工作状况，查找故障部位及原因。

4）稳压器。仪表电路中装有稳压器时，其外壳应可靠搭铁。当稳压器损坏时，仪表不能直联电源，以免损坏仪表。

5）水温表传感器。水温表传感器必须良好接地，传感器的导线不得打铁、短路，以免损坏水温表。

6）安装润滑油压力传感器时，应使"↑"记号朝上，否则会降低润滑油压力表指示的准确性。

7）油箱、燃油表及燃油表传感器。燃油箱内浮子移动应灵活；油箱及燃油表传感器接地应可靠。若搭铁不良，指针会始终指向"0"端。

电磁式燃油表的下接线柱应接传感器，上接线柱应接点火开关。否则，指针始终指向"0"端。

带电测试燃油表系统时，不得将传感器取出靠近油箱，以防因其可变电阻滑动引起接触处产生火花而使油箱起火，甚至爆炸伤人。

8）电压表。电压值不同的仪表，除电流表外一律不得相互代用，以免损坏水温表。

9）电流表。电流表接线前应将垫圈、螺母、螺栓等接触用砂纸打磨干净，安装螺母时，最好涂一点干净润滑油，既可防锈蚀又便于拆装；平面绝缘垫圈应完好，且绝缘垫圈与弹簧垫圈之间应装一只平垫片并接牢，以免因接触不良而使线头发热，甚至烧坏仪表和线束。

电流表正、负极性不可接反。若汽车为负极搭铁，则电流表"－"接柱应接蓄电池相线（正极），"＋"接柱接交流发电机相线。

　10）定期检测电气仪表。缺乏检测仪器时，可与标准仪表进行对比：电流表的示值误差应小于±20％；润滑油压力表的示值误差，油压为 0.2MPa 时应小于±10％，油压为 0.5MPa 时应小于±20％。

　（13）空调系统的检查。检查时将汽车停放在通风良好的场地上，保持发动机中等转速，将空调器风速开到最大挡时，车内空气内循环。

　1）压缩机检查。压缩机高低侧之间应该有明显的温差，若没有明显温差，则说明空调系统内没有制冷剂，系统有明显的泄漏。

　2）低压管路检查。用手触摸空调系统及各部件，检查表面温度。正常情况下，低压管路呈低温状态，高压管路呈高温状态。

　3）高压管路检查。压缩机出口→冷凝器→储液罐→膨胀阀进口处。这些部件应该先暖后热，手触摸时应特别小心，避免被烫伤。如果在其中某一点发现有特别热的部位，则说明此处有问题，散热不好。如果某一点特别凉或结霜，也说明此处有问题，可能有堵塞。

　4）干燥储液器的检查。干燥储液器进出口之间有明显温差，说明此处有堵塞。

　5）低压堵塞的检查。膨胀阀出口→蒸发器→压缩机进口，这些表面应该由凉到冷，但膨胀阀处不应发生霜冻现象。

　（14）汽车空调养护的内容。汽车空调是现代汽车的重要装备，目前的新型轿车几乎 100％都装上了空调。要充分发挥汽车空调的使用性能，就必须做好汽车空调的日常养护。

　1）泄漏检查。检查系统中有无泄漏，系统中循环的制冷剂泄漏时，泄漏部位的零件表面上会留下油迹，由此即可判断制冷剂有无泄漏；也可以采用涂抹肥皂液和着色剂的方法，确定制冷剂是否泄漏及泄漏点。对于微小的泄漏及泄漏点，则须用卤族元素灯或电子检漏仪进行检查，以防形成严重的泄漏。一旦确定发生泄漏，要请专业人员进行修理。

2）压缩机皮带张紧度检查。检查调整压缩机皮带的张紧度，对减少发动机功率损耗，延长空调使用寿命都大有好处，因此应定期检查压缩机皮带的张紧度和磨损情况。检查皮带张紧度时，可用手指压在皮带中间，若能压下 0.5cm 以上，说明皮带过松，应及时进行调整。

3）压缩机的养护。定期起动压缩机。汽车空调不管使用与否，至少每半个月开启一次，每次运转 10min 左右。这样可使制冷剂在系统内循环流通，防止由于压缩机轴承、油封干燥而引起制冷剂泄漏，并使机内零件得到润滑而不致锈蚀，还可以防止软管硬化、开裂。

4）冷凝器清洁。保持冷凝器的清洁，定期检查冷凝器上有无污物、散热翅片是否弯曲或被污染物堵塞。若散热器翅片弯曲，可用尖嘴钳小心地将其平整扳直。污物可用硬毛刷刷掉。一般冷凝器处在车的最前面，脏堵情况比较重，应将其拆下，反向吹洗才能除净。

5）冷冻油数量检查。在压缩机曲轴下方有一个冷冻油量观察镜，镜面有油量正常的刻度。检查方法：开启空调约 20min，然后停机查看冷冻油面是否低于正常油量的刻度。如油量不够，应及时添加规定的冷冻油。

6）制冷剂数量检查。起动发动机并保持慢怠速运转，打开空调开关让压缩机运行 5min 后，把空调调到最大挡位，吹风机（包括空调器和冷凝器风机）置于最高转速，擦净夜视镜。然后将表阀和制冷系统的吸气检修阀及排气检修阀连起来，如果夜视镜中制冷的流动清晰，无气泡，说明制冷剂剂量合适。

（15）汽车空调的正确使用。正确、合理地养护空调既能得到舒适的车内环境，又能延长空调的使用寿命。在使用空调时应注意以下事项：

1）定期清理空调装置上的杂物。检查蒸发器通道及冷凝器表面，以及冷凝器与发动机水箱之间（要求停机检查）是否有杂物、污泥，要注意清理，仔细清洗。冷凝器可用毛刷轻轻刷洗，注意不能冲洗。

2）检查调整空调压缩机皮带紧度。检查皮带松紧度是否适宜、表面是否完好。如果发现异常，应进行修理。检查调整空调压缩机皮带紧度，如图9-72所示。

3）防车外灰尘进入车内。有些空调空气入口的控制有新鲜（FRESH）和再循环（RECY-CLE）两个控制位置；若汽车在尘土飞扬的道路行驶时，应将空气入口控制在再循环位置，以防车外灰尘进入。

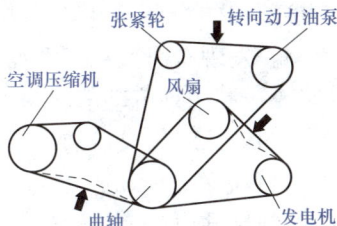

图9-72 空调压缩机皮带
紧度检查调整

4）关闭门、窗。使用前应将车上所有门、窗关闭，以免车外空气侵入，影响制冷效果。

5）维持高怠速运转。汽车停车时间较长，发动机维持高怠速运转，以帮助冷却。

6）少用或不用空调。在长坡上行驶时，若空调负荷过大，可能使发动机过热，因此，应尽量少用或不用空调。

7）警告灯亮。仪表板警告灯亮时，应停机查看故障，待排除故障后再使用。

8）合理养护空调。长期停用空调（一个月或几个月），每半个月要将空调开动10min左右，即使冬天，也不例外。这样可使制冷剂在系统内循环流通，防止由于压缩机轴承、油封干燥而引起制冷剂泄漏，并使机内零件得到润滑而不致锈蚀，还可防止软管硬化、开裂。

（16）汽车空调泄漏问题的处理。空调系统在使用中，制冷剂易从各连接接头、油封处泄漏，制冷剂泄漏将会导致制冷效果差或不制冷等现象。

1）观察检视窗，判定制冷剂有无泄漏。起动发动机（约1000r/min），打开制冷控制开关（A/C），将温度开关控制杆置于 COLD（冷）位置，风扇开关开到最大的位置，可以从储存液罐上端的玻璃窗处观察制冷剂的流动状态，来判断制冷循环系统中有无泄漏。

2）漏油痕迹检查。方法同（14）问题 1）。在检查时，所有连接部位或冷凝器表面一旦发现油渍，一般都说明此处有氟利昂泄漏。发现有泄漏和润滑油，以防泄漏润滑油，损坏空调系统。

3）制冷剂流动情况检查。制冷剂流动正常时，制冷剂大体上透明，此时出风口的风是制冷的。制冷系统的状态正常。

4）制冷剂不足。如果制冷剂不足，就会经常看到气泡流动，制冷剂呈乳白色，这时制冷效果不佳。

5）没有制冷剂。如果没有制冷剂，观察玻璃窗内就什么也看不到，此时空调系统不会制冷。

（17）汽车空调养护的注意事项。空调的养护要求较高，一般情况下建议最好开到修理厂由专业人员进行操作。在养护汽车空调时需要特别注意以下问题：

1）汽车空调不要在下雨露天作业。不要在下雨露天作业或周围有水时打开制冷系统，制冷系统打开后一点要及时加盖密封。

2）不要随便排放制冷剂。由于氟利昂无色无味，但能使人窒息。因此在养护空调时不要乱站在地沟、凹坑等地方排放制冷剂。排放制冷剂的工作要在通风良好的地方进行。

3）防氟利昂伤人。若氟利昂碰到皮肤、眼睛将吸收人体大量热量而蒸发，从而冻伤人体，因此操作时要严加注意，应戴上防护眼镜，以保护眼睛。一旦发生液态氟利昂进入眼睛，千万不可用手搓，要马上用大量的干净冷水冲洗并立即到医院治疗。

4）不能用普通橡胶替代空调系统的密封件。氟利昂对普通橡胶有腐蚀作用，因此，不能用普通橡胶制品来替代空调系统的橡胶密封件。

5）防氟利昂伤金属表面光泽。氟利昂遇到空气中的水分会使金属表面失去光泽。因此排放制冷系统，要用旧布遮住有关车身外表面。

6）维修现场防焊接操作或吸烟。氟利昂不燃烧、不爆炸，但其气体碰到明火会产生有毒的光气，因此不要在制冷系统维修现场附近进行焊接操作或吸烟。也不要在封闭的房内或靠近火焰的地方处理制冷剂。

7）空调故障应由专业人员维修。空调制冷效果差或出现故障时，应及时地关闭空调，以防故障进一步扩大和恶化，空调故障时一般应请专业维修人员维修。

167 汽车底盘养护有何诀窍?

答:（1）刮水器的养护。刮水器是安全驾驶的基本设备之一，对安全行车有着直接影响。在进行日常检查维修时，花一点时间，检查一下刮水器，既可以延长刮水器寿命，又能确保行车安全。

1）检查刮壁下端的固定情况。刮臂和由电动机（刮水器分配阀）带动的连杆通常由螺钉固定和齿条压合式两种固定方式。检查时若发现松动，应及时固定，以免使用时发生故障。

2）检查刮臂角度。使刮片能直立在风窗玻璃上并能完全接触，以保证清除雨水尘土的效果。

3）检查刮片。橡胶条是否老化、变形或末端龟裂或局部脱落，必要时进行更换。

4）蜡不要打到风窗玻璃上。在给车辆打蜡时，不要将蜡打到风窗玻璃上，否则刮水器片的玻璃上打滑影响擦拭效果，同时也会发出难听的"嘶嘶"声。

5）检查润滑情况。平时检查应注意电路连接情况及各活动部位的润滑，一般不要随便拆卸本体。

6）发现故障及时检查维修。如发现有不正常现象应及时检查维修。刮水器旧了之后，不仅刮水性能大幅度下降，而且刮水时会产生吱嘎吱嘎的响声。由于刮水片全套价格不高，所以最好每隔一至两年更换一次。

7）检查清洗器喷嘴喷射量。检查风窗玻璃清洗器的喷嘴喷射量是否足够，如果喷射量不够，检查喷嘴是否堵塞，必要时用毛刷和大头针清理针孔。

8）检查清洗器喷嘴喷射方向。检查风窗玻璃清洗器喷嘴喷射方向是否正确，必要时可用别针插入喷孔中，移动喷嘴的角度，将喷嘴的方向调整好。

（2）离合器踏板自由行程的检查与调整。离合器踏板自由行程是指离合器膜片弹簧内端与分离轴承之间的间隙（1.5～4mm）在踏板的反映（15～40mm），自由行程就是不起离合作用的行程。汽车离合器踏板自由行程检查与调整方法：

1）离合器踏板自由行程检查。使用直尺测量离合器踏板到驾驶室底板的距离 H（离合器踏板不施加压力时），如图9-73所示，再用手向下按离合器踏板至有阻力时，用直尺测量离合器踏板与驾驶室底板之间的距离 L（见图9-74），则离合器踏板的自由行程为 H-L（也称为空行程），如图9-75所示。各种车型离合器踏板的自由行程数值见随车使用说明书。一般轿车离合器踏板自由行程为15～20mm。如果自由行程不符合要求，都将使离合器踏板的操纵性变差。

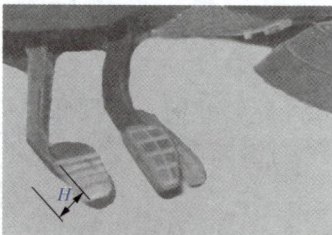

图9-73　测量离合器踏板到地板的距离

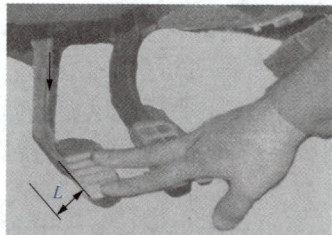

图9-74　测量按下离合器踏板到地板的距离

2）机械操纵机构离合器自由行程检查与调整方法。离合器多采用钢索操作机构，设有调整螺母，旋转踏板拉杆（拉线）上的调整螺帽（见图9-76），改变其长度来实现，旋紧螺母，自由行程变小；反之，增大。调好后将螺帽固定。

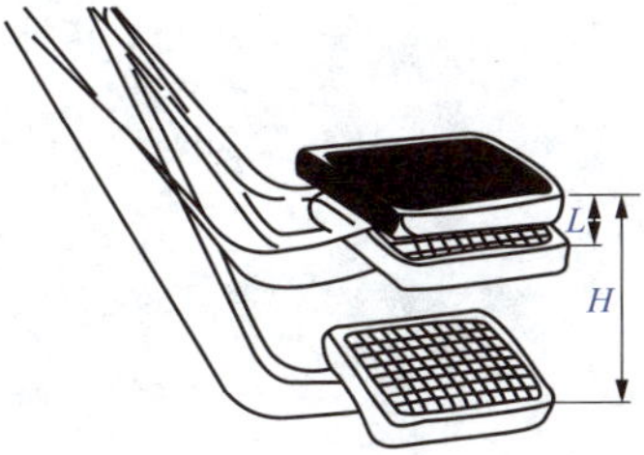

图 9-75　离合器踏板自由行程

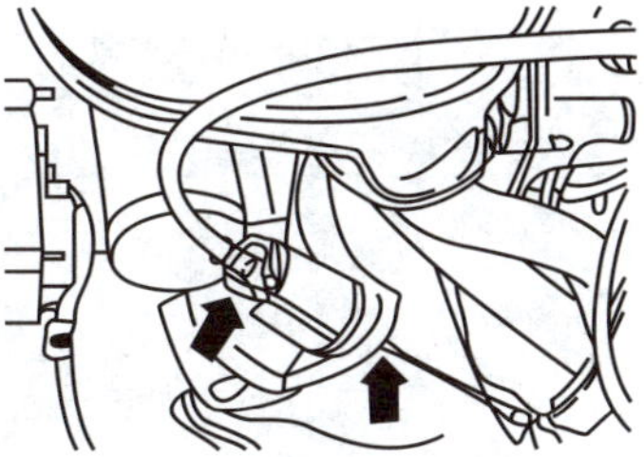

图 9-76　离合器自由行程
调整螺母位置

3）液力操纵机构离合器踏板自由行程检查与调整方法。如北京 BJ2020 型汽车有两个调整部位，①总泵推杆与到活塞间的间隙为 0.50～1.00mm，反映在踏板上的行程为 3～6mm，用偏心螺栓调整，调后锁止；②分离轴承与分离杠杆内端的间隙为 2.5mm，反映在踏板上行程为 29～34mm，通过改变推杆长度调整，推杆伸长自由行程变小，调整后用螺母锁止。

（3）制动踏板自由行程的检查与调整。为了保证制动系统的正常工作，制动踏板必须有一正确的自由行程，制动踏板自由行程就是不起制动作用的行程。若自由行程过大，则有效制动行程太小，将影响制动距离和制动性能；若制动踏板自由行程小，可能导致汽车行驶中自动制动现象。汽车制动踏板到地板的标准距离称为制动踏板高度。如果制动踏板高度和规定高度差别很大，不仅影响制动器的正常操作，严重时还会影响到制动器能否正常工作。

1）制动踏板自由行程检查。使用直尺测量制动踏板到驾驶室底板的距离 H（见图 9-77），用手向下按制动踏板至有阻力时，用直尺测量制动踏板与驾驶室底板之间的距离 L（见图 9-78），则制动踏板的自由行程为 $H-L$（也称为空行程），如图 9-79 所示。各种车型制动踏板的自由行程数值见随车使用说明书。一般轿车制动踏板自由行程为 15～20mm。如果自由行程不符合要求，都将使制动踏板的操纵性变差。

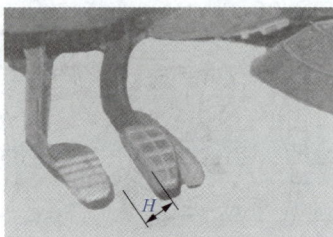

图 9-77　测量制动踏板
到地板的距离

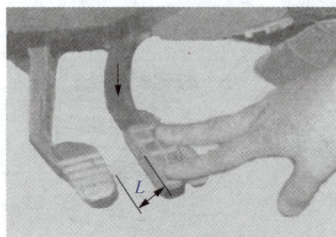

图 9-78　测量按下制动踏板
到地板的距离

2）制动踏板自由行程调整。当制动踏板空行程不合适时，可松开总泵推杆或制动阀推杆的锁紧螺母，拧动推杆，通过改变其长度进行调整，图 9-80 为桑塔纳轿车的调整部位。调整完毕，拧紧螺母。

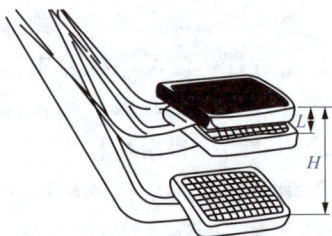

图 9-79　制动踏板自由行程

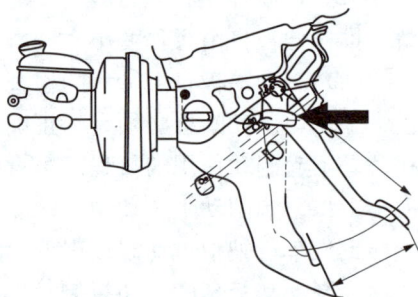

图 9-80　制动踏板自由行程
调整螺母位置

（4）驻车制动器自由行程的检查与调整。

1）驻车制动器自由行程。驻车制动器（停车制动器）自由行程就是不起驻车制动作用的行程。驻车制动器（停车制动器）的调整是通过改变拉线长度来调整驻车拉杆的空行程（不起驻车制动作用空行程）。

2）驻车制动器功能。手动变速汽车上大都使用驻车制动器将汽车固定住。自动变速汽车上只要把变速杆位于 P 位置，就能机械地将驱动轮锁死。特别是在坡道上停车时，如果驻车制动器不好用，很可能造成各种突发事件，必须定期检查驻车制动器。

3）驻车制动器自由行程检查。驻车制动器的首要检查就是检查驻车拉杆自由行程。一般情况下，拉动驻车制动杆以过 3～5 个棘轮齿口后（3～5 响），如图 9-81 所示，驻车制动器就应该达到最大制动力。如果停车拉杆的自由行程太大，则必须进行调整。

4）驻车制动器自由行程调整。放松驻车制动器的手制动拉杆，用力踏板一次，把手制动杆拉紧 2 个齿。拧紧驻车制动装置的调整螺母（见图 9-82），直至用力不能转动两个被制动的后轮为止。

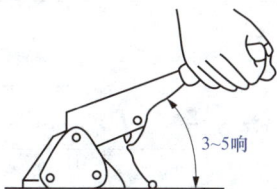

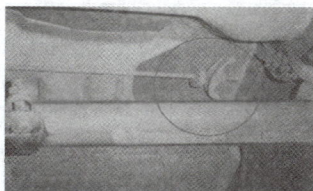

图 9-81　驻车制动器自由行程检查　　图 9-82　驻车制动器调整螺母

举起车辆后轮，放松手制动，检查两个后轮是否都能运转自如。

（5）齿轮油的选用。齿轮油是用来保证汽车机械变速器、驱动桥和传动机构正常运转的润滑油。它和发动机润滑油一样，具有减磨、清洗、密封、冷却、防锈和降噪等作用。由于使用的齿轮种类不同，所使用的齿轮油也有所不同。汽车齿轮油的选用主要是确定其黏度级别和使用性能级别，以此两项指标选用合适的汽车齿轮油。

1）黏度级别的选用。选用汽车齿轮油的黏度级别主要根据使用环境的最低气温和最高气温，推荐参数列于表 9-4。汽车齿轮油的黏度应保证低温条件下的车辆起步，又能满足油温升高后的润滑要求，并考虑汽车齿轮油换油周期长短因素。GL-3 的换油周期为 4.5 万 km，GL-4、GL-5 的换油周期为 5 万～6 万 km。

表 9-4　　　　　　　车辆齿轮油黏度级别选用表

环境温度（℃）	车辆齿轮油黏度级别	环境温度（℃）	车辆齿轮油黏度级别
−57～10	75W	−15～49	85W/90
−25～49	80W/90	−7～49	140

注　W 表示冬季用油。

近年来，由于进口品牌的齿轮油在国内大量生产并销售，国内市场上出售的齿轮油基本上都使用国际标准的标号，即 SAE 黏度分级标号和 API 质量分级标号。按照国际标准为汽车选用齿轮油就可以保证汽车使用的要求。旧牌号国产齿轮油与 SAE 规格、API 规格对应关系及使用范围，详见表 9-5。

表 9-5　　　　　国产齿轮油与进口齿轮油的对应关系

国产齿轮油	使用范围	相对应的 SAE 规格（按黏度分类）	相对应的 API 规格（按质量分级）
20 号普通齿轮油	冬季使用于一般汽车的齿轮传动装置上	SAE90	GL-2
30 号普通齿轮油	长江以南地区全年，长江以北地区，夏季使用于一般汽车的齿轮传动装置上	SAE140	GL-2
22 号渣油型双曲线齿轮油	冬季使用于具有准双曲面齿轮传动装置的汽车上	SAE90	GL-3
28 号渣油型双曲线齿轮油	夏季使用于具有准双曲面齿轮传动装置的汽车上	SAE140	GL-3
18 号馏分型双曲线齿轮油	用于气温在 −10～30℃地区，具有准双曲面齿轮传动装置的汽车上	SAE90	GL-4

国产齿轮油	使用范围	相对应的 SAE 规格（按黏度分类）	相对应的 API 规格（按质量分级）
26 号馏分型双曲线齿轮油	用于气温在 32℃ 以上地区，具有准双曲面齿轮传动装置的汽车上	SAE140	GL-4
13 号馏分型双曲线齿轮油	用于气温在 －35～10℃ 严寒地区，具有准双曲面齿轮传动装置的汽车上	SAE85W	GL-5

　　2）使用性能级别选用。齿轮油主要根据齿面压力、滑移速度和油温等工作条件选用，而这些条件又取决于传动装置的类型，所以可按齿轮类型和传动装置的功能来选择使用性能的级别。一般来说，驱动桥主传动器工作条件苛刻，而双曲线齿轮主传动器更苛刻，所以对齿轮油的使用性能要求更高，应选用更高级别的齿轮油。

　　为减少用油级别，在汽车各传动装置对齿轮油使用性能要求相差不大的情况下，可选用同一级别使用性能的齿轮油。

　　通常情况下，为保证齿轮的正常润滑，引进车型及进口汽车的驱动桥必须使用重负荷车辆齿轮油 GL-5，机械变速器用中负荷车辆齿轮油 GL-4。采用双曲线齿轮驱动桥的国产汽车，可以用 GL-4 或 GL-5 齿轮油，机械变速器用 GL-4 齿轮油。采用螺旋锥齿轮和圆柱齿轮驱动桥的国产汽车可以用 GL-3 普通车辆齿轮油或 GL-4 齿轮油，机械变速器用 GL-3 齿轮油。

　　目前，GL-3 是车辆齿轮油用量最多的一个品种，约占总量的 46％；GL-4 占 35％；GL-5 占 19％。近几年不断引进国外先进车型，对车辆齿轮油要求越来越高，GL-4、GL-5 用量也不断增加。具体选择方法请参考表 9-6。

表 9-6   汽车齿轮油的选择

使用性能级别选择		黏度级别（或牌号）的选择	
性能级别	齿轮类型、工作条件和示例	黏度级别	使用气温范围
普通车用齿轮油（GL-3）	工作条件缓和的螺旋锥齿轮主减速器和变速器、转向器（解放 CA1091 后桥、变速器等）	90	−10℃以上地区全年通用
		80W/90	−30℃以上地区全年通用
		85W/90	−20℃以上地区全年通用
中负荷车用齿轮油（GL-4）	工作条件一般（齿间压力在 3000MPa 以下，齿间滑移速度在 8mm/s 以下）的准双曲面齿轮主减速器（东风 EQ1090）或要求使用 GL-4 齿轮油的进口汽车	90（旧 18 号）	−10℃以上地区全年通用
		旧 7 号严寒区双曲线齿轮油	−43℃以上严寒区冬季
		85W/90	−20℃以上地区全年通用
重负荷车用齿轮油（GL-5）	工作条件苛刻的准双曲面齿轮主减速器（丰田皇冠等进口轿车）或要求使用 CL-5 齿轮油的进口汽车	90	10℃以上地区全年通用
		140（旧 26 号）	重负荷、炎热夏季
		85W/90	−20℃以上地区全年通用

（6）自动变速器油的选用。自动变速器油（ATF）除具有传递转矩和液压，以控制自动变速器离合器及制动器工作性能外，还具有润滑、冷却和清洁作用。由于自动变速器的工作环境比较恶劣，因而，对自动变速油的选用、用油量、加油方法、检查方法和换油间隔行程等均应按严格规定进行。否则，不仅容易发生故障，而且会影响自动变速器的使用寿命。

自动变速器的工作特点要求自动变速器具有较高的品质，自动变速器有的型号很多，用油要求也不同，一般应按汽车使用说明书规定的要求选用。目前，世界各国普遍使用美国生产的变速器油，主要有通用公司生产的 Dexron、DexronI. DexronII 型和福特公司生产的 E、F 型。一般常用的有 6 号和 8 号两种规格，其中 6 号液力传动油用于内燃机车或载货汽车的液力变速器，可以替代国外的同类产品。我国的部分国产汽车和进口汽车多用美国通用公司生产的 DexronII 型和福特公司生产的 F 型自动变速器油。

各种型号的自动变速器油既不能错用，也不能混用。如果规定使用 DexronII 型自动变速器油而错用了福特 F 型自动变速器油，会使自动变速器发生制动器、离合器突然齿合和换挡冲击现象；反之，规定用福特 F 型自动变速器油而错用了 Dexron 型自动变速器油，则会出现自动变速器的制动器、离合器打滑，加速摩擦片早期磨损。

（7）自动变速器油油质检查。正常的自动变速器油清澈略带红色，且无异味。如果使用不当，容易出现油液变质，应对油液品质进行检查。

1）经验检查方法。可从外观判断，如用手指捻一捻油液，感觉黏度，用鼻子闻一闻有无特殊的气味。

2）油液分析仪器检查。油液品质的检查，可用仪器进行检查。若发现油液变质，应及时更换新油。

3）油液品质变化原因。根据经验，将油液品质变化与其故障原因列于表 9-7，以供参考。

表 9-7　　　　　　自动变速器油品质变化与原因

油液品质变化	原　因
颜色发白、浑浊	水分已进入油中
发稠、黑色，油尺上有胶质油膏	自动变速器油温过高
棕色、深褐色	长期高负荷运转或某些部件打滑、损坏，引起自动变速器过热；油液使用时间过长
油液中有固体残渣	制动带、离合器片和单向离合器磨损严重
油液有烧焦味	油面过低、油温过高；滤清器、油冷却器或管路堵塞

（8）自动变速器油的更换。自动变速器油量的多少对其使用性能和寿命均有较大影响，因此，加入自动变速器的油量必须符合标准。自动变速器油应定期更换。国产汽车正常行驶 8000～10 000km，进口汽车正常行驶 20 000～40 000km，或者停车超过一年时，均应将自动变速器油液全部更换。自动变速器油更换

方法：

1）预热。放油前使自动变速器预热到正常工作温度（70～80℃），以便降低油的黏度，确保油内杂质和沉淀物随油一同放出，然后停车熄火。

2）放油。将汽车停放在水平路面上，将选挡操纵手柄拨至停车挡（P）位置，并拉紧驻车制动器操纵杆。拆下自动变速器油底壳上放油螺塞，将油底壳内的油液放净。视情况拆下油底壳，彻底清洗油底壳和过滤器滤网，并将自动变速器油冷却器用汽油冲洗干净，换掉滤油芯，然后再将油底壳和放油螺塞装好。

3）加油。从自动变速器加油口注入规定牌号的自动变速器至规定的油面高度。起动发动机，发动机在怠速运转情况下，移动选挡操纵手柄经所有挡位后回到停车挡（P）位置。如油面低，应继续加油至规定油面高度。

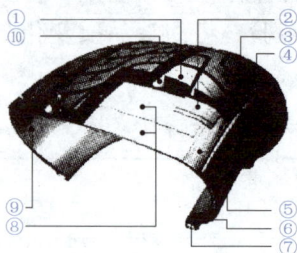

图 9-83　轮胎结构

①—胎面（tread）；②—完带层（capply）；③—胎肩（shoulder）；④—胎侧（sidewall）；⑤—胎体（carcass）；⑥—胎补强带（apex）；⑦—胎圈（bead）；⑧—带束层（belt）；⑨—气密层（innerliner）；⑩—花纹沟（groove）

4）调整油面高度。让汽车行驶至发动机和自动变速器达到正常工作温度，再次检查热状态时油面高度是否在油尺刻度线的上限附近，并调整油面高度。如果加油时不慎使油面高于规定的高度，不应勉强使用，而应该拧开放油螺塞放油；如没有放油螺塞，可从加油口处用吸管或其他器具吸出。

（9）轮胎的结构。汽车轮胎的结构，如图9-83所示。

1）胎面（tread）。胎面指轮胎与路面接触的厚厚橡胶层部分，要求胎面具有良好的耐冲击性和耐磨性。

2）胎肩（shoulder）。胎肩指胎面端部与胎侧上端之间的部分，具有散发行驶时产生的热量和保护胎体的作用。

2）胎侧（sidewall）。胎侧指胎肩下端和胎圈之间的橡胶层部分，胎侧有保护胎体的作用。

3）胎体（carcass）。胎体指构成轮胎骨架的单层或多层覆胶帘线部分，要求胎体具有良好的耐屈挠性和耐冲击性。

4）胎圈（bead）。胎圈指胎体帘线缠绕其上，与轮辋结合的部位，由胎圈橡胶及钢丝等构成。

5）带束层（belt）。带束层指胎体及胎面紧紧连接起来的部位，具有提高胎面刚性作用的钢丝层。

6）气密层（innerliner）。气密层指轮胎的内衬层，要求气密层具有良好的气密性能。

（10）汽车轮胎型号的识别方法。

1）轮胎型号的识别。轮胎参数，即轮胎外径为 D，轮辋直径为 d，断面宽度为 B 和断面高度为 H，如图 9-84 所示。轮胎的通常表示方法：

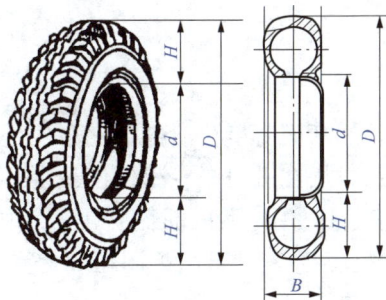

图 9-84　轮胎参数

a. 子午线轮胎。近年来，由于子午轮胎和扁平行轮胎的问世，轮胎的型号出现了新的尺寸参数。对于一般汽车来说，$B=H$，其断面成圆形。但扁平轮胎断面 $H<B$，有的甚至差别很大，因此，这种轮胎的断面高度和宽的比值 B/H 成了一个必须说明的尺寸参数，称为扁平率。子午线轮胎一般用 R 表示。有些轮胎把其用途也标注在轮胎型号的前面，如图 9-85 所示。

b. 用轮胎的外径 D 和断面宽度 B 来表示，即 $D×B$，单位是 mm。西欧国家生产的轮胎多采用这种方式表示。

c. 用公、英制混合表示，前部数字单位是 mm，用来表示轮

```
155        R        13
                     └──── 表示轮辋名义直径(in)
           └──────────── 表示子午线(radial)结构
└──────────────────── 表示轮胎名义断面宽度(mm)

P    175  /  70   R    13
                       └── 表示轮辋名义直径(in)
                  └────── 表示子午线(radial)结构
            └────────── 表示轮胎扁平率
     └──────────────── 表示轮胎名义断面宽度(mm)
└──────────────────── 表示轮辋名义直径(in)

LT   215  /  75   R    15
                       └── 表示子午线(radial)结构
                  └────── 表示轮胎扁平率
            └────────── 表示轮胎名义断面宽度(mm)
     └──────────────── 表示轻型汽车(lighttruck)用轮胎
└──────────────────── 表示乘用车(轿车passenger)用轮胎
```

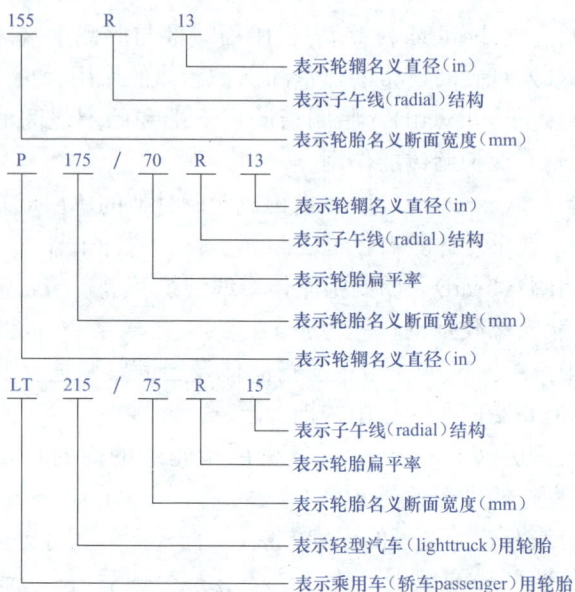

图 9-85　轮胎规格标记方式

胎的断面宽度；后部数字单位是 ft，用来表示轮辋直径，这种表示方法在进口车轮上使用最多。

d. 用轮胎的断面宽度 B 和轮辋 d 表示，即 $B-d$，单位是 ft。这种表示方法多用在载货汽车、大型乘坐轮胎上，我国采用该方法。

2）轮胎规格标记。汽车轮胎的规格标记主要有主商标、辅商标、结构、负荷、规格、用途、认证、生产周期等内容。轮胎规格的标记方式如图 9-84 所示。轮辋又称轮毂、轮圈。

（11）延长轮胎使用寿命的方法。为了延长轮胎的使用寿命，使用轮胎时应注意以下事项：

1）驾驶方式要恰当。起步要平稳，处理情况要提前，尽量少使用紧急制动；不要超速行驶，转弯时要减速通过；合理选择路面，防止撞击障碍物。

2）及时清理胎体杂物。轿车行驶中，轮胎表面会嵌入一些杂物，如钉子、石块、玻璃、铁片等。如果不进行及时清理，杂物将逐步插入胎体内，造成帘线强度降低，引起脱层，甚至引起爆胎。

3）负荷不能过大。小轿车如果长期超员行驶，会使轮胎过度发热、橡胶老化、缩短轮胎寿命。试验表明：轮胎超载 10%～12%，轮胎的行驶里程就会下降 20%～40%。

4）轮胎磨损异常。发现轮胎不规则磨损应及时查找原因。

a. 轮胎偏磨。轿车前束值一般为 0～3mm，有的还是负前束，在使用中应该经常检查和调整，最好以最小值为准，因为前束值小可以减少轮胎偏磨。

b. 胎面裂纹。如果胎面有裂纹，则是气压不足或超速。

c. 轮胎两肩磨损快。如果轮胎两肩快速磨损，则是气压不足或换位不够。

d. 轮胎单边形磨损。如果单边形磨损，则是前轮过度外倾。

e. 轮胎羽边形磨损。如果产生羽边形磨损，则是前束不当造成。

f. 扇形磨损。如果产生扇形磨损，则是轮胎换位不够或者悬架校准不好。

g. 胎面秃斑。如果胎面有秃斑，则可能是车轮不平衡或者轮胎歪斜。

（12）轮胎气压的检查。汽车在使用过程中应经常检查轮胎的气压。试验证明，如果轮胎气压提高 25%，则轮胎寿命降低 15%～20%；如果轮胎气压降低 25%，则寿命将缩短 30% 左右；胎压过高，弹性降低，轮胎发硬，特别是炎热夏季，极易爆胎；胎压过低，影响车速，增加油耗。检查轮胎气压时，拧开轮胎气嘴的防尘帽，用轮胎气压表进行准确测量，发现轮胎气压不足应及时补气至规定气压。

不同车型轮胎的气压在随车使用说明书中都有规定。有的汽车还在车身的某处标出轮胎的气压值，桑塔纳轿车轮胎充气压力就标注在加油口锁盖内侧。一般轿车轮胎气压：前后轮为180kPa，满载时前轮为 190kPa，后轮为 230kPa。气压不足，应及时补充；气压过高，应放出部分气体。

轮胎加气后，应用唾液涂在气嘴上检查有无漏气。有明显的气泡或抖动，表示气嘴芯漏气，应拧紧或换气嘴芯。戴上气嘴的防尘帽，以防污物和水汽进入气嘴。

（13）轿车轮胎的选用。汽车行驶在道路上，轮胎胎面和路面之间发生接触、滑磨现象，而且还担负着转向的任务，因此轮胎的好坏直接影响着汽车的安全性、经济性和稳定性。轮胎选用不当，会引起轮胎早期磨损，给安全行车构成严重威胁。

一般汽车轮胎的尺码对换见表9-8。

表9-8　　　　　　　　　汽车轮胎尺码对换表

标准尺码	无须更换轮圈	需要更换轮圈
185/60B14	195/55R14	195/50R15
205/65R15	215/60R15	225/55R16
205/55R16	225/50BA6	225/45ZRl7

轮辋大小是选择轮胎的主要依据。选择轮胎时，要求轮辋和轮胎相匹配。常见车型轮胎与轮辋选择对应关系见表9-9。

表9-9　　　　　常见车型轮胎与轮辋选择对应关系表

车型	原标准	加"1inch"	加"1½inch"	加"2inch"
奥迪200	205/60R15	205/55R16	225/50R16	225/45R17
奥迪2.6E	195/65R15	205/55R16	225/50R16	225/45R17
红旗CA7221、奥迪2.2E	185/70R14	195/60R15	205/55R15	205/50R16
红旗CA7220、CA7221、奥迪100	185/80R14	205/65R15	225/60R15	225/55R16
桑塔纳旧款	185/70R13	185/65R14	195/60R14	195/55R15
桑塔纳2000	195/60R11	195/55R15	205/50R15	205/45R16
捷达20V、捷达5速	185/60R14	185/55R15	195/50R15	215/40R16
捷达普通型捷达5速	175/70R13	175/65R14	185/70R14	195/50R15
富康	165/70R14	195/55R15	205/50R15	205/45R16
奥拓	145/70R12	165/55R13	175/50R13	115/50R14

注　加"1inch"指轮辋加大1inch；加"2inch"指轮辋加大2inch。

现代汽车普遍采用子午胎（子午胎就是帘布层相互平行排列，恰是地球的子午线方向，所以称为午胎）。子午胎是一种适应高速公路、高速汽车而研制的轮胎。与普通斜线轮胎相比，子午胎有滚动阻力小，可降低油耗8％左右；弹性大，耐磨性好，可使轮胎寿命提高30％～50％；附着性能，缓冲性能好，承载能力强的特点。所以子午胎的使用范围越来越广。子午胎在胎侧上注有"Z"或"R"字母。另外，轿车轮胎型号中，还标有轮胎的结构和允许的最高车速。如 V 表示最大车速为 240km/h，H 表示最大车速极限为 210km/h。

购买轮胎时，应选择知名企业的产品，到大型专卖店购买。他们能为客户提供售前、售中、售后系列化服务，如免费进行轮胎动平衡测定和轮胎换位等。其次要有识别真假的能力：一看轮胎的规格型号是否与原型号一致，如果轮胎或轮辋不匹配，也属于劣质产品；二看加工精细程度，如果轮胎内表面帘线分布不均匀，凹凸不平，部分帘线有外露，肯定是假冒伪劣产品；三看轮胎的标识是否齐全。正宗产品，外包装质量好，字迹清楚，套印色彩鲜明。

（14）轮胎磨损情况的检查方法。

1）轮胎严重安全性故障。如果轮胎上有硬伤切口或暴露帘线的裂隙及出现凸起等现象时，说明轮胎存在严重的安全性故障隐患，应予以更换。

2）轮胎异常情况。检查轮胎侧面有无划伤，胎冠面有无裂纹，如有异常情况，应进行修补或更换。出现轮胎异常磨损故障现象时，可能是汽车其他系统出现的故障或损坏，应结合汽车养护排除故障或去维修厂进行修理。

3）轮胎磨损标记显露。汽车轮胎磨损有警报信号标志。汽车轮胎侧面有由印模印出来的厂名、商标、标准轮毂、生产编号和轮胎规格及最大负荷代号等，轮胎胎肩上沿圆周五等分处有模印的"△"标志。它是轮胎磨损警报信号标志（磨损指示器）。当轮胎花纹磨损到极限时，磨损指示器即显示出来，以提醒司机及时更换轮胎。

轮胎磨损警报信号标志是在轮胎的胎冠面上沿轮胎的圆周五等分处的花纹沟槽底部轴向设置一条高 1.6mm 的凸台。当轮胎花纹磨损到距沟槽底部 1.6mm 时，这部分的沟槽便开始断裂，因而出现一条清晰的裂纹。从而提醒司机必须更换轮胎。为方便查核，在埋设磨损指示器位置的两边胎肩上，相应地用印模印出"△"标志，以提示在这里的轮胎花纹里设置有轮胎磨损指示器。

当轮胎磨损标记显露出来时，就应更换轮胎。轮胎在胎面上嵌入的磨损标记（一般为 8 条，宽度为 12.5mm），位于相应部位的轮胎侧壁印有"△"或"TWI"的记号。如果能从邻近的两个以上的槽中看到磨损指示带，轮胎就应该及时更换。

4）轮胎避免磨损到磨损标记。在使用中，为了安全起见，应该避免将轮胎磨损到露出磨损标记的状态，稍微提前进行更换。

5）轮胎橡胶老化。轮胎如果使用已经超过 6 年，由于橡胶的老化，最好不要装车使用。

（15）轮胎的装复。在外胎内表面和内胎及垫胎外表面均匀地涂抹一层滑石粉；将内胎装入外胎内并放正（如胎侧上有△、□、×、↑ 等记号，应使气门嘴靠近记号，以减小轮胎的不平衡度）。装上垫胎并稍微充点气，使内胎保持圆形，将装好内胎的外胎按轮胎换位后的花纹方向套在轮辋上（人字花纹的轮胎，应使人字头在滚动中先着地），并使气门嘴伸出轮辋外边，按轮胎换位后的位置，装好气门嘴充气接头，用撬胎棒装上挡圈和锁圈，在锁圈上装上锁片和卡簧，然后按规定给轮胎充气。

（16）车轮轮胎的更换。

1）轮胎规格一致。一车辆应装用规格、型号一致的轮胎。严禁将不同结构、不同规格、不同层次、不同扁平率和不同厂牌的轮胎混装。如果在同轮轴上既有子午胎又有斜交胎，容易导致单胎超负荷，产生早期磨损。

2）安全停驻车。将汽车停在一安全的地方，若汽车在公路上，应打开警告灯，警示后面来车注意避让。下车前拉起驻车制动器操纵杆，若车停在坡路上，应将车轮下垫三角木块或硬石头以防溜车。

3）放好警示牌。将汽车行李舱内警示牌取出并放在车后，若汽车在高速公路上，警示牌至少放在车后 100m 处，一般路面只需 50m 即可。

4）准备工具。取出汽车自备工具箱的工具，包括举升器组件和套筒扳手。

5）取出备胎。取出备胎座内的备用胎。不同车型的备用胎的放置位置可能略有不同。通常情况下轿车的备胎在后行李舱中，掀开上面盖的地毯，旋松中心固定螺栓即可取下。越野车的备用胎通常在前后保险杠上。

6）取下车轮饰盖。用起子（螺钉旋具）将车轮饰盖板撬下，露出车轮螺栓。用套筒扳手松开轮胎螺栓（螺母），注意螺栓（母）旋紧方向，大车左边螺母旋紧方向为逆时针，右边螺母旋紧方向为顺时针。螺母旋紧方向错误是拆卸不来轮胎螺栓（母）。拆卸轮胎螺栓时先不要将车身举起，要先将车轮的螺栓松开一圈后再将车身举起。

7）旋松需换车轮螺栓。用轮胎套管扳手对称均匀旋松需换车轮螺栓，否则，有的车轮螺栓太紧拆不下来。

8）放好千斤顶（举升器）。在指定的位置装好千斤顶（举升器），否则可能导致车身变形。如果车辆所停路面较松软，则应在举升器下面垫一块顶车木板。

9）举升车辆。举升车辆时要慢和稳，举升车辆使之离地。

10）卸下车轮。用套筒扳手彻底旋松车轮螺栓，将需要更换的轮胎卸下。注意：卸下的轮胎应放在车身下面，以防车身意外倒塌而造成事故。

11）安装备用胎。将备用胎装上后将螺栓对称均匀拧紧。

12）放落车辆。放落车辆时要慢和稳，慢放千斤顶（举升器），举升车辆慢慢落于地面。

13）彻底拧紧车轮螺栓。再一次用轮胎套管扳手将车轮按照对称均匀拧紧顺序彻底拧紧。这一点非常重要，否则会影响车辆的操作性和车轮及轮毂等部件的使用寿命。将车轮饰盖板压入装好。

14）取回警示标志，整理好工具和备用胎。

（17）轮胎的换位方法。

1）轮胎换位要求。轮胎换位可使胎面磨损均匀，能充分合理地使用轮胎并延长轮胎的使用寿命。轮胎换位应根据轮胎的不同特点采用不同的换位方法。轮胎换位间隔一般新车为 15 000km，以后每行驶 10 000km 进行一次轮胎换位。

2）子午线轮胎换位方法。子午线轮胎应该保持在车辆的同一侧使用，既保持相同的旋转方向。子午线轮胎换位如图 9-86 所示。子午线轮胎的换位走向是固定的，如果旋转方向弄反了，会使车辆失去操纵稳定性，使车辆行驶不顺并产生振动。子午线轮胎和斜交轮胎千万不要混用，否则将导致危险故障的产生。

3）其他轮胎的换位方法。轮胎换位安装时，要按需要实施轮胎换位，其他轮胎换位方法如图 9-87～图 9-89 所示。以使轮胎的磨损趋于一致。注意：翻新胎、装衬带胎或技术状态差的轮胎不要装在转向轮上；气嘴与检视孔错开 90°，后轮双胎的气门嘴向外且错开 180°。

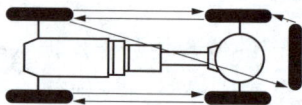

图 9-86　子午线轮胎换位法　　　　图 9-87　两桥 5 轮胎换位法

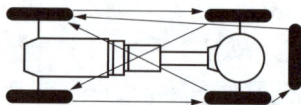

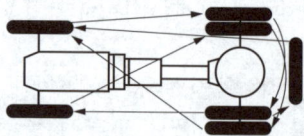

图 9-88　两桥 7 轮胎换位法　　　　图 9-89　三桥 7 轮胎换位法

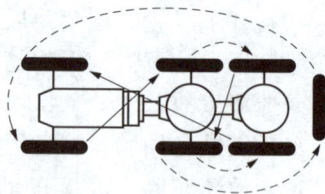

（18）轮胎的养护。

1）清洗焦油、蜡质、油脂和硅化合物。常用沥青清洗剂喷覆在轮胎表面，停留20～30s，用软刷子对轮胎进行刷洗。而后再用清水将轮胎污物冲刷干净。

2）清洗淤泥、污物。常用清水冲刷洗去轮胎上附着的淤泥、污物等。

3）清洗油污。常用万能清洁剂喷覆在轮胎上，用软刷子对轮胎进行刷洗，随后用清水将污物冲掉。

4）胎压过高养护。胎压过高会使轮胎的接地面积减少，造成行路性粗糙、抓地性和胎面变形降低，会造成胎面中间的磨损大于两边的不正常状态。所以行车时要时常检查胎压。

5）胎压不足养护。胎压不足时不要开车上路或长时间泊车，必须立刻充气或支起车辆，解除轮胎的负荷，所以行车要时常检查胎压。

6）轮胎亮光清洁保护。待轮胎表面自然风干后，用轮胎亮光清洁保护液均匀地喷覆在轮胎橡胶表面上（薄薄一层即可），自然风干后，即完成对轮胎的全面护理美容了。可用来防止轮胎老化、褪色、龟裂。对已出现龟裂和开始老化的轮胎，使用轮胎亮光清洁保护液后，可使轮胎表面快速生成一层乌黑闪亮的保护膜，且防水，不易被水洗掉。同时，均可极大地延缓轮胎进一步龟裂及老化程度。

7）轮胎平衡检查养护。轮胎不平衡会造成行驶时的抖动，抖动会经由方向盘传至驾驶者的手上，使行车稳定性降低，还会造成胎面磨损变得凹凸不平。所以当突然感觉到来自轮胎的新抖动，应马上检查轮胎的平衡，很可能是轮胎的平衡配重铅块脱落，务必及时排除。

8）四轮定位检查养护。四轮定位符合要求，过大或过小的外倾角和前束角，在一般道路上跑都会增加胎面的磨损。

9）轮胎磨损检查养护。经常检查轮胎磨损情况，除了胎纹的厚度，更要留意轮胎的中央和两侧是否有不正常的磨损。如果两侧磨损大于中间那肯定是胎压不足；若是中间胎纹的磨损大于两侧，那么是胎压过高所造成的；如果胎壁出现凸起现象，那可能是胎压严重不足又持续行驶或长时间泊车导致胎壁钢丝变形、受损造成的；如果出现外侧或内侧单边的不正常磨损，那么四轮定位有问题；如果圆周出现凹凸不平的情况，那就是轮胎本身的平衡度不佳。细心观察才能防微杜渐。

10）热溶检查养护。热溶（热溶胎）指高性能胎在车辆剧烈运行后会产生热，胎质越软的胎越容易蓄热，造成胎面高温，产生胎面鼓泡现象。热溶的胎面会粘起路面的小砂石，在行驶后必须将胎面的异物清除干净，否则会有戳破胎面的危险。

11）胎质检查。轮胎性能会因胎质退化而变硬。造成胎质变硬的最主要因素是时间，此外新鲜空气和紫外线都会加速橡胶的老化，所以如果要收藏备用的轮胎，可先用不透明的塑胶袋把它包起来，这可隔绝新鲜空气和紫外线，有效延长轮胎的寿命。

12）轮胎降温养护。夏季长途行驶轮胎的温度很高，应适时停车休息降温，不能采用向轮胎泼水的办法降温。

13）备胎使用养护。有的车辆所用的备胎是与车辆平时安装使用的轮胎规格相同的，在这种情况下，备胎可以当成普通胎来使用，并注意使用时在同一车轴上应使用相同品牌相同的花纹和相近花纹深度的轮胎；另一种情况是备胎小于平常使用中的轮胎规格，这种情况下，备胎仅用于紧急情况。

14）轮胎抓地力和耐磨性检查。操控性和舒适性间的相互冲突，轮胎的磨损系数越低表示胎质越软，轮胎的胎抓地力也越强，表示磨损得越快。

（19）液压制动液的更换与排空气。

1）更换或补充制动液。拧下制动储液罐的加液口盖（见图 9-90）更换或补加制动液。在分泵放气螺丝（见图 9-91）上套上一根透明塑料管将管的另一端放入一装有制动液的容器内（见图 9-91）。

图 9-90　制动储液罐

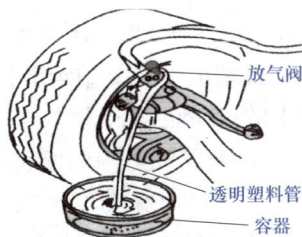

放气阀

透明塑料管

容器

图 9-91　制动分泵放气阀

2）起动发动机。起动发动机并保持其怠速运转（非真空助力式制动系统，不必起动发动机）。

3）排空气顺序。排气时，应按由远至近的原则，对各分泵进行放气，轿车排气顺序为右后轮→左后轮→右前轮→左前轮。

4）排空气法。排空气作业由两人配合进行。更换或补加制动液后应排放液压管路内的空气。一个人在驾驶室内连续踩制动踏板，使踏板位置升高，稳住制动踏板不松动。此时在车下的另一个人拧松放气阀，使管路中的空气和制动液一同排出。当踏板位置降低时，立即拧紧放气阀。如此反复多次，直到塑料管内没有气泡排除为止。拧紧放气阀并装好防尘套。按上述方法依次对其他分泵进行放气。在排除时应一边排出空气，一边检查和补充制动液，直到空气完全排放干净为止，然后将储液罐内加入足量的规定品种的制动液。

（20）ABS 制动系统制动液的选用与更换。

1）ABS 制动系统制动液要求。ABS 制动系统一般都选用 DOT4 制动液，不选用 DOT5 的制动液。每隔 24 个月必须更换一次制动液。

2）ABS 制动系统制动液更换程序。ABS 制动系统制动液补充或更换程序：

a. 更换或补充 ABS 制动液。先将新制动液室加至最高液位标记处。

b. 排空气。如果需要对 ABS 制动系统中的空气进行排除，应按排空气方法进行空气排除。

c. 泵液。将点火开关置于点火位置，反复踩下和放松制动踏板，直到电动泵开始运转位置。待电动泵停止运转后，再对储液室中的液位进行检查。

d. 如果储液室中的制动液液位在最高液位标记以下，应向储液室再次补充新的制动液，是储液室的制动液达到最高标记处。制动液不可加注到超过储液室的最高液位标记，否则，当蓄能器中制动液排出时，制动液可能会溢出储液室。

3）及时了解制动液数量。在 ABS 制动系统中，ABS 电控单元通常根据液位开关输入的信号对储液罐制动液的液位进行检查，并及时补充制动液。

(21) ABS 制动防抱死的养护注意事项。

1）保持电控装置清洁。要保持电子控制装置、车轮转速传感器、传感器齿圈的清洁，否则，会使线束插头接触不良或者车轮转速传感器产生的车轮转速信号就可能不准确，影响系统的控制精度，甚至使 ABS 制动防抱死系统无法正常工作。

2）保持电池电压。制动防抱死系统进入正常工作状态所需的蓄电池电压在 10～14.5V 之间。在蓄电池电压过低时，ABS 制动防抱死系统将不能进入工作状态，因此，要注意对蓄电池的电压进行检查。不可向电子控制装置供给过高的电压，否则容易损坏电子控制装置，切不可用充电机起动发动机，也不要在蓄电池与汽车电系统连接的情况下对蓄电池进行充电。

3）保持警示灯不亮。装有 ABS 制动防抱死系统的车辆，其仪表板上都装有 ABS 制动防抱死系统警示灯，在日常使用中要注意该灯的变化。正常情况下，接通点火开关后，此灯应亮，当发动机运转后，该灯熄灭。这一过程实质上是电子控制装置在按自检程序对车轮速传感器，液压调节器的控制阀进行通电检查，如果系统正常就将警示灯熄灭。相反，如果警示灯不灭，则说明 ABS 制动防抱死系统有故障。驾驶员在使用防抱死制动系统的过程中，如果出现故障（警示灯亮），也不必惊慌。此时，防抱死制动系统自动将原制动系统的油路接通，车上原制动系统仍照常工作，只是没有了防抱死功能。此时应注意控制制动强度，以免因制动防抱死系统失效而使车轮过早发生制动抱死。可将车开到修理厂去进行修理，以使恢复制动防抱死功能。

4）保持规定用轮胎。另外，应尽量选用汽车生产厂推荐的轮胎，如果换用其他型号的轮胎，应该选用与原车所用轮胎的外径、附着性能和转动惯量相近的轮胎，但不能混用不同规格的轮胎，因为这样会影响 ABS 的控制效果。

（22）SRS 系统气囊的养护注意事项。

1）SRS 系统气囊组件要用原厂包装。安全气囊组件要采用原厂包装，用货舱装运，不得与其他危险品一起运输。

2）SRS 气囊按规定进行保存。保存 SRS 系统的气囊时要严格按规定执行，若存放位置不当，可能引起气囊误触发，例如丰田皇冠轿车的 SRS 气囊不得竖直放置。

3）SRS 气囊作业摘掉蓄电池连接电线。对安全气囊系统的任何作业均应先摘下蓄电池电缆，30s 以后，待控制块中的电容完全放电后再进行，以免造成气囊误爆。

4）SRS 气囊需专业人员拆装。安全气囊组件的检查与拆装需有专业人员承担。

5）SRS 气囊防磕碰与振动。安全气囊组件和控制块要避免受到磕碰和振动。

6）SRS 气囊要防高温。不要使安全气囊系统的部件处于 85℃ 以上的高温环境中。

7）SRS 气囊切不可用万用表测量。对安全气囊系统的电气测试要待系统安装好后才可进行，切不可用万用表测量气囊引发器的电阻，以免造成气囊误爆。

8）SRS 气囊不得冲击试验。对安全气囊传感器不能进行人为冲击试验。在汽车修理作业中如对传感器会有冲击，应将其拆下，待修理完毕再按规定装复。

9）SRS 气囊不得擅自改动。不得擅自改动安全气囊系统的线路和元件。

168 汽车养护有何小技巧?

答:(1)车门把手及门锁的养护小技巧。车门锁及车门把手并不是经常发生故障的部位,但是如果使用不好,会很麻烦。车门把手要常清洁,以保证其灵活度,同时向钥匙孔内注入专门的润滑油。

(2)消声器的养护小技巧。消声器在使用过程中主要是锈蚀,一是消声器温度高,另一个就是消声器内部有水。要延长消声器的使用寿命,可将消声器下方最低点打一个小孔排水防腐蚀。

(3)更换蓄电池设备失效的小技巧。先不要拆掉旧蓄电池,找两根细电线,把新蓄电池的正极用一根电线连接到旧蓄电池正极电源线的卡子上,用另一条电源线将新蓄电池的负极和旧蓄电池负极电源线卡子(车体也行)连接,这样音响、玻璃升降器和仪表就不会断电失效。

(4)灯泡的养护小技巧。买车后或更换新灯泡后,用酒精将灯泡擦拭一遍,消除指纹和油污即可。

(5)火花塞的养护小技巧。原车所配的博士火花塞使用寿命一般在10万~16万km以上,如果点火、动力、油耗等没有太大变化,则不需要换。6万km需清理积炭,调整三个负极点到正极点的间隙。

(6)轻松使用离合器(手排)的小技巧。每次换刹车油时,同时换离合器分泵油。因为离合器和刹车使用的是同一个储油杯,可能有难度,但又是应该做的。

(7)解决刹车不如以前好用的决窍。在等红灯时用力踩几脚刹车,即可见效。

(8)降低轮胎噪声的小技巧。将前轮内侧防护板上粘上一层黑毡布或绒布即可。下过雨后轮胎噪声变小,洗车后变大,这是因为内侧防护板上有泥吸收了一些噪声。

如果胎面不平,在四轮定位平衡后用木锉将胎面高低不平的地方锉平也可以降低汽车行驶时的噪声。

（9）消除刮水器片振动和噪声的小技巧。刮水器片的振动和噪声会使人感到很烦，解决这个问题其实很简单，只需要用钳子把各关节和夹橡胶片处的间隙调小即可。

（10）防止外倒车镜存水的养护小技巧。将倒车镜下方钻一个小孔（大一点无妨）即可。

（11）改善车内空气流通及除霜效果的小技巧。将发动机舱内的粉尘过滤滤芯换成同样大小的海绵，既增加了进风量，又可拆洗后再用，而且冬季车内除霜特快，跑长途就不必开风机，同时省油。

（12）排除车门拉手松动和转动钥匙变紧、发涩的养护小技巧。打开车门，在侧面就会看到一个塑料盖，拧开就看到一个螺钉，松动几圈（不要完全松下），从外面就能把锁芯拔出来，里面有一拉丝扣在把手上，调整拉线的松紧即可。后车门的螺丝用密封条挡着，用手拨开，在安装之前把锁芯里面涂上润滑脂。这样车上的把手和锁就会轻松自如，恢复如初。

（13）解决后门装饰条松动、翘起的养护小技巧。将挑起装饰条来往里面抹点胶后按下就好。因为装饰条松动、翘起来不仅影响美观、还影响密封（密封不好的会缩短玻璃升降器的寿命）和关门的声音。

（14）消除挡风玻璃雾气的小窍门。寒冬季节气温低，特别是雨雾雪天行车，由于驾驶室内外温差较大，风窗玻璃上常会蒙上一层薄薄的雾。可通过以下方法消除挡风玻璃的雾气：

1）适当打开一点车窗。适当打开一点车窗，使车内外空气流通，温度保持一致，可避免风窗玻璃内表面凝结雾气。

2）涂甘油、无水乙醇或盐水。在风窗玻璃上涂上一层薄薄的甘油、无水乙醇或盐水作防雾剂，可防止风窗玻璃内在短期内结雾。

3）擦洗洁精。倒一点洗洁精在蘸过水的布上，在风窗玻璃内侧面均匀地擦一遍，可有效保持20h内不结雾。等天气转晴或视线变好，只需要用干净的毛巾擦去风窗玻璃上的液膜即可。

4）空调调节。打开空调调节车厢内的温度消除风窗玻璃上的雾气。

5）干毛巾擦净。一旦风窗玻璃上凝结雾珠影响视线时，切忌边开车边擦拭，应停车用干毛巾擦净后再走。

（15）更换软管的小窍门。软管（包括加热器软管）每隔半年要检查。如发现有裂缝、漏洞、沾有浊渍，按压时感觉特别硬或具有海绵质感时，便需更换，即使软管看来一切正常，每隔两年也须更换。更换软管的小窍门：

如果软管无法拆卸，可用美工刀将软管切一道开口，把它从水箱颈口剥下，但千万不要把软管撬下或敲下，因为水箱颈口很脆，极易损坏。

在安装新软管前，先用钢刷把水箱颈口清理干净。

把软管尾部浸入冷却液里，可以较容易配上。先把新的管夹放在软管上，然后再把管夹安装在紧靠水箱凸起侧。安装软管时，将管夹夹在螺栓能够正确锁上的位置。

（16）清理后视镜的小窍门。汽车左、右后视镜因为暴露在外，很容易沾到空气中的油污，用一般的面巾纸擦拭，效果总是不尽人意，若遇到雨水，还是模糊不清。

牙膏是很好的后视镜清洁剂，用旧牙刷沾一点牙膏，由中心向外以画圆的方式把镜面刷均匀，再用清水洗净。即使遇到雨水，水滴也会结成球状而快速排除，不会沾在镜面成一片，妨碍安全驾车。

（17）润滑剂选用的小窍门。由于汽车上各运动部位的运动状况各不相同，因此选用润滑剂时应区别对待。易被忽略部位的润滑剂要正确选用。

使用锂润滑油的部位有发动机盖铰链、脚踏板连杆、发动机盖锁扣、发动机盖缓冲簧、变速器连杆、车门铰链和座椅滑轮。

使用30号润滑油的部位有油箱盖铰链、车门扣和行李箱铰链。

使用石墨的部位有行李箱锁盖和门锁柱。

使用硅脂的部位有车门、车窗密封条和行李箱密封条。

(18)快速鉴别机油是否含水的小窍门。当润滑油中的含水量超过 0.1％时，润滑油添加剂中的抗氧化剂就会失效，润滑油中含有较多的水时，润滑油的润滑性将变差，黏度下降。

1）热试法。可将被检查的润滑油注入试管中加热，当温度接近 80～100℃时润滑油中产生"噼啪"声，说明润滑油中含有较多的水；也把铜棒烧热后插入鉴别的润滑油中，若有"噼啪"的声响，则说明润滑油中含有多的水。

2）观色法。清洁达标的润滑油呈蓝色半透明状，一旦有了过量的水则呈褐色，当发动机运转一段时间后，润滑油会呈乳白色并伴有泡沫。

(19)火花塞淹死除湿的小窍门。车辆在起动或行驶时，常因加油过量，湿气大而导致火花塞不工作的现象，俗称火花塞淹死。遇到这种情况时，将火花塞卸下用火烧，想用这种方法除去火花塞内的湿气，使其恢复工作，其结果除了个别火花塞奏效外，多数还是不工作。其原因是，火花塞的湿气虽然没有了，但火花塞的绝缘体被烧坏，密封性能受到一定影响，且在火烧的过程中，中央电极周围还会染上一层油烟，影响其跳火程度。

(20)预防变速器漏油的小窍门。要避免变速器发生漏油现象有 3 点小窍门：

1）日常养护时应注意经常检查变速器外部是否有漏油迹象，发现有油污时应及时排除漏油故障。

2）定期检查润滑油的数量和质量，润滑油数量不要超过标准。

3）变速器上盖通气孔不能堵塞，否则齿轮运转时会引起内部压力升高而冲破密封薄弱的部位。

(21)处理棘手螺母的小窍门。

1）生锈螺母处理小窍门。用钢锯锯掉螺母的一面，用錾子劈开螺母，然后用活动扳手拆下。

2）无法用扳手旋紧（松）螺栓处理小窍门。即使无法接近螺栓头部，也往往能旋紧。方法很简单，用钢锯在螺栓的尾部锯出一个沟槽，然后用螺丝刀插进沟槽中固定螺栓，此时即可旋紧（松）螺母。

3）空间狭窄处理小窍门：如果没有足够的空间套上螺母，可在扳手背粘上胶带，然后将螺母放在扳手中让胶带粘住后即可套上。

（22）无千斤顶更换轮胎的小窍门。车辆行驶途中无千斤顶换轮胎小窍门：

1）如内侧轮胎破损，可将内、外侧车轮一并拆下，将外侧车轮换入内侧装好，并在该车轮下垫上一块垫木或石头。松开手制动，使车体前移，内侧车轮落在垫木或石头上，然后将备用胎装上即可。

2）将车上冲足了气的备用胎卸下，滚到该车尾部，使备用胎纵向抵在破胎一侧的车架纵梁端部，可靠挤住。发动车辆并倒车，感到车尾翘起时停车，拉紧驻车制动杆，此时车架纵梁已压在备胎上，后桥破胎一侧随着车架的提升被抬起。

3）备用胎必须完好，气压充足。此法适用于后轮内侧胎或双胎破损时的更换（外侧破损可用垫高内侧胎的方法）手制动应完好；此法整个操作过程只需一人即可完成，方便实用。

（23）香烟在汽车养护中的妙用。香烟在汽车养护中却有一些妙用。香烟不但可以用来诊断故障，还可以利用它在受条件限制或任务特别紧急的情况下以临时应急。

1）利用烟雾检查油路气道是否畅通。可用吹烟法检查化油器各油道是否畅通。化油器的油路、真空管路较多，特别是进口化油器，通常在清洗化油器后需要用压缩气体吹通，但到底哪些油道或真空道真正吹通了，很难判断，而且因此造成返修的现象也不少。如果用吹烟法可十分容易地弄清每一条油路或气道是否畅通。如把化油器拆开洗净，并用气体吹干、吹通后，用一个软管（如真空分电器提前管）吹烟，先从怠速油量孔，再到怠速空气孔，最后烟雾从化油器怠速混合气调整螺栓处漏出，才算油道和空气道畅通，否则应重新检查，直到冒出烟雾为止。

2）利用烟雾检查气门密封性。可用吹烟法检查气门与气门座的密封性。把研磨好的气门洗净并按顺序放入气门导管内，用手或合适的工具（如螺钉旋具杆）顶住气门，然后吸一口烟，向已经洗净的进气歧管口和排气歧管口吹烟，以嘴贴合歧管口不泄漏为原则。同时仅看到气门与气门座之间是否有烟冒出来，说明该气门密封性良好，否则应重新研磨。

3）利用烟丝可堵塞。在行车过程中如果遇到水箱漏水可用烟丝来临时应急。首先用手钳将水箱漏水较大的散热片夹扁，然后拧开水箱加水盖，同时拆下节温器（以防堵塞），接着将烟丝揉碎，从水口处放入水箱中，最后起动发动机，分别用低、中、高速运转，这样放入的烟丝就会吸附在水箱芯管漏水处。当查看到水箱被堵后，盖好加水口盖，即可行驶。但需要注意这只能用作应急，回场后应用高压水清洗并彻底焊修水箱。

4）利用吹烟法检查通气孔和单向阀。用吹烟法检查变速器、后桥壳、转向器壳上的通气孔和发动机曲轴箱气体单向阀（PCV）是否畅通，然后根据情况予以检修或更换。以上这些部件如果堵塞，将会使内压升高，容易导致各相关部件漏油。

5）利用过滤嘴可用作润滑毛毡。用香烟的过滤嘴可临时代替分电器凸轮上的润滑毛毡。首先剥去香烟过滤嘴外面的纸，将适量的过滤嘴丝塞进原毛毡金属夹内（注意不可过紧或过松），露出多余的部分可用剪刀剪齐，然后在代用毛毡（即丝絮）上滴几滴润滑油即可。

6）利用烟灰做研磨剂。香烟灰是一种较好的研磨剂。在修理汽车化油器时，特别是进口汽车的化油器时，常常会遇到三角针阀磨损而且不容易买到，这时用香烟灰配点润滑油作为研磨剂，对三角针和三角针阀进行研磨，将会取得较为满意的效果。

7）利用烟丝来临时应急于局部的小面积流血。从事汽修工作，划破点皮肉、流点血并不稀奇。流血后如果用干净的烟丝进行敷盖，能起到临时止血和镇痛的作用。

（24）轿车英文字母的识别小窍门。很多轿车，特别是进口轿车的仪表和开关上有英文字母，识别这些字母是正确识别仪表和开关的基础。那么，怎样识别轿车仪表和开关上的英文字母呢？

1）燃油表。进口汽车燃油表上大都是 FUEL 字样，指针指向 F 表示满，指向 E 表示空。

2）润滑油液压表。进口汽车是油压表一般都有 OIL 字样。

3）水温表。进口汽车的水温表有 TEMP 字样。常用摄氏温度（℃），也有少数用华氏度（℉）表示。有的表盘上还有字母 H 和 C，指针指向 H 线，表示温度过热；指针指向 C 线，表示温度过低；指向两个字母之间的位置，表示温度正常。

4）电流表。进口汽车电流表上一般有 AMP 字样，指针指向"—"表示放电，指针指向"＋"表示充电。

5）气压表。进口汽车一般有 AIR 字样，单位是 kPa。

6）车速里程表。进口汽车的里程表上一般有 speed 字样，单位为 km/h。

7）转向机锁。进口汽车上标有 lock 字样的装置为转向机锁，要打开该锁，必须把点火钥匙插入，将标有 push 字样的转向机锁按钮按下。

8）点火开关。进口汽车上一般标有 on 字样。

9）起动位置。进口汽车标有 start 字样；有的柴油汽车，在 start 前，还标有 heat 字样，表示预热装置。

10）附属设备电路接通位置。进口汽车标有 ACC 字样。

11）开关。进口汽车一般用 SW 字母表示。on 字母表示接通，off 字母表示断开。

12）警告灯。它们通常也是用字母表示，如：驻车制动灯（peak），制动信号灯（stop），充电指示灯（CHG），油压警告灯（oil），半门警告灯（door），安全警告灯（bert），真空度警告灯（vac），蓄电池液量警告灯（bat），洗涤液量警告灯（wash），远光指示灯（beam），转向指示灯（turn），排气温度警告灯（exhtdmp）等。

参 考 文 献

[1] 吴定才. 汽车电子控制系统构造与维护 [M]. 北京：人民交通出版社，2000.

[2] 中国人民解放军总装备通用装备保障部. 新训汽车驾驶员教材. 北京：解放军出版社，2002.

[3] 宋传平，徐椿. 安全行车口诀 [M]. 北京：机械工业出版社，2009.

[4] 吴定才，吴珂民. 汽车维修机具设备使用与维护 [M]. 北京：国防工业出版社，2010.

[5] 吴定才，吴珂民. 汽车电工 1000 问 [M]. 北京：中国电力出版社，2011.

[6] 吴定才，吴珂民. 汽车维修 1600 问 [M]. 北京：化学工业出版社，2012.